支離破碎的團結

戰後台灣煉油廠與糖廠的勞工

何明修——著

目錄

序言

一、

如果說哪一首歌曲最能代表台灣勞工心聲，「愛拚才會贏」恐怕會是許多人的首選。這首曾經風靡大街小巷、政治人物仍時不時在選舉場合引吭高歌的台語歌曲，發行於一九八八年，當時台灣的「經濟奇蹟」已成為國際公認的事實，泛濫的民間游資持續推高了房市與股市。這首歌曲讚頌台灣人的打拚精神，「三分天注定、七分靠打拚」，要出人頭地就是得靠自己的勤奮努力，如果沒有這樣的拚勁，「每日醉茫茫、無魂有體親像稻草人」，那就只能怪自己，怨不得別人。有意思的是，「愛拚才會贏」明明是一首帶有濃厚草根氣息的台語歌，卻有許多事業有成的老闆也特別愛唱，或許正是因為這首歌暗示了，成就與財富並非取決於出身背景、機運，或是學歷，是來自個人的努力；成功掌握在自己手中。

不過，也正是「愛拚才會贏」開始在台灣街頭傳唱的同一年，各式各樣的勞工自力救濟開始席捲全國。一九八八年的農曆新年，許多客運公司、電子廠、石化廠勞工利用「集體休假」

名義，爭取他們應有的年終獎金，掀起一波自發性罷工潮，台灣的勞工運動正式登上歷史舞台。奇特的是，在這些抗爭場合中，也經常會聽到勞工們播放這首充滿樂觀進取精神的歌曲，用以提振士氣，只不過在這裡「拚」不是意味著努力工作，而是傳遞了團結一致、共同奮鬥的訊息。

一首歌曲能夠跨越階級界線，讓資本家與基層勞工都能感受到共鳴，又能同時用來鼓勵個人主義式的自求多福，與團體合作的「站鬥陣、戰同線」兩種不同行為，說來也算是一種「台灣奇蹟」。事實上，「愛拚才會贏」的多義性，或多或少也反應了台灣勞工曖昧的心態；「黑手變頭家」明明就是許多台灣人向上階級流動的重要管道，但為何這些事業順遂的頭家們卻又總是希望自己的子女考上好的大學、找一分看似體面的白領工作？而現實上，隨著高等教育的普及，大學文憑早就不是菁英主義的象徵，也不再是保證取得專業職位的通行證。

放眼國際，巴西、波蘭、南韓這些國家，都與台灣在相近的時間點見證了民主轉型與勞工運動的興起。只不過，巴西的魯拉、波蘭的華勒沙都從工會領袖躍身成為國家領導人，但台灣卻未出現一般民眾都認得的勞工領袖。早在韓劇、K－POP風靡全球之前，台灣的勞工運動就出現過一波韓流，南韓勞工戰鬥性十足的抗爭文化早就是台灣勞工仿傚的對象，甚至連抗爭時必唱的「勞動者戰歌」，都是改編自韓國。是以，知識界一直糾結著一個疑問：台灣到底有沒有貨真價實的勞工運動？台灣勞工是否存在階級意識？面對這樣的提問，許多人直接給予否定的答案，彷彿台灣勞工向來安份認命，並沒有意識到、也不在乎自己的權利。坊間充斥著「××，你為何不生氣」的書籍與文章，言下似乎意指，正是勞動者的無知與膽怯，才縱容了各種各樣的剝削。

本書就是試圖回應這樣的知識迷障。是的，台灣的勞工抗爭很少展現出勇武無懼的英雄氣慨，但這並不意味著他們從來沒有意識到自己身處壓迫的情境，更不代表他們從未採取任何改善自身處境的抵抗策略。我認為，關於台灣勞工欠缺主體性與能動性的主張，是基於下列三個有問題之預設：第一，對勞工來說，只有階級剝削才是真正必須面對的不利處境，其他類型的壓迫（例如族群、黨派、職位）都是虛幻而不真實的。第二，如果勞工決定抵抗，他們抵抗的方式一定是正面迎擊，絕不會遮遮掩掩。第三，勞工的階級意識一旦「覺醒」，真正的勞工運動隨之誕生，就再也沒有走回頭路的可能。

關於第一點，至今恐怕只有食古不化的教條馬克思主義者，才會主張階級剝削是一切社會壓迫的根源。這種看法其實也完全背離其祖師爺的教誨，看看馬克思如何分析十九世紀中葉愛爾蘭勞工的處境，他從未認為英格蘭殖民是一個虛假的議題，也沒有否認各種階級的愛爾蘭人所受到的民族壓迫。因此，當一群勞工階級挺身而出，爭取他們階級位置以外的權益，也應被視為一種勞工所選擇的抗爭。

關於第二點，馬克思的《共產黨宣言》明確指出，階級衝突是一種「有時隱蔽有時公開的鬥爭」，只不過後續的研究者多著眼於勞工鬥志高昂的激進年代，較少留意表面上看似勞資和諧的承平時期。事實上，激化的階級衝突在世界各地都是稍縱即逝的歷史插曲，並非常態；重要的是，勞工們利用這些短暫的機會之窗，爭取到許多勞工保護措施，讓資本主義變得更加人性化。此外，我們也應該更加關注馬克思所謂「隱蔽的鬥爭」，因為在政治高壓的情況下，勞工根本不可能公開表達不滿。無論是為了生存、人格尊嚴，或是某些經濟上的利益，勞工的日常抵抗確實應被更認真看待。

第三點假設其實源自一種常見二元論，認為「階級意識」要麼存在，要麼就不存在，但這種過度簡化的看法很難解釋為何勞工運動往往無法持續；如果激烈的勞工抗爭表示「已經啟發的階級意識」，那麼抗爭風潮終結就只能是「階級意識」的喪失、退化，或是瓦解。因此，與其檢視勞工主觀的想法，探討他們為何開始關切自身的階級利益，不如將考察視野移轉至客觀的處境，找尋促成勞工採取階級行動的條件。問題不在於勞工為何想要追求階級利益，而在於如何能夠採取這樣的行動。我們將會發現，只有在種種特定的條件配合下，激進的階級政治才有可能浮現，而這些有利的情境組合往往是少見的歷史契機。

換言之，台灣的勞工團結在大部分時期是呈現一種支離破碎的狀態，只有在少數特殊的條件配合下，才會出現如曇花一現般，短暫而間歇的階級抗爭。

二、

本書的主角是台灣煉油廠與糖廠的勞工，而他們所經歷的故事，其實正是一部台灣人民的戰後歷史。所以我試圖將關照的面向放得更廣，採用具有比較視野的書寫方式，將勞工的故事置於台灣由農業威權主義蛻變為後工業民主的歷史背景中；冷戰時期反共、對美援的依賴、經濟結構的變革與政治上的民主化，都是台灣戰後歷史的重要章節，也對勞工的日常生活產生了巨大的影響。此外，儘管在意識型態上是敵對的，國民黨與共產黨的統治卻都導致國有化工廠產生了諸如黨國體制、關係文化和兼差打工等，極為相似的特徵；本書將進一步分析這些現象背後的制度安排（institutional settings），以更清楚掌握台灣勞工的特殊性與普同性。最後，我在處理台灣勞工運動興起與轉型的章節，加入了私部門勞工的描述，尤其是關於八〇年代末的罷工風潮，以及九〇年代初期陸續出現的關廠勞工抗爭。

一部關於國營事業勞工的歷史考察當然不能宣稱涵蓋其他類型的勞工，本書的第一個目標是將「理論脈絡化」（contextualizing the theory），呈現國營事業勞工在漫長的戰後歲月，是如何利用各式各樣隱而不顯、甚或不為人知的抵抗策略，展現自身的能動性，進而創造自己的歷史及階級意識；第二個目標則是將「脈絡理論化」（theorizing the context），試圖以台灣經驗，形塑更具包容性的「勞工階級形構」（working class formation）理論。既有的勞工研究大多以西方國家為案例，且只注意短暫激烈的勞工抗爭時期，忽略看似風平浪靜的勞工沉寂（labor quietude）時期；相對於此，探討台灣勞工如何度過漫長的威權統治年代，將有助於理解八〇年代末期以降勞工運動興起的脈絡，以及這股力量最後如何演變成一種更為狹窄，甚至與社會脫節的運動路線。

回到一開頭的提問，台灣勞工是否真的特別保守？是否會為了團體和諧，而選擇犧牲忍讓，輕忽了個人的權益？我的答案是否定的，台灣勞工在戰後採取過的抵抗策略五花八門，從激進的革命起義，到「上有政策、下有對策」的虛偽應對，只不過這些抵抗行為往往不是被遺忘了（例如二二八事件的工人自衛隊），就是被掩藏了（例如兼差打工）。同時，我們更應該注意到這些勞工的抵抗，並不一定是著眼於自身的階級利益，因為他們承受的往往不是只是階級的剝削；更多時候，族群與黨派的歧視、人事制度的不公，都對這些勞工形成更大的壓迫，進而帶來不同形式的抵抗行為。

三、

回首觀之，這本關於煉油廠與糖廠工人的專著之能成書，其實來自許多機緣與巧合。

一九九九年底，我還在台大社會系攻讀博士學位，剛完成了環境運動的論文草稿，在等待最後口試的空檔，應勞工陣線之邀，去幫忙石油工會第一分會的競選活動。我在高雄煉油廠待了三個多星期，晚上睡在工會幹部家裡，白天就到工會辦公室製作文宣，也因此有機會深入觀察當時號稱「工運火車頭」的工會運作。在那場選舉中，鐵桿深綠的自主工會勢力一舉擊潰國民黨黨部所推派的候選人，包辦了三十六席，也就是全部席次的代表。三個月後，台灣出現了第一次政黨輪替，民進黨首度取得中央執政；事後回想，我似乎在某個特定場域觀察到了一場重大的歷史變革。取得博士學位之後，因為沒有申請到教職，也沒有拿到博士後，我在東吳大學兼了一學年的課，等於過了一年「週休六日」的日子；但也是在那段時間，我參與了石油工會的石油法工作小組，進一步了解面臨民營化與自由化威脅的勞工心聲。

二〇〇一年，我在嘉義大林的南華大學開始第一份全職工作，由於地緣的關係，我認識了當地退休糖廠員工，在他們的熱心協助下，逐漸理解台灣糖業的榮光與哀傷，以及糖廠勞工所承擔的種種歷史包袱。二〇〇九年，我正要由從中山轉至台大任教，當時美國社會學會前會長、同時也是研究勞工的學者布洛威（Michael Burawoy）前來台灣，我帶他參觀了高雄煉油廠，在已經閒置的修造廠中，我們發現了一台懸臂鑽孔機（radial drill），當年布洛威為了撰寫《製造甘願》這本勞工研究經典，就曾在芝加哥當了近一年的懸臂鑽孔操作員。之後我們一同搭高鐵回台北，在那段旅程中，他得知我有寫書的計畫，就鼓勵我一定要堅持到底。永遠看起來樂觀開朗的Michael說，資料都收齊了，六個月應該就可以寫完書稿。當時我心想，怎麼可能那麼快？等到二〇一一年底，我終於下定決心動筆，還真的只用半年時間就完成初稿，反而是後續聯絡出版社、審查、修改、校稿花了更久的時間。

事後回想，自己是一個幸運的社會學家，應該好好感謝那些沒有意料到的機緣與轉折。

四、

本書的內容最早完整發表於二〇一四年出版的英文專書*Working Class Formation in Taiwan: Fractured Solidarity in State-Owned Enterprises, 1945-2012*（New York: Palgrave Macmillan），在翻譯與改寫的過程中，我新增了原本英文版特意省略的細節與脈絡；此外，有鑑於台灣至今仍缺乏一本勞工運動發展的歷史回顧，我也特別在第五、第六章增添新的內容，以期能夠同時關照國營事業以外的勞工抗爭之歷程。

很早就聽過學界的先進提起，專書的翻譯幾乎等同改寫，所花的功夫肯定比預期更多。這本書特別要感謝黃俊豪與陳宗延的編輯協助。俊豪在二〇〇八年就與我共同撰寫工運傳奇人士曾茂興的傳記，後來也在其他研究工作上幫了不少忙。宗延剛從台大醫學系畢業，過去曾擔任勞工社社長，接下來也特意選擇與勞工最貼近的職業醫學作為志業。左岸編輯孫德齡妙手回春，細心梳理原先幾乎是不忍卒讀的文字。

在英文版銘謝詞的最後一段，我期待，當時才剛出生的小梅未來能夠活在一個「社會團結能夠提升人類尊嚴」的世界。這樣願望如今仍舊沒有改變，但是感謝淑鈴，我相信小梅的弟弟小陽也能夠享有這樣願景。

本書中部分材料先前曾在他處發表，茲將相關著作臚列如下：

"Democratization and Autonomous Unionism in Taiwan: The Case of Petrochemical Workers." *Issues and Studies* 39(3), 2003, pp. 105-136.

"Protest as Community Revival: Folk Religion in a Taiwanese Anti-Pollution Movement." *African and Asian Studies* 4(3), 2005, pp. 237-269.

"Challenging State Corporatism: The Politics of Taiwan's Labor Federation Movement." *The China Journal* 56, 2006, pp. 107-127.

"Neo-Centrist Labour Policy in Practice: The DPP and Tawanese Working Class." In *What Has Changed? Taiwan Before and After the Change in Ruling Party,* edited by Dafydd Fell, Chang Bi-yu, and Henning Klöter. Wiesbaden: Harrassowitz, 2006, pp. 129-146.

"The Rise and Fall of Leninist Control in Taiwan's Industry." *China Quarterly* 189, 2007, pp. 162-179.

《四海仗義：曾茂興的工運傳奇》，台北：台灣勞工陣線，二〇〇八。

〈沒有階級認同的勞工運動：台灣的自主工會與兄弟義氣的極限〉，《台灣社會研究季刊》七二，二〇〇八，頁四九～九一。

"Understanding the Trajectory of Social Movements in Taiwan (1980-2010)." *Journal of Current Chinese Affairs* 39(3), 2010, pp. 3-22.

"Co-opting Social Ties: How the Taiwanese Petrochemical Industry Neutralized Environmental Opposition." *Mobilization: An International Journal* 15(4), 2010, pp. 447-463.

"Manufacturing Loyalty: Political Mobilization of Labor in Taiwan (1950-1986)." *Modern China* 36(6), 2010, pp. 559-588.

"Beyond Tokenism: Institutional Conversion of Party-Controlled Labor Unions in Taiwan's State-Owned Enterprises (1951-1986)." *China Quarterly* 212, 2012, pp. 1019-1039.

"From Resistance to Accommodation: Taiwanese Working Class in the Early Postwar Era (1945-1955)." *Journal of Contemporary Asia* 44(3), 2014, pp. 479-499.

"Occupy Congress in Taiwan: Political Opportunity, Threat and the Sunflower Movement." *Journal of East Asian Studies* 15(1), 2015, pp. 69-97.

導論　尋找台灣勞工的抵抗

在充滿鉅變的二十世紀，經濟成長與政治民主是台灣兩項重要的現代性成就，然而其中有一群始終未被頌揚的英雄，就是台灣的勞工。他們用雙手製造出經濟「奇蹟」，他們參與各式各樣的社會抗議，也忠實地支持反對運動，促成了威權統治的終結。但是一般大眾看待台灣的經濟與政治成就時，往往聚焦於中產階級和技術官僚等專業人士，忽略了勞工階級的貢獻。台灣社會普遍存在一種刻板的印象，認為勞工就是勤奮的、溫順的，不太關心政治；認真打拚、「甘願做、歡喜受」的台灣牛精神，曾被視為典型台灣人的代表。保守人士讚揚這些特質，並認為這是某種儒家文化或亞洲傳統美德的表現，以和為貴的觀念造就了共同打拚的合作精神，最終勞資互得其利；相對於此，激進派將這種「溫順」特質貶斥為高壓統治的不幸產物，他們認為勞工如果有機會積極爭取自己的權益，台灣會是一個更平等的社會。前者主張勞工不需要「階級意識」（class consciousness），因為員工與老闆本來就是休戚與共的家人；後者則斷言，勞工若有選擇機會，會自發地擁抱「階級意識」，向雇主要求更多的權益。兩個陣營看似針鋒相對，但都借用一種高度理想化的「階級」概念，沒有試圖探討勞工實際的想法與作為。

此外，儘管意識型態南轅北轍，兩者卻有一個未明言的共識：台灣勞工並未創造歷史；相反地，他們的歷史大體上是由別人創造的。

事實上，這種勞工消極觀並不符合現實，台灣的勞工不斷透過各種行為，試圖爭取個人尊嚴與經濟上的保障。本書將焦點放在一九四五到二〇一二年間的台灣國營事業勞工，透過仔細審視他們五花八門的抵抗行為及其歷史演變，探討他們如何在不同環境下，設法改變其從屬與依賴狀態。

勞工的從屬與抵抗

要理解台灣勞工的抵抗過程，得先回到其背後廣大的歷史脈絡。從現代工業勞工開始出現以來，台灣經歷了異常漫長、穩定，而且反勞工的威權統治。一九二〇年代，日本殖民政府成功地粉碎了本土自治運動和勞工運動風潮，此舉導致台灣人在一九四五年、政權更迭的歷史時刻顯得鬆散而且缺乏組織，面對國民黨新殖民主義的接收與掠奪，毫無招架之力。一九四七年二二八事件後本土菁英與意見領袖被屠殺和囚禁，及其後五〇年代白色恐怖期間的獵殺行動，更進一步鞏固了外來政權的統治。一九四九到一九八七年，台灣在戒嚴令的統治下，政治異議活動、罷工，以及集會遊行都屬非法行為。事實上，直到一九九一年廢除《動員戡亂時期臨時條款》，台灣在名義上都處於「動員戡亂」的戰爭狀態，執政當局對於各式異議活動仍是戒慎以對。至於勞工控制方面，國民黨對勞工抗議異常地敏感，早在中國大陸時期與共產黨對抗的年代，國民黨就已發展出一套有效的意識型態與實作手法，以先發制人的方式框限勞工，所以在七〇年代出口導向工業化促成勞工階級興起之前，統治者早已預先形塑出一套有效控制勞工的手段。

一九四五年，國民黨政府將日本殖民時期的經濟資產收歸國有，這項決定一夜之間創造了一個龐大的國家部門，也讓原本在日治時期屬於私人財閥產業的勞工們，在沒有經歷社會主義革命的情況下，非自願地成為國營事業勞工。為了鞏固其統治，國民黨在一九五〇年啟動了黨國體制動員，將黨部佈建於社會活動各個領域，而國營事業這個提供現金收入的金雞母，是流亡政權賴以為生的經濟憑藉，自然成為佈建黨工與情治人員的重點單位。因此，戰後初期，一個典型台灣產業的勞工很可能是在一間政府經營的工廠上班，並且受到黨工的嚴密監督。諷刺的是，國民黨一方面宣揚其反共聖戰，但這種將勞工置於黨部監督之下、官僚社會主義的舉措，卻與死對頭中國共產黨不可思議地相似。

透過戰後初期的鎮壓，國民黨在這個陌生且充滿敵意的島嶼站穩了腳步，不過一個外來政權勢必得面對由下而上的挑戰，無論是在工廠內，或是工廠外。在高度壓制的環境下公然造反，往往會付出沉重的代價，但這不表示被支配者必然臣服於不合理的族群支配體制，台灣勞工在二二八事件及地下共產黨運動中的武裝鬥爭，即是積極抵抗的例子。當時這些勞工的揭竿而起，甚至投入共產主義運動，並不是因為革命性的階級意識，他們企圖挑戰的是外來政權加諸的族群支配。直到五〇年代中期，地下黨運動在國民黨的剷除下幾乎銷聲匿跡，勞工也才被迫屈從其劣勢地位。

五〇年代中期到八〇年代中期，台灣經歷了快速的工業化，但國民黨政府依然完全不顧勞工意願，單方面強推黨國體制與不合理的人事制度。只不過，勞工們也沒有乖乖順從這種「上面的安排」。由於缺乏一個可施力並起作用的公共領域，勞工們改以隱蔽且幽微的方式，繼續他們的抵抗。黨國體制要求的是忠誠，擔心被政治牽連的勞工就採取表面順從的策略，為了保住飯碗加入國民黨，即使對三民主義完全不感興趣。勞工看破假借科學管理之名的人事制度，知道自己再怎麼努力也不會獲得升遷，便轉而積極利用人際網絡拉關係、做人情，以賄賂和奉承取悅上司。此外，隨著民間經濟日益興盛，國營事業勞工開始在外兼差打工，甚至當起了小頭家，賺取「外路仔」（外快）。

為了改善其弱勢處境，國營事業勞工利用陽奉陰違、拉關係，或兼差打工這些不順從的小動作，設法維持最低限度的個人自主，也為自己爭取到更好的物質生活。然而，這些行為並不是所謂的「階級抵抗」（class resistance），因為這個概念是特指以階級團結（class-wide solidarity）為基礎，且有助促進階級利益的集體行動。沒有必要美化國營事業勞工這種細微且隱晦的抵抗行動，其實像他們這樣過度利用與上司之間的人際網絡，反而會造成勞工彼此間的不信任，長久下來也更加深面對上級主管時的劣勢，結果就是讓勞工之間的階級團結更形破碎。

一直到七〇年代，國民黨政權面對外交挫敗、政治反對運動的興起等一連串挑戰，黨部開始放鬆對工會的掌控，勞工的不滿可透過工會提出陳情或申訴，國營事業勞工也才開始採取較為主動的抵抗策略。當時工會仍歸黨部控制，勞工能反映的也只有薪資和福利這類問題，整體來說，這些零碎的權益申訴行為過於細瑣，工會在其中也起不了什麼作用，但這些申訴行為卻讓工會從原本只是單向地傳遞黨部指令的身分，逐漸轉向中介的角色，為八〇年代末期自主工會運動的興起鋪路。

如同南韓、巴西、波蘭和南非等新興民主國家，台灣的勞工運動也孕育於政治轉型的過程中，且與反對運動聲氣相通、攜手並進。南韓生猛有力的勞工運動向來是台灣運動者心儀仿傚的範本；在巴西與波蘭，來自基層的工會幹部個人魅力十足，他們不只領導政治反對運動，最後還登上了總統寶座。相較之下，台灣的勞工顯得較溫和、較缺乏武勇抗爭的性格，似乎也因此失去光彩與國際關注。儘管缺乏這些亮點，台灣國營事業勞工仍舊在國民黨威權政體瀕臨崩壞之際，展開了他們的運動風潮。國營事業中新出現的異議勞工與反對黨及其他社會運動者結盟，挑戰工廠中的國民黨幹部，成功奪取工會的控制權。在解嚴後的十幾年間，自主工會運動成為推動勞動法律改革的主要力量，也因此創造出堅實地、以階級團結為基礎的勞工抗爭運動。

只是這波運動之後的發展也一如前述那些新興民主國家，當威權體制崩潰，勞工抗爭風潮也逐漸消散，工會調整積極參與街頭抗議的作風，轉而呈現保守化的趨勢。這個現象在國營事業工會更加明顯。民營化的威脅加上二〇〇〇年政黨輪替影響，國營事業工會變得更為內向封閉，只關切國營事業勞工本身的特殊利益，而非廣泛的階級利益。今日，國營事業工會在本質上已經背棄了過往宣稱的「工運社會化」路線，轉型成為利益團體，不再屬於社會運動的一環。

勞工抵抗的理論意涵

審視國營事業勞工一路走來的曲折抗爭，能讓我們重新看待戰後歷史，畢竟發生在工廠內的種種情事，也是台灣人民共同經驗重要的一部分。然而，除了梳理在地脈絡，既有的階級形構（class formation）理論所預設的目的論式的概念，也是本書想要挑戰的對象。

目的論者認為，歷史必然朝向某一種預定的終極狀態演進，在此概念下，勞工階級從原本「客觀自在的」（objective in itself），逐漸演變成「主觀自為的」（subjective for itself）；勞工的階級意識也呈現出線性發展的軌跡，從溫和改革主義（moderate reformism），移轉至革命激進主義（revolutionary radicalism）。究其根本，目的論者認為階級劃分是當代資本主義的首要特徵，其他的社會分歧，例如族群、性別等等，都是次要的，而且必將消失。然而，無論在日常或公共的抵抗中，勞工所要因應的壓迫情境，並不能被統攝在階級剝削（class exploitation）的單一概念之下，基於族群身分與黨派立場的壓迫也確實存在於現實生活之中；同樣地，也沒有任何理由可以斷然主張勞工終將擁抱其階級認同，而拋棄其他的認同。確實，勞工可能從事武裝革命，或積極投入勞動法律的改革倡議，展現出改造社會的企圖心；但這些積極活動往往間歇斷續，且當情況變得較為不利，勞工很可能會從這些社會運動中撤退，將注意力移轉至更狹義的權益。

大部分關於勞工階級形構的經典著作都聚焦在特定群體的勞工，例如舊金山碼頭工人、里昂絲織工人，或曼徹斯特棉紡工人，從詳盡的案例分析中汲取理論意涵，本書沿襲這樣的研究傳統，鎖定台灣兩群國營事業勞工，糖廠勞工和煉油廠勞工。他們的起源都能追溯至殖民工業化時期，也都在戰後經歷了族群支配、黨國體制滲透和內部勞動市場改革。這兩群勞工對其從屬狀態的反應，大致依循上述的歷史軌跡，不同的是，糖廠勞工在威權控制解除後，其集體抵抗亦快速消解，煉油廠勞工卻轉而成為台灣社會運動型工會的典範案例。

公部門工會在世界各國都不是一個討喜的主題。首先，國營事業勞工向來不被認為是真正的勞工階級，他們通常被視為是運用其政治影響力、倚賴稅金維生、享有特權的「公務員」，許多右翼反工會論述往往將公部門工會視為脆弱且容易攻擊的目標，利用攻擊他們來正當化其公營轉民營的政策論述。在台灣，由於薪資成長停滯，以及晚近「油電雙漲」爭議，國營事業勞工更彷彿過街老鼠，一下子被劃到小老百姓的對立面。

與其他先進資本主義國家相較，台灣的公部門勞工範圍較廣，除了清潔隊員、學校教師與政府約聘雇人員，還包括相當大一群分布於運輸、鋼鐵、造船、電信、電力、機械等產業的勞工。如前所述，去殖民化的歷史為戰後台灣遺留下一個龐大的國家部門，國營事業勞工與國民黨政權的親近性使他們幾乎無法脫離族群支配和黨國體制的動員。儘管八〇年代末以降曾出現一波公營轉民營的風潮，但實際上許多「前國營」公司仍是由政府掌控。所以，國營事業勞工絕非台灣勞工階級的代表或典範，以就業安定和薪酬而言，他們甚至可被稱為「勞工貴族」，即使這種經濟優勢是以政治自由為代價所換來的。不過，如果我們考量到其獨特性，台灣國營事業勞工的故事仍可闡明：階級團結是如何沿著不同的制度分歧（institutional cleavages）而崩裂，以及真正的階級抵抗行動為何總是如此稀少且曇花一現。而這正是勞工階級形構的研究者所要回答的問題。

工業化與無產階級化在台灣

沒有現代工業，就沒有無產階級。因此，要理解台灣勞工如何在歷史中粉墨登場，必須回到最早的工業化脈絡。台灣的工業化可追溯至日治時期。在日本統治最初幾年，財政赤字迫使殖民政權必須制定各種發展計畫，讓這座新入手的島嶼有利可圖，於是包括土地調查、確立現代化的所有權制度，以及打造基礎建設等計畫逐步推行，同時也針對日本財閥投資島上的食品加工產業，特別是製糖業，進行獎勵。一九三〇年代日本軍國主義崛起，台灣成為南進基地，殖民政府遂加強在此推動諸如石油、水泥和金屬等戰爭相關產業。如康明斯（Bruce Cumimgs）在〈東北亞政治經濟體制的起源與發展：產業部門、產品週期與政治後果〉（The Origin and Development of the North-east Asian Political Economy: Industrial Sectors, Product Cycles and Political Consequences）一文中所述，日本人「將現代重工業設置在其殖民地」，與其他殖民統治明顯不同。因此，台灣在一九三〇年代現代工廠的就業人數就已經超過傳統手工業勞工；[1] 一九三七年中日戰爭爆發之前，台灣的「每人平均對外貿易額幾乎是遠東地區最高」，[2] 戰爭結束之際，儘管農業仍是台灣最重要的產業部門，但工業化已有顯著的進展，這點由二級產業部門的國內生產毛額比例達到百分之二十五點八即可印證。[3]

戰後由於政權轉移的混亂，台灣的工業化歷程基本上仍延續之前的國家主導模式。國民黨之所以能夠掌控經濟的制高點，主要是因為殖民經濟資產國有化、掌控美援分配權，以及從中國大陸帶來的一群富有經驗的技術官僚。如巫永平所主張的，要解釋台灣經濟的成功，政治因素是關鍵，重點是要看國民黨政府如何成功地在一個陌生且充滿敵意的島嶼上生存下來。[4] 國民黨的經濟政策並不全然是一致且成功的，派系傾軋、強人干涉，同時還需考慮受排擠的本地人需求，經常發生互相干擾的情形。儘管如此，台灣還是接連歷經進口替代（一九五〇～一九五九年）、出口導向（一九六〇～一九七三年）和產業升級（一九七三～一九八四年）三個階段，成為新興工業化國家成功的案例之一。[5]許多研究者都注意到台灣強健的經濟表現，並認為這是足以反證依賴理論學派之悲觀預測的特例。[6]八〇年代中期以後，勞動成本的提高和民營企業的成長，以致必須大幅修正國家主導模式；九〇年代初期，自由化和民營化再次減弱國家在經濟活動中的角色；工業設施遷至東南亞和中國，加速了台灣的後工業化，也導致第三級產業的國內生產毛額和就業人數開始超過第二級產業。[7]

勞工為何沉寂？

既有的台灣戰後勞工研究大多聚焦於以下兩個問題：首先，為什麼在快速工業化的六〇和七〇年代，勞工顯得如此地沉寂？其次，是什麼因素觸發了一九八七年解嚴後的勞工抗爭？

無產階級化（proletarianization）意指生產者脫離生產工具的歷史過程，從而產生一群一無所有、只能以販賣自己勞動力為生的階級。在台灣最顯著的表現即是六〇年代之後，快速工業化致使許多農村人口被迫遷移至都市謀生。研究者好奇的是，在這個大規模無產階級化過程中，為何沒有出現激烈的勞資衝突？目前主要有三個解釋取徑。文化主義學派關注的是生氣蓬勃的中小企業，他們主張，儒家倫理鼓勵勞工簡樸勤勞，安份認命，奠定了經濟奇蹟的基礎；[8]同時，儒家傳統家庭和諧的理想成為勞資雙方普遍遵循的價值觀，延伸到工廠內的人際關係，導致勞資傾向彼此合作、共同追求更富裕的生活。[9]基本上，文化主義論者完全無視工作場所中的衝突，直接假定勞資雙方共享的文化遺緒會促使勞工願意接受管理者的權威和工業生產的紀律。[10]

第二種觀點通常來自馬克思主義的啟發，採取了較批判的態度。這些研究不訴諸某種傳統文化，反而特別側重於政治因素，認為長期的威權統治導致了勞工的無能與無助。戴歐（Frederic Deyo）反對草率地使用文化主義的解釋，他強調，許多不利勞工的政策，例如針對罷工的法律規定或是扶持親政府的工會，都會造成「勞工階級的政治排除」。[11]其他研究者也證實了這一點：國民黨政權蓄意使勞工無力動員，並以勞工的缺乏組織鼓勵企業投資。[12]

如果說第一種取徑訴諸於保守文化，第二種觀點重視政治高壓，第三類的研究則是審視其他抑制勞工階級意識，或將其精力疏導至其他途徑的社會制度。例如，對受雇於家族企業的勞工而言，父權和家庭意識型態鞏固了他們的從屬狀態；[13]社會隔離和歧視，促使加工出口區女工對其階級意識保持「緘默」；[14]原鄉的社會聯繫是中小企業招募員工的重要管道，但這也進一步模糊了雇主與受雇者之間的階級關係。[15]此外，有些貧困農民被迫在農閒之餘到工廠工作，以賺取額外收入，成了所謂的兼職無產者（part-time proletariat），而恰恰因為他們出身鄉村，刻苦耐勞的特性使其甘願忍受這種「自我剝削」。[16]

同時，研究者也注意到，小規模創業成為台灣勞工階級普遍採取的抵抗策略，工廠工作經常被視為暫時的，是在為未來創業預作準備；[17]即便是對大公司內位居管理職的員工而言，獨立經營企業仍是一種誘人的生涯展望。[18]謝國雄進一步指出，這一類微型創業不僅是勞工抵抗無產階級化命運的自助策略，其實也是一種意識型態上的效果；也就是說，「黑手變頭家」的期待，正當化了其體力工作欠缺主體性、不穩定，以及沉悶的本質。[19]蓋苂（Hill Gates）則是主張，對於這些在政治上受挫的本土勞工而言，這些「小資本主義」（petty capitalism）所提供的生意機會是一道安全閥，讓他們對政治的不滿，在經濟上獲得抒發的管道。[20]吳乃德也根據調查資料指出，儘管台灣勞工沒有形成階級意識，也缺乏以階級為基礎的動員，但他們對其自身的認同仍展現出高度的自覺，明確認知到不同階級間的差異。[21]

第一種取徑斷言勞工沒有「階級意識」的需求；第二種主張如果沒有政治壓制，勞工可能會產生「階級意識」；第三種取徑則認為勞工的階級意識被轉移到「非階級」的途徑。後兩種取徑都提供了有價值的洞見，也都成功指認出某些阻礙階級抗爭開展的制度性因素，但整體而言，既有的研究皆過度強調台灣勞工階級的順從，而忽視其抵抗。除非我們採取正統馬克思主義的狹隘定義，否則將缺乏有組織的勞工抗爭視為階級意識不存在的證據，是有點牽強的說法。

九〇年代之前，台灣仍存在各種的政治禁忌。關於勞工抗爭活動很難取得相關的歷史材料，許多研究者因而沒能察覺五〇年代中期以前的勞工武裝抗爭，誇大了國民黨在戰後初期的控制效果。事實上，國民黨的反共與政治壓制確實使階級動員的成本變得極高，但這些對工作場所的政治改造也播下了抗爭的種子。只不過，這些勞工的抵抗形態殊異，而且也並非只追求單一的階級利益。

解釋勞工的抗爭

台灣戰後勞工研究所提出來的第二個問題則是，為何看似安份認命的勞工，會在八〇年代後期爆發抗爭風潮？大部分研究者都同意，威權主義控制的弱化刺激了勞工運動的發展。戒嚴時期的禁令不復存在，異議勞工要組織抗爭活動變得更容易；同時，反對黨的出現也激勵了勞工的政治抗議。[22] 除了政治環境的變遷，也有研究者注意到其他因素，例如第二代勞工的出現，他們不再懷有傳統農村社會的想像，因此會更積極爭取權益。[23]

關於戰後勞工運動研究，除了上述政治性的解釋，本書還會進一步闡釋與補充以下三點。首先，除了政治自由化的外部衝擊，我們不應忽略工廠內部的變化，即早在解嚴之前，國營事業的工會就已逐漸脫離黨國體制控制，埋下勞工抗爭的種子。其次，儘管八〇年代後期爆發了前所未見的勞工抗爭風潮，但並非所有勞工階級的成員都被捲入其中，為何有些勞工動員成功，而有些動員卻失敗了？最後，研究者往往關注的是勞工運動的起源，而非其後續發展。但勞工運動的興起，究竟會對勞工們帶來何種衝擊？這些勞工抗爭對於全國性的勞動政策，以及個別廠場的勞資關係造成怎樣的轉變？除了少數既有的研究，[24]我們仍缺乏對於台灣勞工運動歷程的整體性評估。本書將要指出，台灣勞工運動中，國營事業勞工這個支脈已經走入歷史，隨著台灣政治民主體制之確立，國營事業工會已經告別社會運動，轉化成利益團體。這並不是意味著國營事業的勞工運動消失，目前台灣的勞資爭議仍舊存在，國營事業勞工的街頭抗爭也從未停止，只不過這些街頭抗議大部分不是由體制內的工會所發起的，而一旦欠缺工會的組織根基，勞工運動將顯得零散破裂，很難能形塑出所有勞動者的共同團結。

國營事業勞工的特殊性

既有的勞工研究主要針對民營企業，大多忽略了國營事業的勞工。這點不難理解，因為在一般印象中，國營事業勞工與台灣經濟的成功並沒有直接的關係，甚至會被視為是站在創造經濟奇蹟、積極進取的黑手勞工以及活力旺盛的小頭家之對立面。台灣的國營事業的確有其管理問題，極度官僚的作風和生產力低落常為外界所批評，也因此在國際上不具競爭力。[25]（當然，其中也有值得注意的例外，如五〇與六〇年代的糖業，砂糖外銷曾是台灣重要的外匯來源。）然而，若不了解國營事業勞工，將無法建立台灣勞工階級形構的完整圖像，理由有三：首先，戰後國營事業源自日本財閥和總督府的殖民工業資產，國民黨政府藉由國有化的手段，將這批台灣歷史上首度出現的無產階級全數納入其控制之下。這項歷史性的決定，對於日後勞工如何回應其從屬狀態有著重大的影響。

其次，國民黨威權統治藉由設置黨工與保防人員，以及組織工會，企圖全面控制勞工。民營企業由於雇主的抵制，國民黨未能達成目的，故僅能在國營事業實現其野心勃勃的計畫。因此，國營事業勞工的命運，其實也提供研究者一條線索，得以完整理解牢固的政治控制是如何深刻地轉化勞工的日常生活，將他們與眷屬納入無所不包的控制。最後，儘管國營與民營事業的勞工都在解嚴後被捲入勞工抗爭的行動中，但只有國營事業勞工持續行動，克服政府打壓，最終見證了社會運動型工會朝向經濟型工會的轉型。相對於此，民營企業初期抗爭雖然更激進，常使用罷工手段，但是經不起政商聯手打壓；除了少數例外，民營企業工會一旦帶頭的幹部遭到開除，往往也就趨於沉寂。

國民黨將殖民時期資產國有化的行為，不僅出現在基礎設施，也出現在製造業。戰後初期，這些虛胖而沒有效率的公部門，成為台灣重要的經濟支柱。例如，一九五二年，國營事業占了百分之四十二點六的國內資本形成毛額和百分之五十六點六的工業生產；[26]同年，國營事業的銷售與利潤提供了百分之四十七點六的政府歲入，同時間來自稅收的比例卻僅有百分之十六點四。[27]台灣並非社會主義國家，政府財源卻曾高度仰賴國營事業的收入，因此有研究指出，國民黨政府其實是利用「官僚資本主義」，對台灣人進行毫無掩飾的剝削。[28]後來由於私部門的成長，大型民營企業開始登場，國營事業的經濟重要性才開始緩慢衰減。根據主計總處

表一　國營事業在台灣經濟所占比例（1966-2001）

年份	資產總額	生產總值	就業人口
1966	56.4	24.9	11.4
1971	52.2	15.9	8.8
1976	53.7	20.7	13.2
1981	52.2	23.3	7.9
1986	60.9	17.1	7.5
1991	46.9	15.4	7.0
1996	36.5	12.5	5.4
2001	27.6	11.0	4.2

資料來源：行政院主計總處　單位：%

說明：本資料是根據主計總處每五年發布一次的工商普查報告整理而成。1956年和1961年也有調查，但並未提供相關統計值。

工商普查報告所示，直到一九八〇年代中期，國營事業都占有全國經濟的過半資產（參見表一）。

從就業人口來看，國營事業勞工向來只是少數。一九六六～二〇〇一年間，國營事業勞工占全國就業人口的比例最多也只有百分之十三點二，越到晚近，比例越低。至於在這之前的統計數據，要不是不完整，不然就是無法取得。一份行政院資源委員會檔案文件就曾指出，該機構在一九四九年所掌控的生產單位（包括本書所關切的台糖與中油）總共雇用了四四、八四五位勞工，[29]但同時其他政府機關也分別管理不同的生產單位，例如交通部管理郵局與鐵路、財政部管理銀行等。台灣的民營企業在六〇年代之後才開始興起，因此可以合理推測，戰後早期（至少在一九六六年以前），國營事業勞工的比例應該高於表一的數字。[30]國營事業勞工雖然是台灣勞工階級的少數，卻大量集中在工業生產的制高點，而且，他們的生產活動提供了移入政權重要的經濟支持。因此，國營事業勞工如何回應其從屬狀態，對台灣的政治經濟有深遠的影響。

台灣國營事業在總體經濟中所扮演的角色，仍是個有爭議的學術議題。新古典經濟學家認為國營事業天生就是無效率的，因此，民營化是解決其問題的唯一解方；[31]另一方面，也有學者批評新古典經濟學對於「自由市場」的迷思，他們強調效率不應是唯一判準，因為台灣的公部門擔負許多社會與政策目標，例如產業結構調整、供應弱勢與偏遠居民，以及促進產業成長。[32]但在這場論辯中，迄今仍未出現由下而上的觀點，沒有從勞工的具體處境思考國營事業所扮演的歷史角色。本書的論點較接近前一陣營，台灣的國營事業的確是缺乏效率的，但其理由並不是自由市場本身的配置效率，或是認為只要有國家介入，就一定會造成負面影響。如下述章節將討論的，真正的問題在於長期以來被堆疊加諸在勞工身上的各種分化政治（divisive politics），包括族群壓迫與黨部控制，以及因此而生的勞工抵抗。

本書的兩個案例，台灣糖業公司（以下簡稱台糖）和中國石油公司（以下簡稱中油）都是設立於一九四六年的國營事業，主要基礎是自日本人手上收歸國有的工業資產，而且曾長期獨占特定市場（白糖煉製、石油煉製與銷售）。兩者皆經歷族群支配、黨國體制的穿透、工會組織化與勞工抗爭興起等過程。

從戰後台灣幾個相對較大的國營事業中挑選這兩個案例，有許多理由。首先，從歷史視野來看，本研究感興趣的是起源於殖民時期的國營事業勞工，因此必須排除國營事業中的造船勞工和鋼鐵勞工，因為這些大部分是戰後才建立的產業。其次，規模較小的國營事業能提供的檔案資料相對較少，也不是理想的選擇，所以機械、肥料、石化、製鹽、煙酒和自來水的產業勞工不在考慮之列。其三，這個產業必須具備製造業勞工的共通性，比較的架構才得以可行；這個判準排除了服務產業（銀行勞工）、交通產業（鐵路、公車、航空、機場和港口的勞工）以及通訊產業（電信與郵局勞工）。最後，若想了解隨著政治自由化而來的勞工動員之不同結果，中油和台糖的勞工正好可以代表兩個不同的極端，中油是國營事業工會運動最強大的案例，台糖則相反，無法成功地持續抗爭行動。因此，對這兩類勞工的研究，有助於理解構造和裂解勞工團結的共同制度背景，及其動員的歧異結果。

台灣早在十七世紀，荷蘭統治時期，便已開始出口蔗糖。十九世紀後半，台灣開放對外通商口岸，糖業出口呈現爆炸性成長。然而一直要到一九〇一年，才由日本人首度將現代化的機械煉糖廠和科學化種植帶進台灣。由於殖民政府的獎勵，台灣糖業在日本人的扶植下發展出四十多間煉糖廠，主要分布於台灣中南部。一九三〇年代後期，台灣的糖產出達到高峰，緊追印度、古巴和爪哇，成為世界第四大的糖生產地。[33] 日本學者矢內原忠雄在《日本帝國主義下

1906年，大日本製糖株式會社於雲林設置虎尾糖廠，1909年正式啟用。圖為興建中的虎尾糖廠。

之台灣》一書中提出其著名的觀察：台灣的糖業歷史等同於其資本主義歷史。換言之，如果沒有日本財閥所投資的新型製糖廠，台灣不會那麼快走向現代的資本主義。[34]

戰後，蔗糖仍是台灣最重要的出口品項，幫助台灣度過外匯短缺的艱困年代。一九五八年之前，糖業出口占台灣出口總值一半，這個比例一直到一九六七年才降到百分之十以下。[35]不過，也就在那之後，台灣的糖業失去了國際競爭力，且持續衰退。台糖為了因應此一形勢，改以多角化經營，並開始縮減組織規模，各地糖廠也逐一停工。台糖的員工數量巔峰時期曾高達二二、五八三人

（一九四八年）[36]，糖廠員工所組成的工會，一度曾是台灣規模最大的產業工會，但後期員工大幅減少，到二〇一六年僅餘三、九四五人。[37]

石油產業發展的軌跡則正好相反。亞熱帶氣候的台灣非常適合種植甘蔗，卻缺少石化原料。所以一九四五年以前，台灣的糖業已經高度開發，中國的糖業卻近乎不存在；反觀煉油工業，中國的煉油在戰時享有政府大力扶植，而有顯著進步；日本政府在台灣也有類似的努力，卻因戰爭受挫，例如日本海軍的煉油廠計畫，直到戰爭結束仍只是半完成狀態，且受到嚴重破壞。

中油在戰後先是恢復燃料油的生產，並在一九六〇年代擴展到潤滑油和石化材料領域。一九七〇年代，國民黨政府為了推動產業升級，擴大發展中油，高雄煉油廠的產能大幅成長，成為世界前十大煉油設施。[38]中油對煉油和輕油裂解工業的壟斷經營一直維持到一九九〇年代晚期，之後才有民營的台塑集團（以下簡稱台塑）獲得經營的許可。和氣數已盡的糖業不同，石油產業仍是台灣經濟不可或缺的部分，持續供應石化製品、塑膠和纖維給下游生產者。二〇〇一年，台灣的乙烯生產是全球第十三名。[39]中油的員工人數在一九五一年為四、九四六人，[40]到了二〇一六年，已經成長到一五、五四二人。[41]

殖民地的糖業勞工：勞工貴族的形成

在更深入地考察糖業和石油產業的戰後發展之前，必須先了解這兩個現代產業進入台灣的

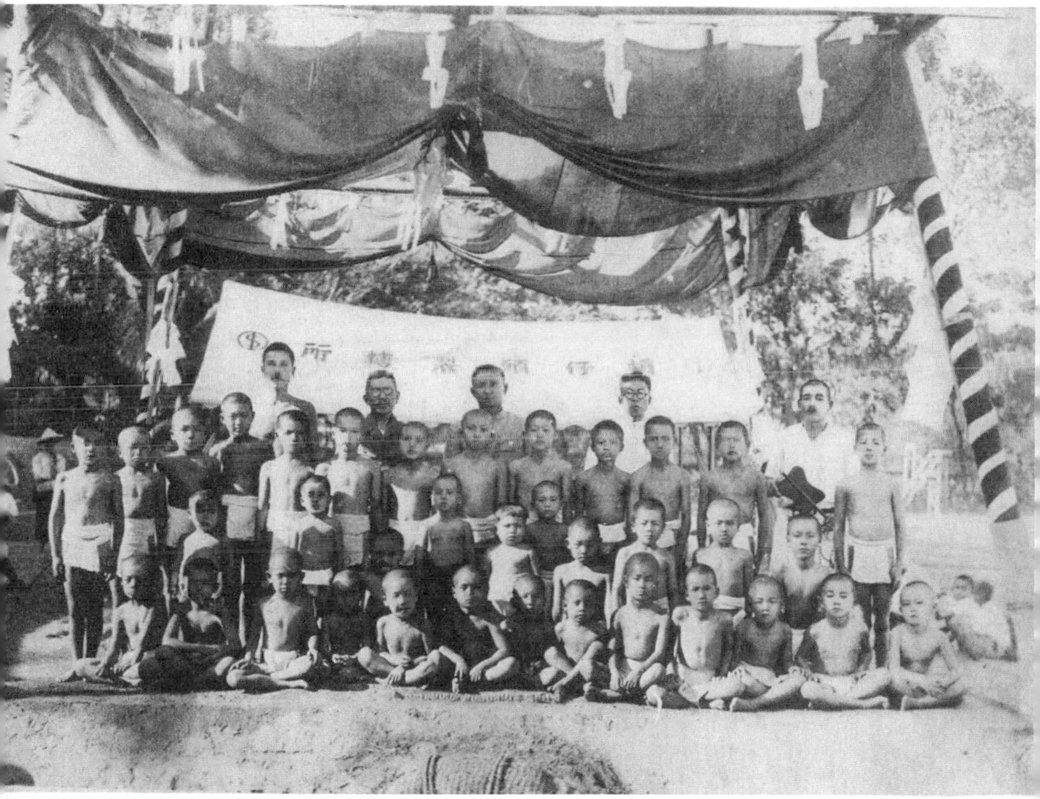

糖廠宿舍可說是日本文化的飛地。本地勞工雖然身處最底層，但與其他台灣人相比，仍算是被同化與享有生活保障的「貴族勞工」。圖為橋頭糖廠弟子組成的相撲隊，其中包括台灣人與日本人。（1940-1945年間）

背景，以及他們在台灣殖民無產階級化過程中所扮演的角色，以作為衡量之後發展的基準點。一九〇〇年前後，日本殖民政府開始鼓勵日本財閥來台投資製糖，其目的是為了舒緩新殖民地對東京造成的財政負擔；煉油產業的情況則完全不同。一九三六年，日本人將台灣的殖民方針定調為「南進化、工業化、皇民化」，在這樣軍國主義下的轉向，產業發展是為了戰爭，是要協助台灣成為帝國南進的軍事基地。也因此，殖民政府在一九四〇年代，開始在台灣推動煉油產業。資本主義工業化和軍國主義工業化造成兩種不同的勞動力模式，糖業工人的人數遠較其他產業多且穩定，同時他們也相當習慣於次等族群的角色，儘管與其他台灣人相比，他們已可稱得上「勞工貴族」；相反的，由於戰爭會不時打斷工廠生產，煉油工人的人數較少、年紀較輕，且流動性較高。

有多少台灣人在殖民時期的糖廠工作？國民黨政府在經歷了一段名義上的「監管」之後（一九四五年十一月至一九四六年二月），於一九四六年三月實質接管日本人留下來的糖業，當時的資料顯示，糖廠總共有一六、〇〇四名員工，[42]而根據一份非正式估計，其中百分之七十五的受雇者是台灣人，[43]所以可以推測戰爭末期應該約有一二、〇〇〇名台灣籍糖業勞工。（一九四六年的台灣人口總計有六百萬人）

但這群糖廠的台灣籍勞工卻已面臨非常清楚的族群分化。台灣勞工基本上都是「工員」（*koin*），只有少數可以取得「職員」（*shokuin*）的地位，以戰爭結束前的大林糖廠為例，日本人員工有百分之六十九都屬於職員，但台灣人員工卻有百分之九十五都是工員；居於領導位置的所長（*shocho*）和五個部門的課長（*kacho*），無一例外都由日本人擔任。[44]有證據指出，這種族群差異的情況在殖民初期更加嚴重，因為當時大部分台灣人未曾接受現代教育和工業訓練。一九二三年，花蓮地區的兩間糖廠即顯示出下列的偏斜狀況：四十四位職員中只有三位是台灣人；二百三十八位工員中，日本籍有一百零五位，台灣籍則有一百三十三位。[45]

當然，並非所有職員都是屬於監督和管理職，但職員與工員的區別大致上也就相當於白領階級和藍領勞動階級的差距；職員不僅享有較好的薪水收入和公司福利等報酬，在日本的勞動體制下，他們也擁有大多數勞工無法取得的體面地位。在日本殖民母國，由於地位差距太過巨大，勞工們為了追求平等與尊嚴，引爆了戰前的勞工運動。[46]殖民地台灣的情況則更加惡劣，族群不平等被疊堆加諸在地位不平等之上，產生了幾乎無法彌補的裂痕；少數得以晉升到職員位階的台灣人則被其同胞視為意見領袖，也因此在一般人心中留下鮮明的記憶。[47]

族群分化也可見於工作的分派。台灣籍的員工，不論其職位高低，通常都比較難被分配到相當於全糖廠指揮中心的總務部門，反而較高比例是被安排在不怎麼需要技能和訓練的運輸部門。以一九四五年的新營糖廠為例，總務部門的員工有百分之五十九是台灣人，而運輸部門則有百分之八十六點六。[48]

少數台灣人能夠獲得和日本勞工相同的職位，但在薪資上卻仍然遭遇歧視。支付外派員工海外服務津貼是日本財閥的慣例，津貼金額不一，但經年累月下來，卻形成不同族群在工資上的重大差異；一份口述歷史資料指出，所謂「外島勤務」（*gaitou kinmu*）的金額，約占一名日本籍員工整體薪資的百分之二十，[49]根據一項一九二九年的官方調查，在十八間雇用人數超過三百人的糖廠中，日本員工的平均薪資是台灣員工的二點一五倍。[50]

在殖民時期，日本糖業財閥在糖廠附近規畫員工宿舍區，宿舍區內包括學校、神社、員工合作社等各式設施，主要是為了安置遠渡重洋來到這座陌生島嶼的日本籍經理、工程師和技術人員。勞動史學家會明確指出，這種設計源於二十世紀初期的「福利資本主義」（welfare capitalism），這是「開明的」資本家所採取的策略，目的在於打造出有工作紀律而且願意順從的勞工階級。[51]但在台灣，這種包含生產與生活的整體性規畫，卻成為殖民者希望與台灣人在空間上有所區隔的設計。一開始，「糖廠社區」是宗主國旅居者的新城鎮、深入熱帶鄉村的日本文明前哨站，但隨著時間過去，宿舍區擴大，逐漸吸納了不少本地人，可以預期的是，宿舍區開始複製社區外的「族群隔離」。例如，台灣人總是被分配到較小、較外圍的單位；[52]日本人的宿舍有各戶獨立的廚房和浴室，台灣人的宿舍卻必須與其他戶共用這些設施；[53]餐廳、診所、商店和公共浴池等設備都位於日本人居住的區域。[54]因此，儘管糖廠宿舍最終有擴大範圍，並接納部分台灣籍勞工入住，但宿舍區內的台灣人仍然受到隔離且不平等的對待。

不論工作或休息，為糖業財閥工作的台灣籍勞工被置放在無所不包的族群從屬體制之下。

大日本製糖株式會社前社長藤山雷太（Fujiyama Raita），在一九三六年提出這樣的個人觀察：「內地人（按：即日本人）和台灣人之間，有著截然的區別，宛如水與油的關係。若要使內地人與台灣人，能夠同心一體，恐怕是有如百年等待河水澄清一般的困難」。[55]

因此，我們必須要問：為什麼台灣勞工願意接受這樣的族群支配？很簡單，因為藉由和日本資本共謀、協助其對殖民地的壓榨，能讓這一小群台灣籍勞工享受到其同胞無法觸及的、令人嫉妒的生活。對糖廠勞工來說，這樣的感受特別真切，因為糖廠位於農村，這意味著勞工們的參考團體主要是鄰近的農民，而這些農民也往往正是甘蔗採購過程中，被剝削的對象。事實上，糖廠附近的農民對糖廠的態度相當複雜與矛盾，一方面製糖會社常會將糖廠建在他們被迫出售的祖傳土地上，並且強迫他們以不合理的價格種植甘蔗；另一方面，糖廠幾乎擁有所有他們渴求的東西。產糖的季節，糖廠的臨時工作可為他們帶來耕作以外的收入；[56]村民甚至會用糖廠排出的廢水露天洗澡。[57]當時有一種流行的說法：「能抱著會社的煙囪，就是人生的幸福」。

一位後來因地下共產黨運動被國民黨槍決的醫師葉盛吉（一九二三～一九五〇），成長在新營糖廠，他的養父在那裡擔任課長，這對台灣人而言是項破格的成就。葉盛吉指出，他的童年經歷充滿濃厚的日本風味，因此他將日本視為「故鄉」；他形容事業有成的養父工作努力且舉止謹慎，「若度石橋而猶扣地以行者」。[58]勞工貴族的生活誘惑，以及伴隨而來的文化同化和物質保障，促使這群擁有熟練技術的台灣籍勞工可以忍受族群歧視的痛苦，甘願接受族群支配。[59]

石油勞工：無產階級化的起步

糖廠勞工代表的是殖民無產階級化充分發展與成熟之案例，煉油廠勞工則是發展軸線的另一端，直到戰爭結束之前，依舊停留在剛起步的狀態。一九四一年，太平洋戰爭即將爆發，為了確保帝國海軍艦隊的燃料供應無虞，日本政府決定在台灣推動煉油產業，而這恰恰是第一間現代化糖廠開始營運之後的整整四十年。日本海軍計畫在高雄、新竹和台中建立三座煉油廠；然而，在戰爭結束前，沒有任何一間工廠正式開始營運。高雄煉油廠（那時稱為海軍第六燃料廠）的第一期工程於一九四四年完成，是當時亞洲第二大的煉油廠，[60]但該年下半，美國占領菲律賓，從當地起飛的美軍轟炸機嚴重破壞了煉油廠，勞工被下令清理廢棄的金屬，同時拆解與遷移生產設備。[61]因此，戰後高雄煉油廠雖然倖存，但已受到重大的破壞；其他兩座煉油廠則尚未成形，根本無法啟用。[62]

日本海軍招募本地勞工時，一開始鎖定的目標是青少年。當時規定如果能夠錄取煉油廠的工作，就可以獲得「軍屬」（*gunzoku*）的身分，這個身分泛指軍隊中「非戰鬥角色之人員」，[63]在戰爭逼近時，一般認為軍屬可以免除軍事徵召，因此煉油廠的工作競爭非常激烈。

不過，當時台灣並沒有運轉中的煉油廠能夠訓練這批年輕的勞工，這就表示一旦獲得錄用，這些青少年就得被送往日本和爪哇的煉油廠當學徒。長期的海外訓練，導致在地的工作人員始終無法維持一個穩定的狀態；同時因為戰爭，例行生產無法維持，海上運輸也徹底中斷。不同於其他產業部門，煉油廠的日本籍員工比台灣籍員工多，根據資料，戰爭結束時廠內有九百九十九位日本籍員工，卻只有三百六十一位台灣籍員工。[64]

儘管石油工人的無產階級化仍在起步階段，族群支配的情形依然明顯可見，且由於隸屬軍事組織，由軍官負責管理，不平等的現象更為嚴重。在苗栗的油田，有百分之六十的職員是日本人，工員則是百

1941年，殖民政府決定在台灣推動煉油產業，計畫於高雄、新竹和台中三地興建煉油廠。1944年，位於高雄後勁的「大日本帝國海軍第六燃料廠高雄廠區」第一期工程完工。圖為興建中的海軍第六燃料廠。（1944年）

分之十；[65]鑽油工員裡的工頭通常是日本人，他們不但可以領取額外獎金，而且不用從最低階的職位幹起。[66]高雄煉油廠的宿舍區也複製了族群隔離的情況：台灣籍工員被安排在一棟狹窄的單身宿舍，日本籍的海軍軍官則被分派到獨幢的家庭式住宅。[67]一位受訪的台灣籍員工透露他曾在工廠中經驗過的族群緊張狀況：日本籍的管理階層經常會故意尋釁滋事，試圖激怒台灣籍勞工，進而產生違抗的行為，如此一來日本人就可以名正言順採取紀律處分。很自然地，軍事化的環境會進一步惡化族群間不平等。[68]

糖業和油業顯示出殖民勞工階級形構的兩種模式。儘管他們在工作場所都被當成次等族群，但和大部分台灣農民相比，這兩種類型的勞工仍都享有特權；糖業工人浸淫於日本人建構的工業秩序較深，對於自己勞工貴族的角色較為習慣，石油工人相對而言較為年輕、流動率高且沒有經驗，則顯得尚未適應此一角色。

傳統勞工階級形構理論的修正

歷史帶給台灣勞工種種契機與挑戰，其中不少現象看似獨一無二，例如，大部分的殖民統治是從殖民地搜刮資源，而不是帶給殖民地現代化的工業設備。戰後，台灣人民似乎終於可以掙脫日本的統治，卻又陷於另一種新殖民主義的秩序，戰後初期的省籍分化複製了以往日本人與台灣人的不平等關係，國民黨在工廠佈建黨部，要求勞工參與種種政治動員，與對岸的共產黨十分類似；換言之，國民黨等於是採用共產黨的組織策略，從事其反共大業。最後，無論是在國營事業或民營企業，台灣勞工積極經營小生意、爭取當頭家的微型創業風潮，也並非舉世皆然。這些現象可能是台灣獨有，即便如此，若只堅持本土個案的特殊性，甚至認為這些現象構成了常理無法解釋的異例，反而落入例外主義（exceptionalism）的陷阱，忽略不同個案之間的共通性。若要更清楚掌握台灣勞工抵抗的共通性與特殊性，還是得借助理論層次的討論。

在一八四八年的《共產黨宣言》中，馬克思和恩格斯大膽地描繪了一幅「無產者形構成為一個階級」（proletariat into a class）的預言性景象：資本主義擴大了勞工階級的隊伍，現代科技的應用促成了勞工階級的同質性，之前那些種族、年齡、性別、技能等區別業已過時。新形式的傳播、資產階級民主的來臨，以及批判性知識分子的崛起等因素，都導致了勞工階級的政治覺醒。因此，勞工階級的集體行動展現出某種進化式的演變，從守舊的破壞機器轉變為防衛性的工會活動，最終形成高舉社會主義旗幟的革命運動。[69]

總歸而言，勞工階級形構的核心問題，就是要尋找一種因果連結：一方面是無產階級化（proletarianization）的結構性過程，即「失去對生產工具的控制，從而只能藉由販賣其勞動力來維生者之人數」的增加，[70]另一方面則是勞工隨之而來的政治回應。馬克思正確地喚起大家對這項關鍵的現代性議題的注意，但他過於樂觀的預言顯然是錯誤的。借用社會學家布洛威（Michael Burawoy）的說法，儘管馬克思的預言犯了「精采錯誤」（brilliantly wrong），[71]但勞工以何種程度與方式來組織自身，以成為集體行動者，仍是當代資本主義動態的核心議題。

本書把範圍擴大，將勞工階級形構的提問，界定為勞工如何回應他們因雇傭勞動所導致各種依賴，而不只是追求特定的階級利益。相對於此，傳統觀點以萊特（Erik Olin Wright）為代表，他將階級形構定義為：「人們為了促進階級利益的追求，而集結在一起，其形式包括致力於追求利益、且高度自覺的組織，如工會、政黨和雇主協會等，也包括那些較鬆散的集體形式，如社會網絡和社區等」。[72]上述定義有兩個需要修正之處：首先，沒有任何先驗的理由足以說明，為何相較於其他利益，勞工更重視其階級利益。如果勞工將階級利益視為最首要的，其必要前提就是要有以階級為範圍的團結（class-wide solidarity）。然而，一如台灣和其他地方的經驗所示，勞工階級內（*intra*-class）的衝突有時會讓競爭加劇，而且也沒有理由認為勞工不會追求與階級無關的利益。這可稱為**團結的問題**（question of solidarity）。

其次，儘管萊特在其定義中納入某些「鬆散的集體性形式」，但勞工階級形構研究者仍極度偏向關注那些發生大規模工運與劇烈階級對立的歷史插曲，從而忽略平靜時期勞工從事的那些較不戲劇化、較例行的行動，即使這些行動也會產生深遠的影響。但事實上，兩極化的階級間（*inter*-class）衝突並不常見，即使有也是稍縱即逝。因此，勞工階級形構的研究勢必要擴大對各種勞工反應的認識，特別是他們如何用較平凡、較隱蔽的方式來應對其從屬關係。這即是**隱蔽抵抗的問題**（question of nonobvious resistance）。

湯普森（E. P. Thompson）在一九六三年出版的《英國工人階級的形成》（*The Making of the English Working Class*）是一部影響深遠的作品，開拓了勞工階級形構的文化主義取徑。湯普森拒斥經濟決定論，認為那是將社會主義運動單純化約為工廠體系自動發生的結果，彷彿有了工廠，就自然而然會產生勞工抗爭。他用「經驗」（experience）這個概念統括勞工的主動性與轉化性過程；對他而言，物質條件僅是一種潛在的可能性，勞工如果沒有自身詮釋、學習和挪用，就無法成為一股自覺的社會力。湯普森以英國勞工為例，論證勞工如何將政治自由主義、哲學思潮、宗教儀式、經濟學說和社區生活等不同的文化傳統，編織為一種挑戰資本主義的反抗實踐；他把勞工及其文化遺產重新放回圖像之中。結構馬克思主義（structural Marxism）將勞工意識化約為意識型態，相對於此，湯普森則強調價值「是活生生的，且浮現於物質生活與物質關係的關連之中」，因此勞工特有的觀念，必然「在歷史中，以及在階級鬥爭中展露出來」。[73] 湯普森的取徑之所以被稱為「文化主義」，除了他鉅細靡遺地描述當時英國勞工接觸到的各種文化資源，也因為他的分析無疑是假設「鑲嵌於文化的個體會遵循社會規則，從而構成了其個體及團體認同」。[74]

一整個世代的研究者都跟從了這樣的召喚，[75] 他們將歷史上的勞工抗爭從「後世的不屑一顧」（the enormous condescension of posterity）中拯救出來，探索了許多有助於勞工階級形成的文化因素。前工業時代的文化遺產不再被視為阻礙階級意識發展的殘餘累贅，而是勞工運動歷史不可或缺的一部分。工匠的組織、工作倫理和儀式，為工廠勞工提供理解新經濟結構的必要文化語言；[76]鑲嵌在勞工社區的豐富社交活動與稠密鄰里組織，也因此構成階級團結的基石。[77]勞工所擁有的那些非社會主義意識型態，例如共和主義（republicanism）、生產者主義（producerism，即主張一切價值都是來自生產者、因此生產者應獲得領導社會的職位之信念）和民族主義，不再是導致其不幸的偏差思想，反而是一種觀念的載體，支撐他們的抗爭活動。[78]有技能的勞工對科學管理的抵抗，不再被視為勞工貴族千禧年式（chiliastic）的絕望反抗，而是維持他們在工作場所自主性的階級鬥爭。[79]

圖一總結了湯普森式的勞工階級形構。在此，「階級經驗」同時扮演了「鑲嵌」（embedded）和「中介」（intermediating）的關鍵角色，[80]勞工將那些唾手可得的文化資源重新組裝，並賦予新的詮釋，編織成統一在階級意識下的運動。

湯普森式的文化主義重視勞工階級形構的主觀面向，然而，不幸地也為激進建構主義（radical constructionism）鋪了路，將階級概念化約為「語言構連」（linguistic articulation）[81]、「敘事」（narrative）[82]和「論述」（discourse）[83]的實例，反而否定階級中物質基礎的存在。在此之前，文化因素被視為不重要的表面現象，但如今卻被視為無所不在，且擁有獨立的因果作用，能促進階級的產生。這顯然是矯枉過正。如史坦伯格（Marc W. Steinberg）指出的，激進建構主義立基於「沒有行動者的論述」（discourse without agency）這個有問題的預設，

圖一　湯普森式的勞工階級形構模型

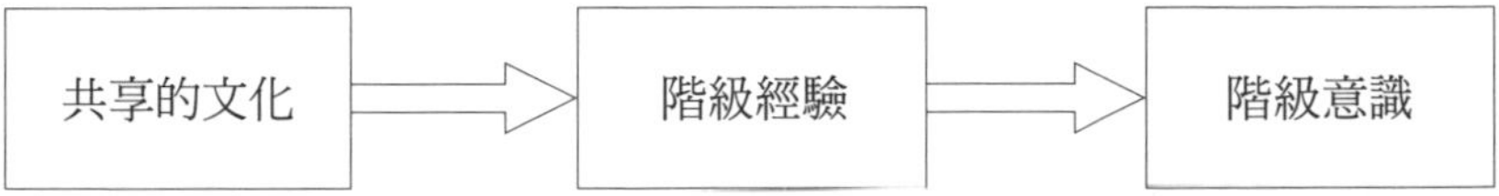

且不動聲色地剔除「階級經驗」的中介角色。[84]換句話說，他們藉由去除中介變項，簡化了圖一的模型，因而導致蒂利（Charles Tilly）稱之為「現象學的個人主義」（phenomenological individualism）的謬誤，階級認同被化約為個人的內在稟性，而未被置放於更廣闊的社會脈絡中。[85]問題是，如果沒有一套理論，說明人們是如何被鑲嵌在社會關係之中，以及他們如何運用這些社會網絡來形塑其團結，湯普森及其建構主義跟隨者就無法適當地解釋勞工對資本主義的歧異反應。

湯普森式取徑最大的優點在於注意到前工業期中工匠和文化互相形塑的過程，這有助於解釋隨後興起的勞工抗爭。然而，將這種觀點應用在如台灣這類非西方國家，勢必會遇到許多問題。首先，印度裔學者查克拉巴蒂（Dipesh Chakrabarty）主張，英國勞工之所以能形成階級，是因為他們擁有「資產階級自由主義」（bourgeois liberalism），沒有這項文化遺產，要期待勞工以階級意識的方式進行抵抗，是極度困難的。[86]因此，當十九世紀英國勞工積極爭取自己的「權利」時，或多或少是接納了英國資產階級的語言。在湯普森式的架構中，那些被視為「共享的文化」的東西並非舉世皆然，而是預設了財產與權利等個人主義概念之存在。

其次，第三世界的工業化並非自發性地產生。葛申克朗（Alexander Gerschenkron）強調，後進工業化（late industrialization）往往需要克服傳統的惰性，且動員全國資源來達成發展目標，也因此經常必須依賴國家所扶植的「大推進」（big push）計畫，[87]這樣的新興工業往往發軔於傳統工匠無法參與其中的飛地（enclave），也因此無法與傳統的技藝生產產生關連。韓國和日本的例子都證明了這一點，新興工業與傳統手工業事實上是斷裂的；[88]台灣於殖民時期開展的工業化，亦是如此。日本人在台灣設置新式製糖廠時，並沒有從傳統糖廍招募原有的製糖師傅，而是從境外直接搬來一整套的製程技術，且重新訓練一批與原先產業無關的勞工。[89]因此，想要解釋非西方的勞工抗爭行動，必須在湯普森式的模型之外，尋求其他解釋途徑。

團結及隱蔽抵抗

文化主義取徑在處理上述兩項關鍵問題時都有所欠缺。簡言之，勞工階級形構的研究者不應該自我窄化，只關切以階級為範圍的團結，卻沒看到勞工的內部分化如何促成了其他形式的抗爭。文化主義者強調，意義世界（meaningful universe）構成行動者及其行動，然而，一個既定的文化必然有其邊界，明確地區分自己人和局外人。當某種文化觀念團結了某一群特定的勞工，必然也同時排除了其他的勞工。此外，若我們只將被書寫或言說的論述，視為階級文化的表現，也容易忽略那些無法、或未曾被語言表達的勞工抵抗。

關於團結問題，不應只專注於階級間衝突，而忽略了階級內衝突。勞工階級的集體行動可能並不是基於團結，反而有可能是源於內部的分化。勞工的抗爭行動並不等同於階級團結，因為勞工有可能是基於非階級的認同而參與行動。[90]裴宜理（Elizabeth J. Perry）談到東亞勞工時，強調「教育的渴望、家庭壓力、性別角色、國家命令」等因素，「事後證明（這些因素）與階級意識一樣重要，都能形塑出行為」。[91]因此，研究勞工階級，不可忽視勞工對這些目標的追求。

普沃斯基（Adam Przeworski）指出，實際上個別勞工在選擇其自身的認同時，有無限多的可能，社會主義的運動與政黨只是其中一種以階級認同組織勞工的方式，[92]但這並不意味，勞工階級形構的研究者也應限縮其研究，只鎖定圍繞在階級認同並由社會主義政黨帶領的勞工運動，更何況這種理論只適用於歐洲的脈絡。裴宜理認為，階級內分化不該僅僅被視為阻礙「無產者『真正』任務」的負面因素。[93]伴隨著年齡、性別、族群和技能軸線的分化，也能驅使勞工集體行動，並帶來歷史轉型。換句話說，我們更應該去分析非階級認同如何影響勞工的集體行動，而不是將其將之視為稀釋與扭曲階級意識的雜質。

勞工團結的模式是仍有待探索的問題，如布洛威所言，不能假設勞工及其雇主之間的階級對立是必然，或舉世皆然的。他提出了「生產體制」（regime of production）的概念，其目的就是為了要解釋形形色色的勞資關係。[94]一個立基於階級意識的勞工運動之所以發生，往往是因為既有的社會關係提供了有利的條件。顧爾德（Roger V. Gould）關於一八七一年巴黎公社的研究指出，勞工的鄰里關係（neighborhood ties）強化了其團結，促成他們參與武裝起義。[95]勞工如何被組織起來，也影響了其政治態度；特勞戈特（Mark Traugott）指出，一八四八年的法國革命中，巴黎無產者所參與的組織影響了他們的政治態度，儘管他們原先的經濟背景是十分相似的：[96]在「國營工廠」（National Workshop）上班的勞工之後參與了六月起義，反抗政府的壓迫；但加入「別動隊」（Mobile Guards）的勞工，後來卻變成協助政府鎮壓革命活動的主力。

其次，關注隱蔽性的抵抗也意味著，我們必須超越以下這種偏見，即將組織良好、意識型態清晰的勞工運動，優先視為勞工階級形構唯一「成功」的表現。長期以來，勞動社會學家都發現，在工作場所中勞工為了逃避資本家的榨取，會發展出各種「集體限制產出」（output restriction）的作法，而不是拚命衝產量與業績，[97]而這些逃避工作策略往往可以透過勞工自身的「印象整飾」（impression management）來加以掩飾。[98]布洛威認為，壟斷性資本主義造成的巨大改變之一，即是使得勞工在適應其職場時，必須由純粹的守勢，轉向較為投入的態度。[99]勞工們在布洛威所謂的「趕工遊戲」（making-out game）中，必須積極回應和操弄工作規則，才能將其收入極大化。[100]這些研究避免了徒勞無益的區分，不再只關注勞工追求社會主義的政治鬥爭，將注意力轉向勞工於特定脈絡下的日常抵抗行為。政治人類學家史考特（James C. Scott）提出「隱蔽腳本」（hidden transcript）的概念，[101]亦即在支配者的監督不及之處，被支配團體會採取各種作為，以極小化其損失。這方面的研究正好能夠提醒研究者，勞工是如何以日常的方式來應付其自身的從屬狀態。

由此可見，缺乏顯而易見的勞工集體行動，不應等同於勞工甘願順從其既存體系。勞工鬥爭有可能展現成為一股強大的社會力，但要理解其興起過程，唯有從仔細觀察其日常生活開始。如畢文（Frances Fox Piven）和克勞瓦（Richard A. Cloward）所言，勞工「感受到的是工廠、生產線的快速節奏、工頭、抓耙仔與警衛、管理者和薪資單。他們並未經驗到壟斷性資本主義」。[102]勞工如果要開始發展有階級意識的反叛，反對壟斷性資本主義，必然起始於基層的抗爭，直接挑戰那些規制勞工日常生活的例行制度。當我們擴充對勞工抵抗之理解，特別是納入無組織的及隱蔽的類型，就比較有機會可以掌握勞工階級形構的微妙之處。在極端的支配情境之下，例如在毛主義下的中國，對國家意識型態採取群眾不順從及漠不關心形式的「集體不行動」（collective inaction），[103]可能產生顯著的後果；在東歐國家社會主義之下，勞工細微的扯後腿行為，例如以眾所周知的「假裝工作」來回應政府「假裝付他們薪水」，最終蠶食了共產政權的經濟基礎。[104]

歷史制度論取徑

近年來，歷史制度論成為比較政治研究者、政治經濟學家與歷史社會學家的最大公約數，他們共同的研究興趣在於「整體國家與社會制度，其能夠形塑政治行動者如何定義其利益，並構建他們對其他團體的權力關係」。[105]制度，基本上是一套特定群體所感知及共享的規則。[106]制度之所以重要，是因為它們界定了「誰有資格在某些領域做決定」，以及「哪些行動被允許、或被限制」。[107]在勞工階級形構的例子中，制度可以是正式的、被公告的、被批准的規則，例如黨國體制和人事規章；也可以是非正式的、私下散布卻被當局容忍的潛規則，例如族群分化。儘管這些制度具體化和正當性程度大不相同，但卻都扮演形塑勞工團結與抵抗的關鍵角色。

不少研究者對歷史制度論存在許多誤解。首先，它往往被認為帶有明顯的國家主義（statist）傾向，而忽略非國家的制度。早期這項指控或許可以成立，當時的歷史制度論者為了反駁忽略國家的多元主義及馬克思主義典範，的確有可能矯枉過正；但晚近的論述早已拆解國家，並更仔細地審視國家—社會的互動（state-society engagement）及其相互轉化，[108]從而匡正了這項偏誤。其次，理性選擇論者提出，歷史制度論者經常使用決定論式的觀念，拒絕將制度視為行動者個人選擇的組合。對此，歷史制度論者其實是更注意制度與行動之間的相互關係；[109]換句話說，一個制度有可能不被徹底落實、或是不被大多數人所遵守，而成為一個看似失敗的制度，儘管如此，只要它影響了一定數量的人群，仍然是值得關注的。

將歷史制度論應用在勞工階級形構的研究，意味著我們應該更注意呈現在勞工日常生活中的多重規則，這些規則有可能相互衝突、也有可能相互增強。勞工遭受的不只是階級剝削，他們也經常忍受對其族群身分與黨派認同的歧視；如果有人斷然宣稱，族群與黨派歧視「較不真實」或「較不重要」，階級剝削才是最本質的壓迫，恐怕只能訴諸於教條馬克思主義，很難提出具有說服力的證明。如黑度（Jeffrey Haydu）所主張的，「制度性安排」（institutional settings）在「形塑勞工團結」上同樣重要。[110]就這個意義而言，「制度」近似於卡茨尼爾森（Ira Katznelson）所提到的「生活模式」（patterns of life），亦即是「從真實的人際互動中所實際感受的社會性組織」（the social organization of society lived by actual people in real social formations），其中包括了工作環境、勞動市場和住宅社區等影響勞工日常生活的諸多因素。[111]本書對「制度」採取較為寬鬆的定義，任何只要會引發所謂「分配性後果」（distributional consequences）之規則，例如黨國體制將升遷機會保留給忠黨愛國的忠貞分子，而不是最賣力的勞工，[112]都是引發勞工階級形構研究者關注的制度。

制度論的分析使人們注意到以下事實：勞工如何感知其自身作為一個群體，及其團體凝聚力的程度，其實是取決於其所在的社會場景。古典馬克思主義提出的階級形構劇本是立基於一個特定制度條件的前提，即族群身分、技能及其他社會差異，並不會造成階級團結的分化；但從後見之明觀之，這樣的假設不但高度理想化，且十分罕見。最常見的情形反而是如馬克思出名的描述，無產階級化並非在社會真空中進行，而是發生「在（勞工）直接碰到的、那些既存的、與從過去繼承下來的條件」。[113] 階級總是鑲嵌於其他的制度，勞工的團結也因此沿著不同的斷層線，不斷分化。

制度是形塑勞工階級關係（包括階級之內，與階級之間）之重要因素，若採納了這個定義，也就表示許多社會規則都會被納入這個範疇。但這個定義的危險在於，研究者可能過度將焦點放在那些流於表面而形式化的規則，而忽略了更加根本的機制。不可諱言，狹隘地聚焦於形式化的法制規則，正是舊制度論為人詬病之處。事實上，我們很難找到某種普遍的標準，能夠事先判定哪些制度與勞工階級形構息息相關，這個問題只能回歸歷史情境，依據個別案例決定。只要細心審視歷史脈絡，我們仍舊能夠找出那些對勞工階級產生深遠而持久的裂痕之社會規則，並且過濾掉那些比較不重要的。本書將聚焦於族群、黨國體制、內部勞動市場與工會，這些制度在台灣的國營事業產生明顯的分配性後果，也深刻地影響了勞工的認同；而其他因素，例如宗教和技能，儘管在其他國家與地區扮演了重要的角色，但在本書考察的個案中並未發生顯著影響，故暫不討論。

同時，歷史制度論也可以幫助我們理解，影響勞工之分配性規則是如何持續重構。制度性變革可以分為外生性的（exogenous）和內衍性的（endogenous）。外生性變革通常產生於危機狀態，稱之為關鍵時刻（critical juncture），此時既存的規則不再有效，同時由於存在許多彼此競爭的替代選項，後續結果無法由先前狀況加以預測，因而引發外生性變革。[114]舉例而言，科里爾夫婦（Ruth Berins Collier and David Collier）就曾指出，在充滿混亂的一九三〇年代，拉丁美洲的勞工運動分別以不同形式被吸納進入政治體制（例如巴西勞工被國家所收編，而阿根廷勞工則是由政黨吸收），這項分歧為後來的勞工與國家關係留下持久的遺緒。[115]此外，外生性變革也會發生在一個政權徹底擊潰其挑戰者，建立了全面性支配的時刻。史考特曾提到「躺平的公民社會」（prostrate civil society）之情境，[116]在這種極端情況中，沒有社會力能夠阻擋或抵禦由上而下的改造企圖。如後續章節所示，高壓威權主義使國民黨全面掌控台灣的國營事業勞工，並以此強制加諸族群支配、黨國體制和內部勞動市場改革，這些例子都可歸納於外生性變革。

內衍性變革則比較不那麼戲劇化和具有突發性，通常是在表面的穩定之下，漸進式的制度改變。事實上，許多制度性規則其實模稜兩可且充滿漏洞，一般大眾只是有條件或暫時性地接受；[117]但只要出現對己有利的情勢，行動者集體行動的成本降低，制度性規則就很有可能發生由內而外地轉變，甚至導致不符合原初的制度設計意圖之結果。例如，國營事業工會一開始是黨部的外圍組織，其用意在於協助黨國體制進行勞工動員。但七〇年代威權統治弱化，一股由下而上「轉換」（conversing）工會的行動悄悄浮現，工會在基層員工爭取權益的風潮下，轉而成為勞工的申訴中心，這即是內衍性變革的事例之一。

圖二總結了歷史制度論是如何分析勞工階級形構的問題。這個觀點提供的幫助主要在兩方面：首先，它清楚指出勞工的團結是如何在不同的情況下被形塑出來；其次，它能辨識出制度性變革的源頭與過程，以及這又是如何影響勞工及其反應。

勾勒勞工抵抗之樣貌

歷史制度論重視各種將純粹勞動力轉化為雇傭勞動者的組織環境，也強調勞工的反應必然以各種型態和規模出現。在這樣的多元觀點下，晚近研究者挖掘出勞工對資本家權威各種反應的豐富劇碼。[118]然而，這也產生某種矯枉過正的錯誤，有些研究者不加區辨且浮濫地使用「抵抗」這個詞彙，甚至以此涵蓋幾乎所有種類的勞工反應。例如，潘毅將中國工廠女工的創傷與痛苦視為「因對抗異化的與殘酷的工業勞動，所引發之根本的身體抵抗」；[119]王愛華將馬來西亞自由貿易區的「集體歇斯底里」（mass hysteria）和鬧鬼傳言指認為「抵抗的精神」[120]。這些發現有其重要的價值，深刻描述了當代資本主義生產所帶來的人性扭曲及其種種身心苦難，然而，如果將這些不具有明確意圖性的行為或是現象都視為「抵抗」，顯然過於籠統。探索這些被迫害勞工的主體性與能動性是一回事，尋找有意識的抵抗是另一回事，混淆兩者只會治絲益

圖二　歷史制度論的勞工階級形構模型

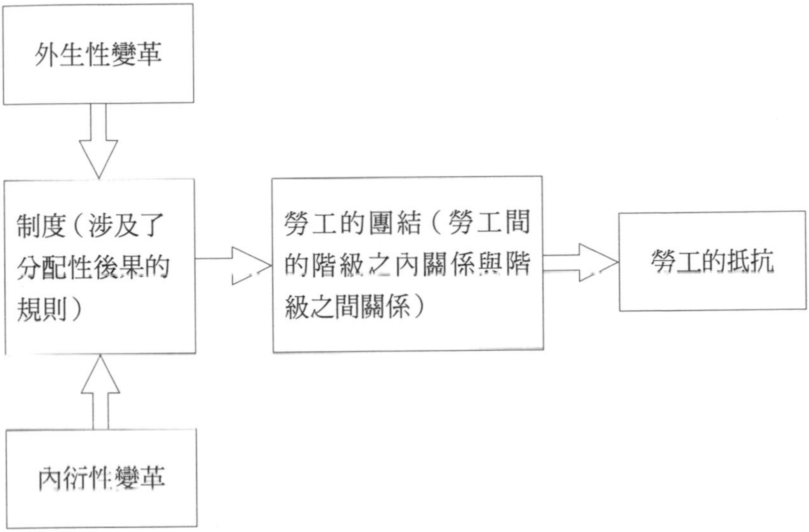

勢，無助於我們理解勞工階級如何真正地「創造歷史」。

既存的規則構建了特定階級內部與外部的社會關係，因此，某個時刻只可能出現某種特定形式的勞工抵抗。抵抗其實近似蒂利所謂的「劇碼」（repertoire），也就是「一組數量有限的例行行動，透過一個相對審慎的選擇過程被學習、分享，以及展演出來」[121]；亦如畢文和克勞瓦所強調的，「檢視那些既創造又限制了群眾鬥爭機會的制度條件」之所以重要，是因為「人民的日常經驗形塑出他們的怨憤」。[122]基於同樣的道理，裴宜理與李遜對中國社會主義下工作單位體系之研究指出：「單位（*danwei*）制度不僅引發依賴，也導致反抗」。[123]換言之，同樣一套的制度規則固然導致了勞工階級的依賴，但是也開啟了他們採取某種抗爭行動的可能性。

既然勞工反應必然有其多樣面貌，自然可將勞工的行為依其性質加以分析。但在此之前，應先釐清何謂「抵抗」。我們必須承認，有些情況下勞工並不會產生不正義的感受，也沒有採取有意識的作為，去改變其不利的處境。儘管某些研究者認為這種對既有體制的自願順從，可能會造成勞工的「創傷與身體痛苦」或「集體歇斯底里」，但並不能視為抵抗。其次，阿克羅伊德（Stephen Ackryod）和湯普森（Paul Thompson）將工作場所中的惡作劇、偷竊、性行為和其他不被接納的舉動，稱為「組織中的不端行為」（organizational misbehaviors）[124]，但是這個概括性概念通常也不涉及抵抗，因為勞工並沒有企圖改變不利的環境，或防止其惡化的意圖。這些行為往往有許多心理動機，例如有些在工作場所中惡搞老闆，或心存報復的不端行為，很多時候其實是為了「工作中的尊嚴」（dignity），但卻鮮少涉及勞工的物質利益。[125]若我們將抵抗定義為，當勞工察覺到其不利狀況，並採取比被動適應更強烈的反應，那麼，從這個定義來看，無論是身心折磨、集體恐慌，或是「組織中的不端行為」都不能算是抵抗，因為這些行為缺乏必要的意圖性，也不一定涉及勞工群體的利益。

抵抗是程度的問題，會以五花八門的型態出現。為了更精準掌握勞工抵抗類型，在此用下面四組二分法，將其分類：

一　防禦性／進取性（defensive / offensive）

第一組關於勞工抵抗的分別在於，勞工的行動究竟是為了防止更進一步的損失（防禦性），或是增加其原先就擁有的（進取性）。儘管多數研究者聚焦於進取性抵抗，但若忽略了防禦性抵抗，可能會造成非常嚴重的誤判。在某些高度剝削與壓制的情況下，主動出擊對勞工而言並非一個實際可行的選項。吉諾維斯（Eugene Genovese）關於奴隸的研究，即非常有說服力地證明了，偷竊、說謊、偽裝、翹班等「日常抵抗」是重要的，因為這些行動「不僅設下限制，避免自我的淪亡，實際上也構成了對奴隸制度未明言的拒斥」。[126]因此，勞工捍衛既有的生存依據，避免進一步的損失，儘管並未意圖挑戰既有的體制，但並不等同於沒有反應。

霍布斯邦（Eric Hobsbawm）對弱勢農民之精明行為的描述，是理解防禦性抵抗的最好例子。面對地主與政府的雙重壓榨，許多農民往往「從玩弄體制中獲利，或者將其損失降到最低」。[127]也就是說，在極度的高壓體制下，即使稍微偏離規則，都有可能帶來致命的後果，但當這個體系對其成員的掠奪貪得無饜，防禦性抵抗就會成為一種生存策略。魏昂德（Andrew G. Walder）對毛主義時期中國勞工的分析就指認出這種防禦性的策略，勞工戴上偽裝的順從外表，以「與政治體系保持一定距離」。[128]

二　隱蔽性／公開性（hidden / public）

威利斯（Paul Willis）觀察英國勞工階級學童在學校的日常行為，他指出反抗「常見的特徵即是撤入非正式（informal）領域」，而不是以正大光明的方式展現出來。[129]非正式領域之所以成為勞工的避難所，正是因為它超出了掌權者的監控範圍。史考特則是提出隱蔽腳本和公開腳本（public transcript）的理論：前者是從屬者在沒有「掌權者的直接觀察」時所做的活動，後者則是從屬者不得不遵循的規定與例行公事。[130]而且顯然地，掌權者的支配越強，兩種腳本之間的差距就越大，被支配者也就益發需要掩飾其實際的活動。一個社會若缺乏如工會、政黨等公共領域組織，異議往往無從而發，也無法改變現況，只有敏銳的上級方能察覺勞工的不滿。當勞工的抵抗不為其上級所察知並容忍，即可稱之為「隱蔽性抵抗」，這也等同於史考特所提出的「抵抗的日常形式」（everyday forms of resistance）；反之，則可稱之為「公開性抵抗」。

三　獲取性／轉化性（getting / becoming）

自從列寧將勞工的集體行動二分為「經濟性」及「政治性」，[131]這便成為一種勞工運動研究者常用的分類。基本上，「經濟性」是指在既存體系中為了爭取更多物質利益而鬥爭，「政治性」則是在鬥爭中帶有挑戰政治權威的意圖。然而，這樣的二分法仍有令人不甚滿意之處，因為經濟和政治本就很難清楚劃分，量變造成質變，勞工積極爭取權益，要求更多的經濟資源，也可能會造成權力關係顯著的改變。

因此，本書採用鮑爾斯（Samuel Bowles）和與金蒂斯（Herbert Gintis）的概念，將勞工集體行動分為「獲取性政治」（politics of getting）和「轉化性政治」（politics of becoming）。[132]「獲取性政治」主要是對於商品與服務分配的鬥爭，這是一般所謂「生意型工會」（business unionism），也就是只關切會員權益的工會最關注的議題。「轉化性政治」則擴延到權力的面向，例如「社群的創立與轉化，以及個體與集體認同的建立」。[133]順著這個理路，當勞工的抵抗全然朝向經濟利益時，便可稱為「獲取性抵抗」；若勞工的抵抗是要求改造既有的規則，則稱為「轉化性抵抗」。做個簡單的比喻：如果勞工只是要求能分大一點的餅，就是屬於「獲取性」的抗爭；但如果他們質疑的是誰能夠決定大餅的分配，並且要求能夠參與其中的決定過程，就是「轉化性」的抗爭。

四　競爭性／合作性（competitive / collaborative）

史考特主張，隱蔽腳本的行動需要從屬者間的密切合作，因為若缺乏彼此的保護屏障，參與者將直接面對菁英的制裁。[134]然而，實際上勞工抵抗並不總是以階級團結為前提，如裴宜理的研究所指出的，上海勞工階級之間不同的出生地、技能，以及黨派的敵對，都會促成他們的抗爭行動，不論在共產革命之前或之後都是如此。[135]不同派別勞工之間的競爭會激發出他們的抵抗，而非抑制其產生。黑度考察英國與美國十九世紀末的勞工運動，發現技術勞工的抗爭行動有兩股歷史潮流：一種是限縮在技術勞工之內的行動，以維護他們所享有的、與非技術勞工比起來相對優渥的待遇；一種是積極投入與非技術勞工之間的結盟，重點是勞工對生產流程的掌控。[136]前者僅限於技術勞工之間的聯盟，後者則利用了以階級為基礎的團結。因此，勞工的抵抗在需要以階級為範圍的團結時，可被稱為「合作性抵抗」；如果不是如此，就是「競爭性抵抗」。

以上的分類可以將五花八門的勞工抵抗予以更精準的定位，如此才更能理解勞工抵抗的豐富多樣。畢竟，馬克思在其著名的《共產黨宣言》中，將階級鬥爭描述為「不斷的、有時隱蔽有時公開的鬥爭」。[137]大部分勞工階級形構的研究者僅關注「公開鬥爭」的插曲，如何重新尋回「隱蔽的」階級鬥爭，呈現勞工階級形構更完整的圖像，仍是有待解決的課題。

無論是公開的或是隱蔽的，勞工如何回應其雇傭勞動之依賴狀態，也進一步影響了他們的團結。如何將勞工抵抗的多樣性放回階級形構模型，圖三即呈現了其反饋機制。

勞工的抵抗可透過兩條路徑影響其日常生活的制度規則。當勞工能夠發動強大的運動，就有可能造成外生性變革，後續章節即會提到，九〇年代勃發的自主工會運動，促成進步性的勞動改革，整體台灣勞工階級都蒙受其利。另一方面，勞工的日常抵抗更常造成的是較不戲

圖三　勞工的抵抗與階級形構

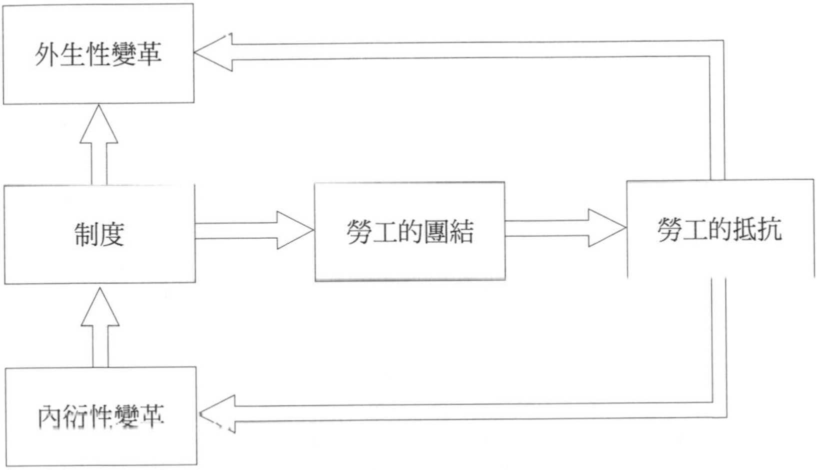

劇性，也沒有突發性的內衍性變革。在這樣的情況下，勞工只能利用既存制度中的漏洞或弱點，無法公開發聲表達其訴求，侷限了其反抗的影響。此外，由於反抗的多樣性，因此對於勞工的團結不一定形成正面的影響。若勞工發動抗爭追求的是非階級利益，結果自然不一定會強化階級團結；某些極端的情況，例如使用關係（*guanxi*）策略時，勞工之間的關係可能更加惡化，甚至變得互不信任。

接下來的章節將按時間順序，分別探討不同時期台灣勞工所面臨的壓迫，與他們的抵抗。第一章關注一九四五年到五〇年代初期，探討基於省籍差異的新殖民主義如何分化國營工廠內的勞工，使得他們在二二八事件與後來的地下黨運動中採取了武裝起義。第二章是考察五〇年代初期至六〇年代初期，黨國體制的進駐，以及其對於國營事業勞工的政治動員。六〇年代初期，國營事業開始全面推廣打著科學管理名號的「職位分類」制度，這導致工廠內好的職位越來越難取得，基層勞工的升遷管道受阻，第三章討論的即是這項人事制度所帶來種種爭議。第四章描述七〇年代國營事業出現的兩種現象：一方面，勞工開始獲得廠外打工兼差的機會，另一方面，他們也積極利用廠內的黨部與工會管道，爭取各種權益的改善。第五章則是關注一九八七至二〇〇〇年之間的勞工運動，分析國營事業勞工如何利用民主化的政治空間，發動自主工會運動。第六章則是整理二〇〇〇年至今的演變，並指出解嚴後的勞工運動如何逐漸轉型，原先積極參與民主化與其他社會運動的工會為何開始變得更加保守與內向。結論再回到理論性的思考，總結台灣的個案，重新思考制度、團結與抵抗的意義。

第一章　族群的政治：新殖民主義與革命起義

一九四五年，台灣人民結束日本政府長達五十一年的殖民統治，回歸「祖國」懷抱。不過這份喜悅並沒有持續多久，台灣人沒有料想到，隨著來接收的國民黨官員一起出現的，是更嚴重的貪腐、歧視和掠奪。在中國，國民黨政府對日本占領區域的接管幾乎等同洗劫，「接收」變成「劫收」。派普（Suzanne Pepper）即指出，「到了一九四五年即將結束之際」，許多接收地區的人民「深感憤恨，該對此應該直接負責的是政府的政策及官員的行為」。[1]台灣與中國長期分治，加上日本統治期間受到現代化的洗禮，使台灣人民更難忍受政權轉換期的混亂。日治時期的私人財閥勞工，無預期的成為國營事業勞工，直接並再次地遭遇了殖民性的族群支配。這批新出現的無產階級如何回應這段混亂的歷史？本章將描述國營事業勞工中最有意識的成員，如何在一九四七年的二二八起義以及後續的地下黨革命運動中，轉向激進的抗爭行動；並解釋這兩次抵抗的失敗，如何更加鞏固戰後台灣勞工從屬於族群分工的狀況。

戰後初期的台灣，在社會分工上存在著不平等的族群分工：本省人占據農業和民營企業部門，外省人則大體上集中在政府官員、軍隊和警察。[2]蓋茨在其台灣勞工階級的民族誌研究下了這樣的結論：「主導勞工階級的是本省人的文化，而非外省人的文化」[3]，因為在台灣，需要體力勞動的行業大多是本省人在從事。正是由於這種顯著的族群分工，王宏仁指出，台灣存有一種「階級流動的族群模式」（ethnicized mobility pattern），例如，經營中小企業通常是本省人向上流動的途徑；[4]侯尼格（Emily Honig）則認為，從歷史來看，華人社會中的族群認同，是移民及其所造成的勞動市場隔離之結果。[5]台灣戰後的族群關係或多或少遵循了這個模式，唯一明顯的差別在於，國民黨運用暴力的手段支配這座新到手的島嶼，而外省人是此一流亡政權的既得利益者。

赫克特（Michael Hechter）在《內部殖民：英國國家發展中的喀爾特邊陲》（*Internal Colonialism: The Celtic Fringe in British National Development, 1536–1966*）一書中對殖民統治（colonialism）的定義如下：（一）「種族上」或「文化上」不同的兩個群體，由其中一個對另一個加以支配；（二）被支配的群體淪為服侍核心地區（metropolis）的工具性角色；（三）支配群體建構出種族或文化的刻板印象，以正當化從屬關係。[6]國民黨政權接收台灣後，將日治時期的私人企業直接轉型為國營事業，原本由日本人占據的管理職改由外省人包辦，本省人依然留在底層，與日治時期的族群分化並無分別，本書將其稱為新殖民主義（neocolonialism）。從台灣人對抗爭的參與可以發現，新殖民主義的族群支配，在這段時間反而強化了本省籍勞工的內部團結。

再度被殖民的台灣工業

其實早在接收官員抵達台灣之前，國民黨政府就已經決定將日治時期留下的產業國有化。首先，戰後台灣首任行政長官陳儀曾公開聲稱信仰孫文的民生主義，強調「發達國家資本」[7]，所以陳儀堅持在台灣實施其個人版本的社會主義，不僅將日本人留下的經濟資產收歸國有，更由政府壟斷重要物資的販賣以及對外貿易。本土資產階級原本期待日本殖民統治結束後，能夠獲得較大程度的經濟自由，但陳儀完全反其道而行。其次，資源委員會是在戰爭期間推動中國大後方工業化的技術官僚單位，關於戰後經濟復甦，他們設計了一條準社會主義道路，特別強調集中化的計畫經濟與政府所有權，[8]擁有現代化基礎建設和工業設備的台灣，恰好是實驗其國家主導經濟發展形態之最佳地點。然而，不論其意識型態的脈絡為何，結果卻是一連串的經濟管理失當、官員貪汙，以及對台灣人民資產的公然剝奪。其實類似的情況，也曾發生於中國大陸的日本占領地區，接收官員帶來比殖民時期更難忍受的民怨[9]；在台灣，與國民黨政府關係緊密的外省人可以撈到有利可圖的職位，榨取底下的本省人，族群不平等使得經濟掠奪更加嚴重。長期來看，國有化政策讓外省人更加穩固地掌握了經濟控制權；[10]另一方面，工廠勞工的情況也值得更進一步地檢視，因為他們在此政策下經歷了搶占職位（carpetbaggery）、官員貪腐和資源榨取的三重壓迫。

一　搶占職位

一九四五年八月，第二次世界大戰結束，但直到一九四六年三月，國民政府才開始實質掌控台灣的工業。台灣糖業公司於該年中成立，整合了四十多間原本屬於日本四大財閥的糖廠和其他生產單位；同時，中國石油公司在上海成立，生產設施遍布全中國；中油同時還需管理西北的戰時煉油廠，以及日本在東北留下的煉油廠，只不過後者很快就落入共產黨手中。而在台灣，中油一開始的資產只有高雄煉油廠、嘉義的一間溶劑廠、苗栗的油氣田，以及新竹的一間研究機構。

對實際經歷政權更替的台灣勞工而言，日本人離開後，出現的是一種根植於外省人和本省人族群差異的新殖民秩序。台糖公司剛成立時，在管理職部分，四十六位一級主管中只有一位、三十七位糖廠廠長中也只有三位本省人，[11]本省籍勞工仍舊集中在工員的層級。勞工們發現原本日本人擁有的地位及福利直接被外省人接收，這些外省人不但得到「職員」[12]的職位、成為本省人的主管，甚至也和日本籍職員一樣，享有令人覬覦的宿舍。

這些新來的外省人由於缺乏經驗和訓練，基本上無法勝任管理職的工作，但非常諷刺的是，他們卻大量占據了這些與生產無關、擁有較好薪水和福利的職位。戰後國營事業的人事數據顯示，職員人數擴張地異常迅速，一九四六年三月，台糖雇用了二、九四八位職員和一三、〇五六位工員，[13]到了一九四七年十一月，分別成長為五、三六四位職員和一六、二七四位工員，[14]不到兩年時間，員工中職員的占比從百分之十八點四成長到百分之二十四點八。

一位橋頭糖廠的資深勞工回憶起兩個政權之間的差異：「日本時代的保警才一個，國民政府接收後用到三十個；管理方面若是日本時代橋仔頭糖廠攏總才六個人就管整個廠，大陸來的差不多有六十個還管不好。而且多設好多單位若親像（比如像）公共關係之類的……。當時還有一部分的日本技術人員留下來幫忙的，大陸過來的人大多不懂得製糖」。[15]

另一位勞工則提到，農務管理也出現了類似的情況：「台灣的技術人員初期並未受到較平等的待遇。還怪糖廠太賺錢了，來自全中華民國三十五省的有識之士都想到糖廠來任職，聽說日治時代一個日本人和一條狗就可以管理的蔗園，國民政府時代用了三十個人來管理還不見得有效。」這位糖廠勞工並描述了當時外行領導內行的情況：「某回有一位外省廠長心血來潮到蔗園巡視，看見蔗苗插在壟底立即燃起了一把火，斥責農場的人不會種甘蔗。殊不知蔗苗原是插於壟底，因不斷覆土至秋收時反成在壟上，熟悉甘蔗種殖的台灣人聽見沒有種過甘蔗的長官如此訓示，真是有口難辯。」[16]一九四六年一月，國民黨中執會秘書處提出了一份「台灣現狀報告書」，這份文件描述台灣農村因糖業生產中斷，經濟陷入困頓。文件中同時提到，「政府若能重用台籍技術者，排除萬難以維持生產，當不致如此。」[17]

在石油產業方面，資源委員會的管理者和工程師因為戰時在中國的經驗，顯然比較有接管的能力，他們對專門技術的嫻熟，讓戰後到台灣協助接管的美國顧問留下良好印象。[18]儘管如此，因人設事所導致的職位浮濫現象仍然值得注意。一九四六年，中油的「職員」僅占全體員工百分之十點九，一九四八年就上升到十三點二。[19]一位曾在戰時於婆羅洲煉油廠工作的本省籍勞工描述，「終戰遣返時不我與，日人所遺之優厚職位均被後進職員瓜剖豆分殆盡，只撿到卑不足道的微職，官卑職少影響仕途的前景，喪失了晉陞的先機。」這位本省籍勞工現已退休，但他認為當時錯失的良機，嚴重地影響到自己往後四十七年在中油的職涯。[20]此外，外省人之間普遍盛行任用親信的現象。例如，中油高雄煉油廠的第一位廠長來自福建省福州，因此「油廠原有警務隊，約三、四十人都是福州人」。[21]

中油提供給管理高雄煉油廠的資源委員會官員的待遇非常優渥，不僅上下班有公務車接送，一日三餐外加宵夜也派專人專車送到現場，休假期間還會安排旅遊，幾乎「遊遍了全省各地名勝，例如日月潭、阿里山、關子嶺、四重溪、鵝鑾鼻等」。[22]此外，中油並聘請廚師和女傭，服侍外省籍職員。[23]反觀同一時期的本省籍勞工，卻往往飽受經濟困頓之苦。

一九四六年二月，資源委員會的內部報告曾提及本省籍勞工的不滿：「自一九四五年十二月以來，工潮迭起，考其原因，除屬經濟方面者（待遇薄、物價高）外，尚有政治的因素，彼待以為台灣自日人統治下，獲得解放，台人應取日人之地位而代之，而出所謂『台灣是台灣人的台灣』等口號」。[24]

儘管台灣勞工已經明確表達憤怒的訊息，資源委員會的官員並不打算處理這些不滿。在那份內部報告中提出的解決方案包括：「台籍員工應加以政治訓練，後雇用」，以「糾正錯誤之地方觀念，絲毫不姑息」；同時也需要「與治安當局取得聯繫，必要時對無故罷工情事，加以彈壓」。[25]這些外省籍官員責怪本省籍勞工狹隘的「地方意識」造成工廠管理上的麻煩，但是卻對自己的「地方意識」視若無睹。檔案資料顯示，常有外省人要求官員安插國營事業的工作，而有不少高階的職位的確就是如此分配的。[26]

一九四六年六月，台糖召開第一次的公司會議，總經理沈鎮南在開幕致詞中，誓言增加台籍員工數目，「我們所希望的高級人員以儘量提升本省人為主，如有不足再向內地約請，至於低級幹部應儘量錄用本省人」。然而，從實際的會議結論看來，這依舊只是空洞的承諾。該次會議最後決定，高階職員的招募將以「留用日籍人員」、「聘請南洋華僑」、「選用內地高級人才」為主，至於本省人則只限於「受過高級學校教育之農工人才」；同時，台糖公司也訂出一套補貼支付規定，以「安家費」、「旅費」與「補助費」為名目，支付更多的報酬給外省籍員工。[27]從日治時期以來，外來者的額外津貼就一直是備受抨擊的惡習，因為它加深了殖民者與被殖民者的不平等待遇；同樣的，現在這種額外薪酬也加劇了外省籍和本省籍員工間所得不均的現象。以台糖台中糖廠為例，本省籍職員的平均月薪是台幣一百一十二點三元，而外省籍職員則是兩百一十四點四元。[28]

二　官員貪腐

事實上，在混亂的接收過渡期，糖廠幾乎成為所有人掠奪資源的戰場。例如，戰時為了避免轟炸可能造成的損失，糖廠會委託鄰近的台灣人代為保管「疏開糖」，但不少台灣人後來都不認帳，拒絕繳回；一些關係良好的台灣人甚至可以輕易溜進糖廠，偷偷搬走庫存的糖。[29]根據一位台東糖廠員工的說法，當時許多台灣人都相當覬覦日本人的資產，因為戰敗而極度脆弱的日本人根本無法抵抗這樣的掠奪。台灣人常以狗來影射殖民統治者，所以這類行為在當時也被台灣人私下稱為「剝狗皮」。[30]

與糖廠相比，高雄煉油廠遭遇到的掠奪可就強烈和粗暴的多，這主要是因為，煉油廠的土地正是在日本投降四年前，才從鄰近的後勁部落強制徵收取得，附近居民仍舊憤憤難平。當時附近的村民甚至會直接駕著牛車衝進煉油廠，搬走各種有價值的東西，而工廠警衛一點辦法也沒有，結果「由楠梓到廠內的高壓地下電纜都時常被人以十字鎬割竊，常常突然電燃全熄，一片漆黑」。[31]

但本省籍勞工依然對外省籍接收官員的貪腐行徑大為光火。因為儘管這些小規模的偷竊與搶劫行為極為盛行，但是和官員的掠奪行徑相比，根本微不足道。當時的紀錄留下許多故事，從中可以看出接收官員如何把公家財產充當個人的戰利品，偷賣到黑市賺取非法的利益。[32]一位麻豆糖廠的員工提到「國民黨派來接收的管理階層所表現的行為態度，就讓人十分失望」，因為他們居然在本省籍勞工面前，「向承包商（當時糖廠須新建許多設施）索賄，表明誰的回扣豐厚就將工程發包給誰做，完全不考慮工程品質，這比日本人還惡劣」。[33]

在溪湖糖廠，接收官員貪腐和掠奪的行徑，後來甚至引發當地民眾在二二八事件時暴力攻擊。施先覺就是一個相當具有代表性的案例。施先覺的舅父是溪湖糖廠廠長，他因為這樣的親戚關係，撈到總務課長這個肥缺。每當工廠有工作開缺，施先覺就會向想應徵的人索求賄賂，「得送六個月的薪水當紅包，才能被任用」。在二二八事件中，溪湖人痛恨這些貪腐的外省人，施先覺察覺苗頭不對，事先開溜。憤怒的台灣人闖進他的宿舍，竟然發現有「兩大箱的領帶（當時領帶是奢侈品，一般人連買一條都得煞費苦心，而他卻有而兩大箱，都是別人賄賂送禮）」，就把它們全燒了。接著，又發現六、七條金條，乃送去給溪湖鎮長楊維堯保管」。[34]很顯然地，這些被施先覺小心收藏的寶貝，都是他濫用管理職權所得的贓物。

陳紹英的經歷也反應出許多當時的狀況。陳紹英曾在日本接受高校教育，於戰爭結束前夕成為一間小型獨立糖廠的職員，在接收時因為外省籍官員普遍的貪腐行徑，深受困擾。國民政府接收糖廠時，需要盤點所有庫存品，製作財產目錄；但接收官員往往會把有價值的物事藏匿起來，以便他們私下售出。陳紹英向台糖高層舉發不法，卻發現高層管理人員也涉入其中，跟接收官員一樣腐敗，「主管上司卻裝聾作啞，和大家一起分贓」。受挫的陳紹英前往台糖公司總部，要求直接與總經理沈鎮南會面。根據陳紹英的說法，沈鎮南看起來很認真地關切貪腐情事，並立即替陳紹英升職，將他任命為台灣糖業監理委員會專員。儘管如此，陳紹英發現，台糖高層仍然無能根除普遍的貪腐現象。[35]

從既有的檔案資料看來，即使是最頂端的管理階層手腳也不乾淨，一樣行為可議。一九四七年，台糖總經理沈鎮南設法從台糖取得一筆五百萬國幣（相當於十六點六七萬台幣）[36]的捐款，因為他的一位同期校友要在貴州省創設一間私立中學；台糖一位副理宋以信也促成一筆一百萬國幣（相當於三點三萬台幣）的捐款給其母校交通大學。[37]不管他們的目的是為了中飽私囊，抑或是展現其政治權勢，原先曾是殖民地工業化之皇冠寶石的台灣糖業，如今有如遭受了急性出血之苦。

在中油高雄煉油廠，當初的接收官員事後承認移交程序非常混亂，「當我接到移交清冊，翻閱內容，發現很多不盡妥善情事，就財產清冊而言，其中精細與粗略懸殊太大了⋯⋯」。[38]可以想見的是，資源委員會官員一定會將混亂的情勢歸罪於戰時的破壞和一般老百姓的掠奪，而不會提及其自身的貪汙。一位當時的目擊者指出，中油所屬的嘉義溶劑廠遲遲未能復工，原因就是在於資源委員會接收官員「所關心的，是要如何早一天把廠裡的存料，和機械設備在他們任內，在他們還未被調走之前，變成易於帶走的金條和錢幣」。如此一來，「數千個靠這家工廠生活的工人，立即被趕出廠外，每一個依靠這工廠生活的家屬便告生活無依。水上、後壁寮、民雄、青寮、新港、大林、白河一帶的農民，數年來都靠耕作地瓜供應這家工廠做原料。一旦停工後，他們的地瓜將供應誰？每家數口的生活，又將如何維持？」[39]另一位參與中油新竹研究所移交的本省籍勞工，描述了他當時親眼目睹的貪汙：

……我們順利把器材都運回來，一樣一樣安置妥當，清點完寫清冊，清冊寫完交給接收委員。我們認為是盡我們的力量把交代的事情做好，也是對自己的良心可以交代。沒有想到隔天一來，昨天還整齊擺好的器材，像是馬達以及檢驗的儀器等貴重儀器，整個不見了，讓我們很震驚……那位接收委員聽完後，回答我們：「不要找麻煩了！」我心想裡：「奇怪，東西不見了，我們找回來，怎麼是找麻煩？」他又說：「你們那個清冊重新寫，丟掉的東西不要寫了，剩下的東西寫一寫，這樣就好了。」[40]

周石則是另一個案例。他是台灣人，戰爭時長期待在香港，通曉日本語和華語，因而被資源委員會聘請參與接收高雄煉油廠的任務，協助煉油廠的轉移。在後來的訪談中，周石提到，「他以四百三十元起薪之薦任級被聘成為接收委員，薪優職高很令外省人赤目（眼紅）。不過接收工作都只我一人在做，外省人都坐著納涼，連人事問題也叫我管」。煉油廠在日治時期就直屬海軍管轄，在國民黨接管後，軍方與煉油廠之間出現一種特別的關係。根據周石的說法，許多左營海軍與要塞司令部高階軍官之親人，「皆在油廠任職，惟皆玩麻將而已」；軍方常向煉油廠索取物質，「那時常常要個米十斤，豬肉三斤，我都如數給，有時乾脆用軍卡運一堆東西給他們」。[41]

或許是因為公開批評並揭發官員的貪腐，陳紹英在一九五〇年被指控參與共產黨叛亂活動而遭到逮捕，後來被判十三年徒刑。[42]相較之下，周石對於外省籍官員的貪腐行徑，似乎並不是特別在意，但他還是在二二八事件期間惹上麻煩。周石在二二八事件期間領導命運多舛的勞工義勇隊，負責武裝保護煉油廠，因而和他的本省籍同事一起遭到軍隊的逮捕與監禁；雖然後來被釋放，卻再也沒有被中油聘雇。簡單來說，陳紹英和周石的個人悲劇是源於相同的歷史背景：他們是少數置身於「錯誤的職位」上的本省人，因此，清算陳紹英與周石，就成為用來掩飾外省籍官員貪腐罪行必要的政治手段。

三　國家榨取

掠奪台灣工業資源的行徑不僅發生在個人層次，也以組織化的方式出現。當時的國民黨政府派系傾軋，每一派都想要從剛到手的台灣強占瓜分自己的一份。政學系出身的陳儀控制了台灣行政長官公署，行政院長宋子文則是想讓他的資源委員會盟友確保其對台灣的經濟控制。一九四六年三月，中央與地方達成如何分配國有化資產的協議，台糖部分，資源委員會擁有百分之六十股份，另外百分之四十則屬於台灣省；中油則是完全由資源委員會掌控。[43]

除此之外，中央政府也開始榨取台灣的糖業資源。為了要打平內戰期間高額的軍事支出，一九四六年，中央政府下令將台糖庫存的十五萬噸糖運到上海出售，所得全數歸入國庫；隔年，中央政府又發出進一步的徵收要求。台灣人民對這種貪得無饜的掠奪深感憤怒。首先，儘管台灣的糖產量充足，但在地的供給已經開始出現短缺；其次，台糖本身也亟需現金，以修復戰時被破壞的設施。[44]二二八事件爆發之後，沈鎮南提到「因人心積怨，一觸即發」，也承認，「中央接收敵糖十五萬噸，民間深表憤慨」，是引發全島暴動的因素之一。[45]

資源委員會提出一套國家主導的戰後復甦計畫，根據其規畫，日本占領地區的經濟資產必須重新配置，以配合全國的需求。[46]一九四六年二月，資源委員會提出一份初步報告，報告中認為，「不必使台灣自給自足，樹立經濟割據之條件」；再者，考量到經費問題，「不宜對台灣作鉅額之投資」。當時台灣共有四十二間糖廠，資源委員會原本打算關閉其中二十五間，[47]同時將煉糖設施搬遷到中國其他省份，以刺激該省份糖業成長。這種完全不顧當地生計的計畫，當然會引發在地人的反彈，在中國東北的例子就因為強烈「地方人士的反對」，資源委員會官員最終並沒有拆除日本人遺留的煉油廠。[48]但在台灣，資源委員會還是成功地拆除了苗栗、花蓮壽豐兩間糖廠，並將其煉糖設施運往中國大陸。[49]

最後，國民黨的黨國體制也試圖直接從台灣的工業搾取金錢。一九四六年十二月，中國國民黨特別捐勸募總隊工礦隊要求新成立的國營事業捐款，以資助黨務活動，其中台糖被指定的額度是一千萬國幣（相當於三十三點三萬台幣）。起初，台糖百般不情願並試圖拖延，但隔年還是將這筆款項存入國民黨指定的銀行帳戶；隔沒多久，國民黨台灣省黨部如法炮製，也提出捐款要求，這回的金額是三十八萬台幣。[50]

由於普遍的搶占職位、官員貪腐和國家榨取，台灣的工業很快地再度殖民化，淪為服侍以南京為基礎的國民黨政權及其附庸。在此同時，本省籍勞工被重新配置到族群階序的底層，外省人則直接承接了日本人之前獨占的特權和地位。

不過，關於戰後初期的這段歷史，官方採取了迥然不同的角度，主要強調外省籍管理者如何拚命維修戰爭中受損的工廠，從未提及這些違法亂紀的行為。資源委員會官員宣稱，自他們接管後就不再有歧視台灣人的現象，「完全泯除此種畛域觀念，不但工作人員一律平等，台灣同胞中擔任廠長、處長及技師、工程師等職者，亦不乏有人。撫今追昔，誠有天壤之別」[51]。然而，這種講法顯然不符上述事實。資源委員會表面上宣稱一律平等，但外省人卻能獲得「安家費」和「旅費」等額外的報酬。針對這種明顯的表裡不一，台糖的官方解釋是，「不惜重金」是為了「邀約內地技術人員來台，共肩修復艱鉅任務」[52]。一位受訪外省籍台糖員工的回答呼應了這個觀點，他認為本省人教育程度較低，外省人自然會被分派到較高的職位。

確實，在中國大陸時期，資源委員會已經發展成為國民政府裡最具有技術官僚特性的機關之一，但連美國顧問都認為，資源委員會官員過於重視學歷，普遍低估了技術熟練人員的貢獻與價值。[53]例如資源委員會的工程師在管理戰時工業時，常會體罰不服從的勞工，以維持紀律：「工人不服從命令，上級的班長和工程師可以打耳光」，「脫下褲子打屁股」也是常見的處罰方式，而這顯然是受過教育的「滿大人」（mandarins）享有特權的遺緒。[54]洪紹洋研究同樣被資源委員會接管的台灣造船公司，也發現了類似的現象：擁有大學文憑的外省人壟斷了高層職位，而本省人則集中於底層的工作。洪紹洋認為，資源委員會以學歷作為聘任的標準，是造成這個現象的主要原因。[55]無可否認，在日本殖民統治下，台灣人受教育的機會的確受到重重限制，然而也有諸多證據顯示，台灣人會被歧視不完全是因為缺乏教育和技術。事實上，這種缺乏相關資格或能力的說法，正是新殖民主義支配的一環，以此正當化其族群支配的現實。

首先，無論有沒有大學文憑，資源委員會派來的接收官員很少是適格的，根本沒有能力擔負管理糖廠的任務。如同一位虎尾當地的文史工作者指出的：

有個來農務課工作的國民黨委員，卻不曾見過甘蔗，不會種甘蔗，甘蔗採收後，要再插甘蔗時必須挖土，他不知道甘蔗是要種在土內還是是種在上面，竟然派這樣的人來當接收委員。還有從中國大陸來，一輩子卻沒有坐過火車的人，卻來當「調度仔」，負責調度火車。所以當時台灣人心理很不平衡，我阿公是農務課裡面學歷最高、資歷最深的，可是他一輩子沒有當過課長。[56]

其次，當地人很快就發現有些外省移民其實會偽造文憑，以便在公部門獲得職員的工作。二二八事件期間，這類大規模的學歷造假讓民眾的怒氣火上加油。領導中部武裝起義的鍾逸人就提到，二七部隊發現一只裝有「福建省政府關防、朝陽大學和集美中學的校印圖章」的大皮箱。鍾逸人才恍然大悟，原來許多外省人的學歷都有問題，「多半是偽造的，怪不得有那麼多年紀輕輕，不過二十來歲的小毛頭，竟然也當起主管來」。[57]

最後，官方的說詞與同時代一般百姓的觀察並不一致，許多受過教育的本省人被解雇，讓出來的職位卻是被較不適任的外省人占去。「許多台籍技術人員，有的日本帝國大學工科畢業者，又有早稻田大學理化科畢業者，資歷甚深，奉公守法，克盡職守十數年。勝利後被迫辭職，改用毫無經驗之旅日人士充任，于是工廠因技術條件之不夠，失產萎縮之結果」。[58] 陳紹英的看法無疑是正確的：中國大陸那時僅有一座廣東糖廠，怎麼可能有那麼多能手來接管台灣各地糖廠？如此一來，「包括監理委員在內的多數接收官吏，都是完全不懂砂糖的門外漢，卻擔任糖廠廠長等高級幹部，真讓人看不下去」。[59]

因此，認定台灣人沒有受過教育，不符合資格的說法絕對無法成立。「一貫的殖民地愚民政策，把台胞實行皇民化運動，實現限制教育，不讓台胞有求學機會」[60]，或者「台灣員工……工作概處於被動奴役地位，即對於技術之傳習，亦多取個別的或片段的，只某一項操作，不使有整個成套之理論與學識之瞭解。故台胞中有雖一貫服務糖廠十年，而仍然多一知半解，能知其然而不知其所以然者，既不易希望上進，以躋高技術工作地位；亦未易充實全般製造技術學識，有以自立。故其對糖廠之觀念，亦不是若何關切，一般言之，只不過視為日本人之一種經濟壓搾工具，與剝削機構而已」[61]等看法，通常並不符合事實。這些說辭的實際作用正是赫克特所謂的「文化刻板印象」（cultural stereotype）[62]，為的是正當化新殖民的統治。在戰後初期，蓋茨觀察到，「即使是最貧窮的外省人，也比富有的而且是先前有權勢的台灣人，享受到某些好處」。[63]就勞工階級形構而論，族群分化被加諸在工業無產階級之上，強化了階級從屬關係，從而創造出一種高度不安定的兩極化形態，最終在一九四七年的二二八事件中爆發。

在二二八事件中保衛工廠

這場全島起義發生於一九四七年，一位上海記者注意到，當時的台灣基本上仍是一個被殖民的社會：「加在台灣民眾身上的這副政治的鐐銬和經濟的束縛，並沒有得到解放，只不過台灣由日本主人換成了中國主人，民眾依然是被壓制的奴隸」。[64]

的確，台灣人民對再殖民的不滿引發了一九四七年的二二八事件。這場反國民黨政權的全島起義，始於一起看似不怎麼重要的紛爭，即是二月二十七日取締私菸所引發的流血衝突。然而，當和平請願者翌日被陳儀的軍隊開槍屠殺，衝突演變成全面反對國民黨暴政的抗爭。在三月的第一週，全島各地的台灣人自發性組織起來，攻擊政府機關和外省人。本省籍的政治領袖試圖尋求和平解決方式，組織處理委員會，以協商方式與當局談判。但是這樣的努力被國民黨政權的特務暗中破壞，他們煽動本地人訴諸暴力，再加上陳儀的頑抗與不讓步，協商最後功敗垂成。年輕的激進派不信任士紳的協商路線，他們奪取武器，用武力鬥爭方式對抗國民黨政府。悲劇發生在中國軍隊介入之後。三月八日，國民政府的軍隊從基隆登陸，開始了從北到南一連串的血腥鎮壓。曾有人估計，直到以「清鄉」為名的拘捕和殺戮活動結束，約有兩萬台灣人遭到屠殺。

而當台灣突然陷入內戰狀態，國營工廠內部發生了什麼事呢？面對一個看似無可化解的族群衝突，台灣勞工如何自處？在戰略上而言，各種物資齊備的工廠設施對台灣人民的起義極為關鍵，武器、運輸工具，甚至現金，都是維持武裝攻擊的重要物資。許多地區的起義領導者強制徵用工廠資源，但這種企圖在各地工廠成敗不一。[65]例如嘉義市就是採取武裝抗爭的激進派占了上風，他們在三月三日調度了五輛載著武裝青年的卡車繞行全台南縣找尋戰略物資，新營糖廠、麻豆糖廠等公家單位都被洗劫了，原先保警所使用的槍械落入激進派的手裡。[66]除了這些有組織的軍事行動，由於抗爭造成公共秩序瓦解，公家機構鄰近居民也開始對其進行非組織性、零星的破壞和盜竊；國營工廠是外省人的集中地，自然無法避免被族群暴力波及。在麻豆

二戰期間，日本人為了應付美軍侵襲，曾讓糖廠勞工接受軍事技能的訓練。二二八事件時，糖廠勞工們運用之前受過的軍事訓練組織成自衛隊，保衛自己的工廠。圖為台糖橋仔頭挺身隊（義勇軍）在泥火山的野營訓練。（1941年）

甚至有憤怒的群眾抓住一群外省人，搶劫了他們所有的個人財產，「凡是金飾都全數扒下，甚至連金牙也不放過」。[67]

雲林虎尾則是發生持續性的武裝衝突。年輕的台灣人組織民軍，占領郡役所，並且用從警察局搶來的武器成功地發動了一場戰役，圍攻駐守虎尾機場的國民政府軍隊；在攻打了「五天六夜後，終於攻陷機場，擄獲部分國軍兵士、家眷，以及大量槍械彈藥」。而虎尾的這場衝突也波及到糖廠，揭竿而起的台灣民眾威脅要把他們的怒火發洩在糖廠的外省籍職員身上，「原先有許多民眾攜械欲前往中山堂修理外省人」，不過因為本省籍勞工的介入，最後並沒有造成傷亡。[68]

在彰化溪湖，「打阿山」的非組織暴力行為於三月二日爆發，「有數名民眾打鑼，鼓動鎮民襲擊溪湖糖廠外省人」。鎮公所官員抵達糖廠時，外省籍職員已經逃至本省籍同事的住處尋求保護，憤怒的暴民只能破壞他們的宿舍以為報復，「糖廠外省人家具一部分被民眾燒卻後，殘焦一般」。[69] 隔天，教師林才壽以維護地方秩序的名義，領導當地青年組織自衛隊[70]，並從溪湖糖廠「借用」步槍、子彈和卡車。之後，林才壽也帶領這批「青年自衛隊」前往台中，參與當地的起義行動。[71]

高雄煉油廠也是民眾洗劫的目標。憤怒的群眾兩次威脅要進入工廠區域，但都被本省籍勞工所組織的義勇隊阻止了。[72] 高雄的起義分子「要求無條件提供二部卡車和汽油，俾能放火燒壽山之要塞及海軍總部基地」。[73] 勞工努力保衛煉油廠，拯救了高雄煉油廠及外省籍管理者免於族群暴力。不過諷刺的是，國民黨紀律不佳的軍隊以維持秩序之名、在接管煉油廠時發生的軍人洗劫，是整起事件中唯一的財產損失。

在這個關鍵時刻，外省人的處境可說相當危險。由於人數上的劣勢，不少工廠警衛選擇棄守逃跑，許多工廠實際上是完全處於不設防的狀態。但值得一提的是，有很多本省籍勞工採取中立的立場，既未加入本省籍的起義者，也不站在外省籍官員的一邊。有些糖廠的勞工甚至組織了自衛隊，抵擋外部的暴力行動，而廠內的外省籍職員也在他們的庇護之下得以聚集並躲藏在相對安全的糖廠建築內。在虎尾和溪湖糖廠，都有因此而免於族群衝突的例子。例如當時，虎尾鎮被年輕的激進派所掌控，但有六十幾位本省籍勞工組織自衛隊，奮力保衛糖廠，也保護了無處可逃的外省人。[74]

高雄煉油廠也有類似的故事。根據本省籍員工的回憶，二二八事件爆發時，煉油廠廠長賓果立即向鄰近的軍事單位請求保護，但是這項請求沒有被受理，賓果便召集勞工們組織了一個義勇隊，以潛逃警衛留下的步槍作為武器，輪值保衛整個廠區；同時，他們也告知外省籍員工不要輕易外出，儘量留在職員宿舍區，因為只有那裡才有義勇隊的武裝隊員保護。[75] 然而，當時任職中油的外省籍官員說法卻不是如此。在一份三月十三日的電報中，煉油廠廠長賓果回報：「本廠全體台籍員工內應暴動，劫持廠警槍械，內地同仁生命危于累卵」[76]。其他外省籍官員的回憶也印證了賓果的觀察，他們認為義勇隊不是保衛工廠，是篡奪權力；外省人也不是被保護，而是被監禁。馮宗道在回憶錄中提到，義勇隊的領導者告訴外省籍職員，「這次事件的發生是由於外省籍來台接收的委員，貪贓枉法，欺凌本省同胞，所以引起公憤。現在各縣市的台灣同胞已紛紛起來響應台北，各地都組織了維持治安和接收政府所屬的各項機構，從今天起你們外省來的職員，包括廠長在內都不必上班了，把管理權交給我們。我們也不會為難你們，或使你們受到傷害」。[77]在三月二十一日致國防部的報告中，賓果斷言台灣勞工怨恨外省人，且早有叛亂之意，「久受日人之薰陶，嫉視內地人，視於此次事變可知排除之心，醞釀已久」。[78]煉油廠義勇軍究竟是一場族群抗爭行動，還是獲得上級授權的保護工廠之舉，今日恐怕難以輕易論斷。二二八事件的官方研究同時描述了兩種版本的故事，卻沒有意圖解決其中的不一致。[79]目前僅能確認的是，三月四日到九日，義勇隊控制了工廠，並維持廠內的秩序，且沒有出現針對外省人的身體暴力或財產掠奪；此外，的確有個別的本省籍員工試圖保護外省籍官員，例如，一位本省籍勞工即詳述了他如何將一位出差的外省籍官員藏匿在閣樓數天，「安排在二樓之檜木天花板上請他暫住，三餐及大小便我不假別人之手」。[80]

同樣地，糖廠的情況也有不同的詮釋觀點。從台糖公司的官方記錄可以看出外省籍職員如何從他們的觀點看待這場巨大的歷史變動。[81]首先，至少在某些糖廠的記錄裡，自衛隊並非勞工自發組成，而是基於外省籍長官的要求設立，因為原先工廠警衛早就四散逃命，根本無人可以使喚。三月五日，台糖總經理沈鎮南致電各糖廠，建議「可請台籍高級職員組織維持委員會」。[82]其次，有些外省人對所謂的「保護」非常反感，他們認為這根本是變相的「監禁」。最後，有些工廠內發生的洗劫事件，據聞是在地勞工和廠外「暴徒」裡應外合的結果。

當時，台灣全島都出現了反國民黨的抗爭行動，但勞工們擺明了拒絕加入激進派的武裝抗爭。該如何解釋勞工的行為？首先，某些外省籍官員對於勞工與暴民內外勾結的指控，很明顯地是無的放矢。在一份日期為三月二十六日「高雄煉油廠事變經過報告書」中，賓果宣稱「台人方面展開排除內地人員濫殺無辜」、「瘋狂於獨立」。他還指控義勇隊與外界勾結，企圖占領煉油廠，「暴徒四百餘名，暗與本廠工人連絡，裡應外合妄圖劫持。幸為海軍擊退」。[83]然而，根據鄰近的高雄煉油廠海軍第三基地司令部後來提出的「處理事變經過詳情報告書」，並沒有發現任何與「暴徒」交戰的紀錄，[84]可見認定勞工義勇隊與武裝的廠外人士互通聲氣顯然是錯誤的指控。這或多或少可歸因於省籍的偏見，加上語言不通，在謠言和恐懼主導一切的局勢下，這似乎是不可避免的結果。儘管如此，這種指控還是帶有某種政治性的目的，尤其是賓果所暗指的「台灣獨立」，不只否定了勞工保衛工廠的貢獻，他特別選在國民黨軍隊執行「清鄉」任務，意圖系統性消滅台灣領導者的時刻，提出這樣的政治指控，無異是刻意將這些勞工義勇隊的成員羅織入罪。

事實上，在這波保護工廠與外省籍主管的行動中，另一個值得注意的是本省籍勞工展現出某種特殊的族群意識。據傳，義勇隊接管高雄煉油廠時，曾揚起一幅寫著「台灣人煉油廠」的旗幟。[85]很顯然地，保衛生計來源的工廠，是這群勞工的首要考量。大林糖廠也有類似工廠自衛隊的故事，從中可以發現並解釋了勞工的動機，本省籍勞工其實是抱特一種兩邊下注的心態，保護工廠與外省人是一個精心設計的作法。當整個台灣陷入混亂，糖廠工人無法預期衝突的結果是哪一邊獲勝，因此儘管對新殖民政權的掠奪憤恨不已，他們仍選擇了慎重行事，避免對外省人採取任何躁進的行為，不要賭上自己相對於其他台灣人的特權職位。簡而言之，他們有意識地摸索出一條謹慎的中立策略，在保護工廠與外省人的名義下，試圖避免被廠外的反政府抗爭與族群暴力所波及，也同時為自己在廠內爭取更多的權力。根據菲利浦（Steven E. Philips）的觀察，在一九四七年的全台起義中，由於階級利益，本省籍菁英（例如林獻堂等人）願意給予外省籍官員庇護，並且抑制暴力行為。[86]類似的思考邏輯可以完全套用在國營事業的勞工身上。正是由於其與一般本省人不同的勞工貴族地位，才讓他們決定採取一種相對溫和的因應之道。[87]

勞工們之所以能夠在這麼短的時間內組成自己的自衛隊並接管工廠，主要是因為戰時日本人為了應付美軍的侵襲，曾讓這些勞工接受軍事技能的訓練。此外，日本投降後的混亂過渡期，部分台灣勞工也曾組織自衛團體，除了維持秩序，同時保護工廠財產不被偷搶。[88]國民黨政權在一九四七年三月的第一週崩潰時，台灣勞工只不過是重新操演他們已經學過的舊課罷了。[89]

外省人和本省人對於國民黨軍隊抵達的反應大不相同。官方紀錄顯示，對外省人而言，軍人是他們的救命恩人，使他們免於遭受群眾的暴力威脅；但同時他們卻對被軍隊殺害和逮捕的本省籍勞工之命運未置一詞。這樣的疏漏與遺忘顯然並非意外。在軍隊「清鄉」的過程中，保衛糖廠的勞工自衛隊被迫解除武裝，有人遭到逮捕，有人甚至喪命。在屏東糖廠，兩位努力保護糖廠的本省籍職員被軍方抓走；[90]只有在大林糖廠，外省籍的長官與軍隊指揮官談判，最後確保本省籍勞工可以獲得釋放。

但無論如何，他們是比較幸運的一群，嘉義水上南靖糖廠的情況就不是這樣了。三月六日，四位本省籍勞工搭乘一位在地商人的車，要從南靖前往嘉義市區。車上有一位外省人。他們原本想護送這名外省人到市中心，因為市中心比較安全，也較能得到保護。但這趟旅程出師不利，半途就因遇到國民政府的軍隊，被迫停車，而且這位外省人顯然認為自己是被這批本省人綁架了，要求軍人替他報仇。於是，那五位本省籍護送者被以極不人道的方式拷打、凌虐，並且被立即處決，「遇難者死狀甚慘，親人前往認屍，幾至辨認不出」，最後他們的家屬甚至還得要賄賂軍隊，才能取回親人的遺體。[91]南靖糖廠在事後的報告中提到，廠長召集「本省同人組織警衛隊」，以維持秩序，而且這趟護送之旅也是主管授權同意後才進行的。五位台灣人被虐殺的消息傳回廠內，「全場震驚，外省同人處此左右為難境界，深慮特受暴徒遷怒報復，驚惶情緒，可以想見，惟廠內本省同人深明大義，多方解釋，未遭惡果」。然而，這份報告沒有提到廠方如何撫慰四位罹難勞工的家屬，更遑論為他們討回公道。[92]等到國民黨軍隊占領了南靖糖廠，「兵仔兩三天就二十幾個、三十幾個來，進來就搜查，若搜到少年仔，就押下去」。因此，許多勞工都不敢留在宿舍過夜。[93]

在高雄煉油廠的部分，國民黨軍隊於三月九日正面攻堅，三名義勇隊成員當場死亡，包含周石在內的十一位勞工領袖被抓走，且在獄中遭受嚴刑拷打，周石被判處死刑，其他勞工領袖則被判處兩年徒刑，不過他們後來都在一九四七年底獲得釋放，但再也沒有回到中油公司。[94]受監禁期間，勞工領袖們原本以為煉油廠的外省籍官員會向軍隊證明他們的清白，沒想到情況並非如此。有一位被逮捕勞工的妻子向煉油廠廠長求援，但賓果拒絕介入，聲明被捕之事「與本廠無關，自應靜候法院公正裁判。若無參加暴動情事，當能釋放。本廠證明既無效力，未便照辦」。此外，煉油廠還向軍方提交一份三十一名參與義勇隊勞工的「具名連環切結書」，聲明自己是「身被脅逼，擅被列入，並非出於自願」。[95]更火上添油的是，煉油廠還發文給法庭，強調廠長當時之所以同意義勇隊成立，「以目前台人方瘋狂於獨立，濫殺無辜，不得不加以考慮」，這些被捕的員工「桀驁不馴，態度兇橫」，在外省籍官員眼中，保衛工廠成為一樁叛國行為。[96]

當軍隊攻占高雄煉油廠時，許多無辜的台灣勞工被殘暴以對，一位受害者就詳述了心生報復的軍人如何狠狠用槍托重擊他的背部，隨身攜帶的手錶、現鈔也被士兵搶走了，回到宿舍後更發現西裝、古書都不翼而飛。[97]除了強奪個人財產，國民黨的軍隊還將煉油廠洗劫一空。一位員工描述了當時的情況：

> 他們一來就跑到福利社的倉庫搬東西，搶米，各辦公室的鐵櫃都被翹開，翻得亂七八糟，士兵隊長並威脅廠長賓果。賓廠長為了運米和辦公室的搜索，與該隊長在辦公室的玄關前爭執，賓果質問他們：「你們怎麼把我們的東西都搜走了？」隊長以槍頭指問：「那裡還有？」也是外省人的賓果無法，只能直搖頭。最諷刺的是，運米的卡車及司機也是煉油廠的。[98]

官兵變強盜，保護者搖身一變成了掠奪者；諷刺的是，這種政府以「綏靖」之名的搶劫，是高雄煉油廠在二二八事件其間唯一遭受的財物損害。在後來正式的報告中，賓果不斷指控勞工造反，但對軍隊的洗劫，僅以間接的方式清描淡寫略過：「本廠在國軍進駐後點查各處，頗有盜竊損失，詳細報告預備中」。但是根據國民黨情治單位的報告，「新編第二十一師鳳山獨立團士兵於三月七日（按：應是三月九日）在左營燃油廠以繳械為名劫去物資現款達台幣數十萬元」。[99]

事件之後，政府試圖安撫被群眾暴力和軍事鎮壓撕裂的國營事業工廠。但仔細檢視政府的舉措，會發現一模一樣的族群歧視再度出現。事件後，許多飽受驚嚇的外省人想要離開台灣，為了說服他們留下來，台糖公司提高了職員的薪水，但卻沒有同時提高工員的待遇。資源委員會頒布了一套規定，補償外省籍員工的財產損失和個人傷害，[99]但只有少數本省籍勞工因保衛糖廠有功而受賞。至於那些在軍事鎮壓中被殺害或被逮捕的勞工，大部分國營事業的主管基本上就當作他們不曾存在，或者更卑劣地，如高雄煉油廠的賓果，企圖將勞工羅織入罪。盡職的台灣勞工冒著生命危險保衛工廠，卻蒙受不明之冤，反而被錯誤懲罰，這樣情況也在其他的國營事業，例如台灣電力公司、鐵路局、松山菸廠[101]中發生。

統治者的族群政策導致族群關係高度緊張，引發大規模的抗爭，而不當的善後方式又進一步惡化了既存的不平等。高雄煉油廠的主管忙著偽造事證，羅織罪名給護廠有功的義勇隊，但對於國民黨士兵的暴行和劫掠卻視若未睹，就是一個明顯例子。煉油廠被軍隊掠奪一個月之後，位於上海的中油總公司曾致電賓果，提醒他不要歧視台灣勞工，也要避免僅依靠軍警武力壓制抗爭：「不可以專以台人曾受日本多年教育而以為全不可靠，亦不宜長久專恃內地派往之軍警武力方面。唯一可靠之根據，台灣為吾國領土，台人為華族同正宜親愛真誠，相處無間，決不可因上項事變，而時時顯示畛域界限」[102]。從三月到五月，歷時兩個月的大屠殺給了外省人不少報復私怨的機會。煉油廠工警衛隊隊長陳阿軻（按：一作「陳亞軻」）就是一個典型的案例。根據義勇隊隊員後來的口述紀錄，事件發生當下，陳阿軻擔心自己留在廠內會有危險，就請義勇隊隊員開車護送他到海軍營區避難。但他顯然與煉油廠員工積怨已久，當國民黨的軍隊攻進煉油廠，正好給了他報復的機會；有些員工「睡夢中被叫出來，捉到門邊打死，簡直是打著玩的」。[103]事實上也有消息指出，陳阿軻藏匿在海軍營區時，曾試圖製造軍方與義勇隊的衝突，「故意在夜間由海軍與煉油廠空地朝兩方面各發射數槍，幸好雙方極為克制，互相知會，發現並無敵對開槍情形，陳阿軻的狡計才未得逞」。[104]義勇隊隊員的口述資料指出，陳阿軻到處打小報告，害許多本省籍勞工被解雇；[105]後來曝光的官方檔案也發現，其實煉油廠的革職令都會送交一份副本給陳阿軻。[106]由於資源委員會擬定了職員財產損失辦法，不少腐敗的外省籍官員都會誇大浮列自己的損失，打算藉機海撈一筆，陳阿軻就提出台幣一〇六、五〇〇元的損失，不過最後只拿到台幣七〇、〇〇〇元。[107]最後，據說陳阿軻由於某件惡行，潛逃到中國。[108]

二二八事件進一步鞏固了新殖民秩序下族群的不平等。事實上，二二八事件發生當下，台灣的政治領袖曾提出訴求，希望任命本地人為公營事業的主管，並將其列入二二八事件處理委員會三月六日提出的「三十二條處理大綱」之中；[109]一九四七年四月，國民政府監察院提出「台灣善後辦法建議案」，其中也提到「內地與本省人薪俸按其資歷一律平等」。[110]不過，從資源委員會後續賠償員工損失的方案看來，很顯然連如此溫和的建議都未獲採納。

就勞工階級形構而論，二二八事件對台灣勞工帶來毀滅性的重擊。本省籍勞工並沒有加入廠外族群起義的抗爭，而是組織起來保衛工廠，顯示他們擁抱了某種不同於其他台灣人的認同。這種認同究竟是什麼？根據資料推測，這可能就是作為勞工貴族的意識，而這種意識使他們自外於青年學生、海外遣返的軍人等抗爭參與者，形成一個特殊的群體。然而，從工廠自衛隊慘遭鎮壓，到勞工領袖被判刑或遭到處決，則顯示了這種溫和的認同路線並沒有發生功效。二二八事件之後，大部分勞工因為受到威嚇，而選擇了噤聲；不過也有少數勞工反而開始試圖採取更激進的抵抗策略。

地下黨運動：一場失敗的台灣共產革命

國民黨政府將二二八事件歸咎於共產黨的滲透煽動，甚至連資源委員會官員也接受了這樣的解釋，因為他們在中國大陸或多或少都有過這樣的經驗。一位任職於高雄煉油廠的外省籍職員就認為，「這是國共內戰延續，明眼人心知肚明」。[111] 然而，在二二八事件之前，中國共產黨在台灣其實只募集到七十位左右的成員，人手不足且組織脆弱，根本成不了氣候，無法在事件中扮演重要角色。諷刺的是，二二八事件之後，台灣人民發現追求民主自治的結果居然是遭到血腥鎮壓，反而促進地下共產黨運動的發展。如古德溫（Jeff Goodwin）所強調，一旦政權開始不容許任何異議分子，採取全面性的壓制，固然會削弱溫和反對派的力道，但卻會為頑固的革命派創造出有利的發展情勢。[112]

一九四七年底，中國共產黨在台灣已經招募到超過三百位黨員，[113]這顯然是國民黨政權對於二二八事件處理方式不當，不僅導致台灣人心悖離，其中部分人士甚至由於對政府徹底失望，願意轉而接受共產黨所傳播的革命訊息。一九四八年三月，臨近二二八事件週年之際，街頭即可見到地下共產黨員漆寫大字標語：「毋忘二二八！血債血還！記住二二八，台灣青年起來！」。[114]國民黨情治單位的機密文件也證實了這一點，「由於二二八事變的影響，在客觀環境上，已給予台共很有利的生長與發展，並予台灣社會帶來更多的騷擾和不安」。[115]

一開始，中國共產黨在台灣的組織力量僅限於一小群曾經歷一九三〇年代初期日本殖民政府整肅、倖存下來的前台灣共產黨成員（如謝雪紅），以及一批一九四五年以前赴中國發展，因而加入中國共產黨的台灣人（如蔡孝乾和鍾浩東等）。後來，中共台灣省工作委員會（簡稱省工委）終於突破知識分子圈，成功吸引到勞工階級成員，建立自己的群眾基礎。共產黨幹部成功地組織了台北市公車司機和郵電局的勞工，並於一九四八年冬天領導台北市公車司機發起罷工，隔年三月又帶領郵電局工會發動抗議示威。

根據國民黨的資料，共產黨幹部計梅真和錢靜芝在一九四六年九月以設置國語補習班的名義，滲透進入郵電工會，並於隔年成立地下支部。但令人好奇的是，外省籍共產黨幹部為何能在緊張的族群關係中贏得本省籍勞工的支持？軍事法庭的判決資料或許可以解釋這個現象：「（他們）針對郵電局外省籍與本省籍待遇差別之事，鼓勵本省籍員工，爭取待遇平等，發起改善待遇鬥爭，以發現、考核、另吸收積極分子參加黨，並指示活動分子，競爭郵務工會理監事，擬利用此種合法身分，解決及滿足員工之要求」。[116]

計梅真和錢靜芝在一九五〇年遭到處決，其他參與的勞工則在白色恐怖期間被判處七到十五年不等徒刑。郵電局的例子清楚顯示出，島內族群的不平等，儼然已經成為共產黨可以利用的資源，後來的口述紀錄也證實了這個情況。一位曾經參與的勞工指出，他當初之所以參加工會的國語補習班，只是為了通過考試（即所謂「改班考試」），「因為那時我們的待遇與大陸來的外省人差別很大。他們都拿雙薪，也就是薪水在大陸派遣的郵局或電信局領，在台灣再領出差費……同工不同酬，我們唯一的希望就是趕快學會國語，儘早通過改班考試」。可是他後來很驚訝地發現，原來外省籍員工的「出差費」根本幾乎等同於他的工資，「不會講國語」擺明只是族群歧視的藉口。[117]最讓本省籍郵電局勞工感到憤怒的是，一九四五年政權轉移之後，他們是以「留用台籍員工的身分」遭受聘雇，所以不算正式員工，沒有納入編制，在待遇和福利上都不如剛派到台灣的外省籍員工，但其實他們早在日治時期就進入郵電局工作，實際上比外省籍勞工累積了更長的年資。[118]另一個參與的勞工提到，他之所以開始閱讀宣揚共產主義的書籍，是因為他發現「同為交通部的公務員，外省籍員工薪水比照英國代辦中國郵電駐外人員，隨物價波動發放薪水，比同職位的本省籍員工薪水多五倍，因此每每集結在管理局外的咖啡店發放薪水」。所以當時計梅真鼓勵他去選工會幹部，扮演更積極的角色，因為「追求自己的權利並不犯法」。[119]除了待遇不公，當時的郵電局也明顯存在勞逸不均的現象。「凡內勤且較輕鬆又不必負什重大責任的工作，定由外省籍的擔任，凡需要輪日夜班工作的，日班定由外省籍的包辦，且永遠不能輪替」。[120]這些零零總總的族群歧視與差別待遇，使得兩位外省籍共產黨組織者的動員訴求更有說服力。

郵電局的共產黨組織於一九五〇年破獲，三十五人遭到逮捕。根據目前可以取得的資料顯示，有些在國營事業受挫的本省籍勞工也成了共產黨支持者。類似的故事也同樣發生在台肥公司高雄廠、台灣菸酒專賣局台北支部、鐵路局台北支部、松山第六機廠[121]、中油苗栗油廠[122]，以及宜蘭中興紙廠[123]，這些案件的倖存者在口述紀錄中都不約而同提到曾遭到族群歧視。然而，這些名單只不過是國民黨特務能夠發現並處置的部分，除此之外，國營事業中還有許多地下共產黨支部，只是都沒有被偵破。

糖廠也沒有逃過這波地下黨運動的風潮。如同二二八事件時的情況，糖廠有豐富的資源，對共產黨起義有極為重要的戰略意義。有一位後來被判處死刑的共產黨大學生，被起訴的其中一項犯罪行為即是，奉上級領導指示「調查糖廠」，以便將來解放軍接收[124]。一九五〇年五月，國民黨政權在台南麻豆鎮破獲一個共產黨組織，三十六名被捕者中，有十七名是當地的糖廠員工。官方判決載明，這些涉案的勞工試圖「鞏固工人職位，提高工資，號召總爺糖廠工員，保護廠方財產，備為共軍順利接受而廣納黨徒，擴人組織」。[125]麻豆案倖存的糖廠員工在口述紀錄中提到，他們的想法不外乎是「比照二二八事件發生後成立自衛隊保護糖廠，防止歹徒趁火打劫，以確保我們這份得之不易的飯碗」。[126]另一個位於台南玉井鄉的共產黨支部在一九五九年八月被查獲，二十名被捕者中，有五名是當地糖廠的員工；三位被判處死刑的人當中，有兩位分別是玉井糖廠警衛隊隊長與警士，他們被指控「領導團結其警衛力量，以備匪幫攻台時為內應」。[127]一九五二年二月，國民黨特務突擊搜查新營糖廠，並逮捕其中六名員工，這起案件後續牽連出二十九位台南新營地區共產黨嫌疑犯，而在一開始逮捕的糖廠勞工中，一位判處死刑，兩位判處無期徒刑。[128]除此之外，還有許多台糖勞工分別捲入了四〇年代末到五〇年代初在台灣遍地開花的地下黨組織，其中南化糖廠、北港糖廠、埔里糖廠[129]都有員工被逮捕判刑。共產黨重要幹部、後來遭到處決的李媽兜，生前曾供出橋頭糖廠的地下組織[130]，不過該組織後來並沒有被國民黨政府查獲。

一九五〇年十月，一群高雄煉油廠的勞工設立了一個地下共產黨支部，組織代號叫做「豬肉會」，因為台灣人習慣將手腳不乾淨的外省官員稱為「中國豬」。一九五一年六月，國民黨特務拘捕了十二名勞工，其中十一人來自煉油廠，另外一名則是附近水泥工廠的勞工。軍事法庭的判決書載明，這一群勞工散播耳語「那邊（按指匪幫）來台後，工人生活將獲改善」，並且發送類似的文宣。起初，十二名被捕勞工中，僅有四名被判處死刑，剩下八名則被判處二到十四年不等的有期徒刑。但判決書送達總統府之後，高層指示從嚴辦理，要求「凡判處十二年徒刑以上者一律改處死刑」，結果總共八位勞工遭到處決。[131]

白色恐怖的歷史仍在挖掘，許多空隙和謎團尚待解答。不過目前普遍的共識是，在那個混亂的時代，許多無辜的民眾被不當指控、起訴，甚至判刑處決，形成了所謂的「冤錯假案」。前面種種關於地下黨抗爭行動的記錄描述，是遭難者倖存、出獄後的證言，[132] 將其與官方檔案、不同抗爭參與者的證言交叉比對，可以描繪出一幅四〇年代末到五〇年代初、勞工階級抗爭的圖像：二二八事件的鎮壓，激化了台灣的勞工階級。在事件發生之前，

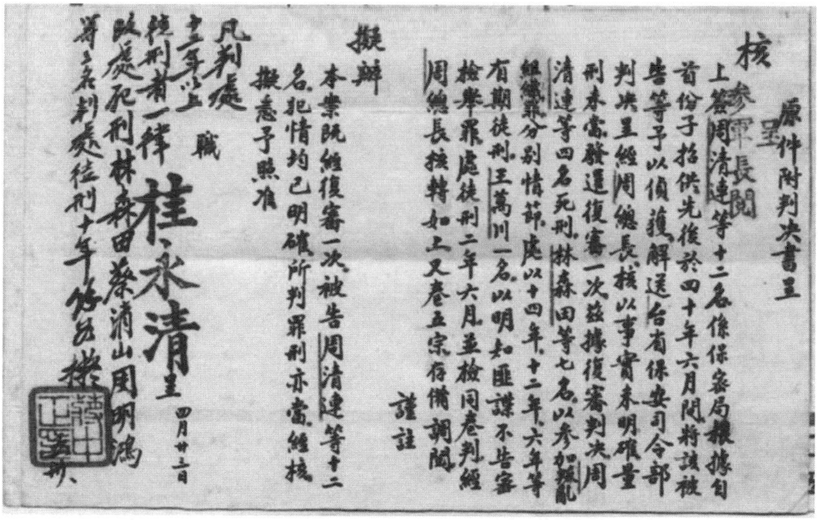
原件附判決書呈
核
上簽 參軍長閱
周清連等十二名係保密局報據匪首份子指供先後於四十年六月間將該被告等予以偵獲解送台省保安司令部判決呈經周總長核以事實未明確量刑未當發還復審一次茲據復審判決周清連等四名死刑林森田等七名以參加叛亂組織罪分別情節處以十四年、十二年、六年等有期徒刑王萬川一名以明知匪諜不告密檢舉罪處徒刑二年六月並檢同卷判經周總長核轉如上又卷五宗存備調閱
謹註
擬辦
本案既經復審一次被告周清連等十二名犯情均已明確所判罪刑亦當經核擬签予照准
職 桂永清 呈 四月廿三日
凡判處十二年以上徒刑者一律改處死刑林森田蔡清山周明鴻等三名判處徒刑十年

1951年6月，周清連等12名煉油廠勞工（其中1名為附近水泥工廠勞工）因意圖叛亂遭到拘捕。後經台灣省保安司令部判決，周清連等4名判處死刑、林森田等8名分別因「參加叛亂組織罪」、「明知匪諜不告密檢舉罪」被處以2-14年不等之有期徒刑。判決書送至總統府，蔣介石指示「凡判處十二年以上徒刑者一律改處死刑」。圖為參謀總長周至柔（桂永清）呈總統府之簽呈，及蔣介石回覆。（1951年）

勞工不僅避免與政府發生衝突，相反地，他們努力在政治騷亂中保護外省人的安全，也極力避免工廠設施遭受破壞。但是經歷二二八事件的血腥鎮壓之後，有一批積極、有想法的勞工就打算接納一套嶄新的意識型態，遂自願加入或協助革命運動。在日本殖民統治期間，對受過教育的台灣人而言，共產主義的理念具有智識上的吸引力，但是也僅止於此；但二二八事件之後，共產主義跨越了階級障礙，為勞工階級熱烈擁抱。

戰後台灣的族群裂痕顯然也影響了中國共產黨的動員方式。從國民黨政府「黨務」與「特務」的內部文件，即可指認出中國共產黨的雙重策略。[133]「黨務」的目標是利用本省籍黨員的招募，建立群眾基礎；「特務」則鎖定外省人，目的是蒐集資訊，重點在「以滲透、策反，及偷取情報」。這兩種動員策略各自獨立運作，彼此間通常也不會互通聲息。一旦國民黨開始取締有共產黨嫌疑的基層勞工，其情治人員同時也會密切注意國營事業的領導高層。一九五〇年六月，台糖總經理沈鎮南等二十名員工被捕，罪名為利用公司資源協助共產黨叛亂。後來沈鎮南和他的人事室主任遭到處決，十二名員工被判有期徒刑。[134]這個案件中特別值得注意的是省籍現象，被捕的員工中，除了兩位分別擔任副課長、副站長的員工是本省籍，其餘都是外省籍主管；至於在麻豆、玉井和新營等糖廠被捕的員工則都是本省人，且大多是工員。顯然台糖內部高層和基層的共產黨地下組織是獨立運作，互不往來的。[135]共產黨發現了一種滲透台灣的方法，就是利用不同的手段，呼應不同部門特定的不滿：對管理階層的外省人，利用鄉愁和中國民族主義來贏得他們的忠誠；面對本省籍勞工，則向他們保證族群平等的願景。

一九四七年底，中國共產黨在華北戰場取得軍事上的勝利，是以對台灣的戰略布局決定採軍事作戰，而非從內部發動政治革命。中國共產黨要求台灣的共產黨幹部於偏遠地區建立游擊基地，同時設法掌控重要的交通事業，例如鐵路、郵電施設和台北市公車。[136]在製造部門方面，中國共產黨則指示要保護生產設備，而非破壞生產或進行顛覆性活動。共產黨之所以重視工廠的保存，是為了因應國民黨慣常使用的「堅壁清野」。國民黨每當戰事失利，為了避免生產設備落入敵營，往往會採取破壞工廠的手段。在中國大陸，中油在中國西北的油礦場和煉油廠之所以能保持完好，其實是因為管理階層和勞工集體違抗政府的命令，而這很有可能是共產黨分子煽動的結果。[137]根據一位負責招募高雄產業勞工的共產黨領導者指出：

> 那時候，就是要組「護廠委員會」，要顧工廠，你跟他說「護廠」他聽無啦，要說「顧工廠」，工廠是我們的，不然國民黨會破壞，那些「土匪頭」他會破壞，會給工廠燒掉，但是工廠是我們的。解放後，工廠是工人的耶，是老百姓的耶。那國民黨若要走的時候，東西不是他們的嘛，所以他會破壞，這道理很簡單。……當時不是談勞資關係，不是談階級關係，就是配合解放軍，那時候軍事情勢很有利啊！[138]

所以事實上，參與共產黨運動的台灣勞工並不是武裝起義分子，也沒有在工作場所中發起運動，藉此奪權。他們的活動大多僅限於招募、組織和準備。只是因為共產黨保護工廠的行為正巧符合從殖民統治結束過渡期到二二八事件的勞工抗爭劇碼，才意外地引發台灣勞工的共鳴。

國民黨一直到一九四九年後半才開始警覺到共產黨分子在台灣的存在，也才積極展開清除共產黨嫌疑者的行動。一九五〇年六月韓戰爆發，台灣海峽形同封鎖，連帶切斷了台灣與中國的聯繫，國民黨等於確保了台灣全島完全地對外封閉。共產黨地下組織被一個接一個地摧毀，領導者被捕，參與者入獄。到了一九五三年，國民黨聲稱已獲得「另一個戰場的勝利」[139]，換句話說，在台灣的共產黨員已經完全根除。有一項估計指出，國民黨在此期間逮捕或處決涉及中共省工委涉案者的人數有二、一三八人，其中二、〇五〇位是本省人，八十八位外省人。[140]

國民黨在二二八事件後強化其情治系統，而這在鎮壓地下黨運動的過程中扮演了關鍵性的角色。在消滅了本省人的抗爭之後，資源委員會就決定要強化警力部署。台灣工礦警察總隊於一九四七年九月成立，其超過二、五〇〇名的人力全是從中國大陸各省的退伍軍人招募而來，官員決定要建立一個編制龐大的安全網，避免台灣人民的抵抗捲土重來，防止二二八事件再度爆發。因此，當時資源委員會的台灣辦事處總共二十七位職員，就有十位是警務組的員額。[141]一九五〇年，台糖雇用四、四九三名職員、一六、四四〇名工員，除此之外又加雇一、三四六名警衛；[142] 換句話說，台糖有超過百分之六的人力是為了安全監控此一特定目的而獲聘用。[143]

一九四九年國民黨政府撤退來台，台灣工礦警察總隊整編改由中央統率，並重組為保安警察第二總隊；到了一九五四年，全國有百分之十八的警力都被派來保護這些可以替政權賺進大把現金的生產單位。[144] 國營事業的安全成為官員們優先的考量，但對勞工的革命活動而言，如此密集的警力部署反而讓國營事業成為一個風險極高的工作環境。

更形鞏固的族群支配

五〇年代初期又出現了另一波外省人取代本省人的風潮。當時美國對國民政府施加壓力，要求精簡冗濫的軍隊，於是國民政府開始將復員士兵安置在政府機構的文職部門，其中也包含了國營事業。一九五二到一九七〇年，台糖被要求提供一、四六〇個正式職位，以安置這些退伍軍人（稱為「轉業人員」），如果用一九六七年的台糖員工計算，這些「轉業人員」就占了其中的百分之九點五。[145] 更有甚者，除了要求台糖聘雇外省籍退伍軍人，政府也同時指示台糖必須削減浮濫的人事支出。所以，台糖在一九五四年進行了大規模的裁員，將原有的二一、七三一名員工，刪減到一六、二一八人，削減比例高達百分之二十五點四。若進一步檢視被解雇者的職位及省籍分佈，可發現以下訊息：台糖員工中，工員占百分之七十二點一，但遣散員工的工員比例卻超過這個數字，高達百分之八十六點八，[146]且工員大部分為本省人（國營事業中外省人當職員、台灣人當工員的兩極化現象早已存在。舉例而言，根據一九五七年的資料顯示，台糖的職員有百分之六十三點四是本省人，但工員卻有百分之九十六點九[147]），這意味著在人事緊縮時，本省人比外省人更有可能遭到解雇的命運。被解雇的勞工發起許多抗爭，試圖保住飯碗，但他們的努力最終還是落空。

本省籍勞工是被解雇的第一順位，而外省人卻是被雇用的第一順位，台糖在一九五〇年代初期的大資遣，進一步強化了本省人被外省人支配的態勢。更雪上加霜的是，僥倖保住飯碗的台糖員工卻必須按月支付新台幣十元的「互助金」，補貼公司在一九五四年人事精簡時的資遣費支出。這項不受歡迎的扣款政策一直持續直到七〇年代，然而，轉任到台糖的外省籍退伍軍人卻能免除這項義務。基層勞工為此提出抱怨，要求轉業人員也應繳納「互助金」，但台糖拒絕這項建議，堅稱「顧及該項人員畢生從事軍旅，對該項負擔，故未予考慮」。[148]

大部分的退伍軍人原先其實並不具備工業生產的必要技能，而他們之所以被軍隊淘汰，也是因為其素質與體能條件不佳。如此一來，將他們安置在國營事業，固然替政府省下軍費支出，卻也同時減弱國營事業的效率。一位台糖管理者提到，這些退除役官兵「難為擔任正式工作」，所以若某個單位的轉業人員比例較大，管理上就更形困難，例如「花蓮糖廠正式員工僅三五四人，而轉業人員達三五〇人，一同要求其績效，花蓮糖廠是很難達成的」。[149]除了聘用方面的特殊優待，還有一個特別為轉業人員量身訂做的工員晉升職員考試，使得族群間的差別待遇更形惡化。[150]七〇年代末期，曾在高雄煉油廠工作的勞工作家楊青矗，記錄了廠場裡到處可見的族群緊張關係。本省籍勞工對外省退伍軍人所受的優惠待遇感到憤恨難平，他們認為這種「退伍仔」多半是「會吃不做」。許多台灣人即使條件符合，也必須要先當幾年的臨時工，才能被編入正式員工；但退伍軍人經驗和技能都不足，卻可以從離開軍隊的那一刻起立刻被雇用為正式員工。[151]此外，由於管理階層大多為外省人，退伍軍人能夠輕易利用族群或同鄉關係獲得晉升，引發本省籍勞工的不滿。黃玫娟針對高雄煉油廠的研究中，也指出這種基層的不滿：「憑什麼一些退伍軍人外省的在現場幹沒有兩年就可以調辦公室，吹冷氣，或是升為職員，我們台灣人又沒比較差，就要被人欺負」。[152]

族群不平等的現象在領導階層更加明顯。表二（頁一〇六）為台糖一級主管的族群組成，此表顯示，本省籍的高層主管在台糖一直是不成比例的少數，八〇年代之前，一級主管中本省人的比例不到百分之十。中油的情況也不遑多讓。楊青矗指稱，在七〇年代的高雄煉油廠，「一百三十幾課，沒有一個課長是台灣人」。[153]中油一直到一九八七年，才第一次指派本省人為高雄煉油廠的總廠長；一九九三年，才第一次有本省人擔任中油公司董事長的職務。[154]事實上，不停地有謠言指出，守舊派的外省人的確有在抵制讓本省人出任這些職位，例子之一就是後勁的反五輕運動。當本省人終於當上高雄煉油廠的總廠長，後勁就爆發反五輕運動，中油重

表二　台糖公司一級主管的族群組成（1950-1984）

年度	1950	1958	1965	1974	1984
一級主管人數	53	53	63	58	51
本省籍一級主管人數	0	3	2	0	7
百分比	0	5.7	3.1	0	13.7

資料來源：（一）1950年與1965年的資料來自「台灣糖業股份有限公司（1950年6月）」（檔案編號：35-25-01a-061-001-01）和「職員名冊（1965年2月）」（檔案編號：24-20-02-026-02），台糖公司檔案，中研院近代史研究所檔案館。（二）1958年、1974年與1984年的資料來自《經濟部暨所屬機構單位主管通訊錄》（1958年12月、1974年7月、1984年12月），台糖公司善化糖廠糖業文物館檔案室。

說明：本表格僅包含台糖的總公司一級主管職位，不包括分布各地所屬的生產單位，如總糖廠、糖廠、農化廠，及副產廠等。

要的擴廠計畫遭到鄰近社區強烈的抗議。[155]當時就有傳言，這是煉油廠的外省籍管理階層故意走漏消息給後勁居民，希望反汙染的抗議能夠阻止這項人事安排。事後看來，無論是否有走漏消息一事，後勁都會出現抗議運動，畢竟當地居民已經忍受汙染太久，而解嚴後的政治氛圍又對抗議者十分有利，但這項傳言的確顯示出煉油廠內部族群問題的沉痾。中油總公司也有類似的故事：第一位本省籍董事長就任前夕，總公司大樓發生了一場神祕大火，許多機密文件付之一炬。一位當時擔任民進黨籍國大代表的中油工程師宣稱，「大火是中油守舊派湮滅證據」，試圖阻擾改革。[156]當時也有記者注意到這個敏感的族群政治問題，指出掌管中油的經濟部在任命本省人接任高層主管時，特別謹慎，因為「中油的本省籍高級主管數量，近年雖隨政治本土化及長期歷練而逐漸增多，但董事長、總經理兩個頂尖位置，仍一直是外省籍的天下，若瞬間全然改變這一政治生態，由兩名本省籍人士同時接班，難免引起若干困擾」。[157]

直到九〇年代之前，國營事業的高層主管職位可說是外省人的禁臠。七〇年代初期，國民黨政權面臨被逐出聯合國的外交危機，必須任命更多台灣人擔任重要的政治職位，以維持其岌岌可危的正當性。[158]當時正準備接班的蔣經國推出所謂的「吹台青」措施，一些本省籍青壯輩的菁英（例如李登輝、林洋港等人），獲得拔擢，開啟了政治本土化的潮流。相對於此，國營事業的本土化幾乎整整晚了二十年。國營事業的封閉性格有助於維持族群特權，一直要到九〇年代，政治民主化浪潮興起，國營事業中外省人的特權現象才開始有所改變。

台灣勞工貴族的選擇

台灣勞工該如何回應新殖民統治下的族群支配？這仍是一個有待解答的問題。在經歷節節敗退且代價慘重的二二八事件與地下黨運動鎮壓，勞工採取積極行動的意願大受打擊。借用赫緒曼（Albert O. Hirschman）的詞彙，「發聲」（voice），也就是透過公開表達不滿，促成改變，在五〇年代中期以後已成為不可行的選項；儘管如此，不滿的勞工仍能選擇「脫離」（exit），也就是永遠離開國營事業，另尋人生的第二春。[159]外省族群支配僅限於國家掌控的經濟部門，到私營企業工作、開闢新的事業管道，意味一種表態，表示拒絕在工作上被分配到劣勢地位。然而，這類極端的職涯選擇卻極為罕見，僅有少數受訪勞工提到有同事自願辭職，另謀高就，其中一個值得注意的例子，就是創立遠東機械公司的莊俊銘，這家公司後來也成為台灣重要的機械製造商之一。莊俊銘生於一九一三年，台南工學院（即後來的成功大學）畢業後成為工程師，受雇於日本人經營的公司。由於這間公司的客戶包括許多間糖廠，一九四六年，莊俊銘被國民黨政府任命為接收委員，負責監督嘉義地區六間工廠的轉移。當時，許多接收官員都藉接收之便，中飽私囊，莊俊銘沒有將接收資產據為己有，全部交還給政府，其「為人正直，誠實可靠人格」相當為人稱道。他後來被聘為中油嘉義溶劑廠的課長，但在一九四八年決定離開中油公司，開創自己的事業。[160]

事實上，大部分本省籍勞工選擇的不是「發聲」或「脫離」，而是「忠誠」（loyalty）。也就是說，面對廠內不公平的族群政治，他們選擇了隱忍不發，耐心地待著，期待情況會自動改善。「忠誠」為何會成為本省籍勞工最普遍的回應？更令人匪夷所思的是，後期許多國營事業勞工甚至已經是早期勞工的第二代。如果國營事業的工作本質上並無特別吸引人之處，父母為何會鼓勵孩子走上與自己相同的職業？[161]這樣的例子其實非常普遍：一九九八到二〇〇三年擔任台灣石油工會理事長的黃清賢，他的父親和兄長早在他進入煉油廠上班之前，就已在煉油廠工作；勞工小說家楊青矗的父親也是煉油廠員工，一九六一年在工安意外中不幸喪生，隨後煉油廠就聘用了楊青矗。事實上，這樣的故事在糖廠有更久遠的歷史，甚至有些家族三代都是在同一個糖廠工作。這種情況與魏昂德觀察到的中國國營企業非常類似，上一代的職位由下一代接手（即所謂的「頂替」），是廣被接納的慣行。[162]

這種現象最顯而易見的理由是，國營事業的工作既輕鬆又有保障，這種好處是民營企業所無法提供的。當然，本省籍勞工選擇這種好處的前提，是得要能夠嚥得下族群歧視和政治監控可能引發的不悅。

戰後初期，統治者基於政治和經濟考量，特許國營事業壟斷經營。換言之，這批沒有競爭對手的產業部門穩賺不賠，沒有必要為了賺取更多利潤壓榨勞工，工作不力也鮮少成為解雇的理由，國營企業頓時成了摔不破的鐵飯碗。同時，國營企業提供各種各樣的福利和服務，讓勞工享受到一般台灣人無法觸及的生活方式，與廠外的本省人形成不同的族群。例如，一位橋頭糖廠的資深員工就指出，「當時廠區提供員工很多的福利，如中山堂的廉價電影，到市區的交通車，員工的游泳池甚至於員工福利社提供廉價的日用品及公共澡堂、餐飲茗品部、醫務室、冰品冷飲品、洗衣部等等廉價服務，無不羨煞糖廠外的橋頭人」。[163]優渥的福利是殖民地工業化的遺產，若這些福利是有錢都買不到的享受，對勞工而言就更誘人了。例如游泳池和電影院，在五〇年代，這可是在大城市才能有的奢侈享受。

在糖廠工作也為下一代帶來更好的教育機會。到一九六七年為止，台糖設置了多達十六所附屬小學，僅提供員工子弟就讀。由於這些學校是由台糖另撥經費營運，因此可以提供比一般公立學校更好的教育資源。一般人就讀的公立小學雖然屬於國民義務教育，每學期仍需繳交學雜費用；而台糖子弟專屬的小學不只不用交學費，還免費提供午餐。[164]中等教育的部分，一九四七年台糖在新營設立了「台糖初級中學」（之後改名「私立南光初級中學」），並於一九五〇年增設高中部。[165]從一開始，南光中學就針對台糖員工子弟提供免學費和免試入學的優惠，這對想要升學的學子和家長而言是極大的誘因，因為一般學校一直要到一九六八年才享有延長至國中的義務教育。此外，員工子弟若離鄉讀大學，也可以免費住在台糖台北和台南的宿舍。[166]

在糖廠工作成為一種準世襲，甚至可以說高度封閉的工作形態，勞工的小孩在糖廠的宿舍中成長，讀的是糖廠設的學校，長大後在父母的推薦下、跟隨父母的腳步進入台糖工作。有人開玩笑說，只有那些沒用的人才會留在糖廠。就某種意義而言，他們的說法是正確的：如果這些勞工的小孩能夠讀一般的學校、像一般人一樣上大學，開展另一種專業，他們將會永遠離開糖廠；但對於那些無法躍過父親社會身分的勞工後代而言，糖廠提供一道令人安心的安全網，不會有階級向下流動的可能。

最後，糖廠提供給勞工的福利並不會因聘雇期結束而停止。工員法定退休年齡是六十歲，但即使退休，依然會受到前雇主的照顧。台糖會將業務外包給一家名義上獨立，但實際上大都只聘用台糖退休勞工的公司（即「糖福公司」）；[167] 糖廠勞工退休仍舊可以住在公司宿舍，直到它不堪居住為止。一位前台糖董事長曾如此描述：

> 如果你在糖廠工作，你一定有一間在當時標準不算差的房子，有小園可以蒔花、養雞；學校如不在附近，廠方會開交通車送你的孩子上學。合作社供應雖不奢華卻很實用的消費品，飯堂可能是附近最好的飯館，朋友來時可以去叫幾個菜小飲。此外，有各種訓練班，給農閒時的人員和太太們學習技藝打發時間，而由於那是一個封閉的環境，同仁都曾是某廠的同僚，某一訓練班的舊友等等，絕無寂寞之慮。人們一進入這個環境就不想走了。[168]

回到前面的問題：為什麼多數台灣人選擇當忠誠派？答案是「脫離」的代價太過高昂，更精確說，是放棄從搖籃到墳墓福利的機會成本太大了。這些福利來自勞工在國營事業的受雇者身分，並非通過市場管道取得，冇有錢也買不到。例如，其他勞工階級的子女要唸初中得參加競爭激烈的入學考試，糖廠卻能保證員工子女都能免費接受中等教育，這種保證就不是可以販售的商品。因此，本省籍勞工藉由和新殖民政權合作，加入勞工貴族的隊伍，令人欣羨的生活水準讓他們有別於其他勞工階級，族群歧視不過是加入這個專屬俱樂部的會員費。它當然讓人不舒服，但還付得起。畢竟，他們在一九四五年以前就已經習慣了日本殖民統治，如今，許多勞工領袖犧牲喪命，戰後國民黨政權的鎮壓讓改變的希望幻滅，他們只不過是回到先前的角色罷了。

＊＊＊

研究中國歷史的科比（William Kirby）主張，民國時期與共產主義時期存在著某種容易被忽略的歷史連續性；儘管經歷了革命的洗禮，所謂的「新中國」很多方面還是承襲了舊有的基礎。[169]他的研究聚焦在資源委員會的菁英官員，他指出這一整個世代受到良好教育的技術官僚，他們在一九四九年之前登場，儘管後來出現政治隔離和政權轉移，但這群菁英官僚仍然繼續在共產中國與國民政府統治下的台灣，掌管國家的經濟事務。

本章討論的是橫跨一九四五年斷裂的連續性模式，但主角並非資源委員會裡這批菁英官員，而是台灣基層勞工。過去的研究對於資源委員會過度正面解讀，尤其是關於這批技術官僚在戰後的作為，事實上他們必須直接或間接地對戰後台灣新殖民統治負責。他們在中國大陸期間的聲譽還算清白，但在台灣，卻有不少人涉及了劫掠、用人唯親和裙帶關係。

這種由下而上的觀察比較接近巫永平的看法。巫永平認為，我們需要對台灣戰後技術官僚提出更實際的評價，而非一味地頌揚他們的「成就」。[170]目前的說法傾向將這批技術官僚描述成創造「經濟奇蹟」的掌舵者，過度美化他們在總體經濟成長中扮演的決策者角色，而忽略了他們在公司層次實際管理的作為。在一九五〇到一九八八年的十五任經濟部長中，有十一位具有管理國營事業的經驗，其中四位來自中油、一位來自台糖。在他們擔任國營事業管理職的期間，默許了官員貪腐，容忍或促成了族群歧視，並與國民黨黨幹部合作，協助黨國體制的進駐，而這些作為事實上就是造成國營事業最為人詬病的效率問題之元凶，重新審視這些被忽略的歷史，也就意味著我們不能一味抱持歌功頌德的態度，將這些技術官僚視為純粹的經濟理性之典範。其實後來的某些傳記作品，例如曾任中油董事長李達海的回憶錄[171]、曾任台糖董事長汪彝定的自傳[172]等，都對管理國營事業的「政治問題」相當直言不諱，有深刻而入骨的描述。國民政府在中國大陸時期曾出現過「科技興國」的風潮，這是一種以科學和技術力量促進國家發展的願景，這個想法戰後在台灣開花結果，而經濟官員就是這種技術官僚傳統的繼承者。[173]不過持平而論，這套「科技興國」的理想之所以未如預期，很大程度是迫於政治現實之故。如何評價外省籍菁英官員在台灣經濟發展的政策角色，將是一個持續辯論的議題；然而，戰後初期他們無法帶來國營事業的現代化和理性化，到後來，政府對於新自由主義民營化的藥方照單全收，的確意味著技術官僚意識型態的破產。

其次，戰後儘管經歷去殖民化和國有化的巨大變革，但台灣勞工在國民黨政權統治下的從屬狀態，與日本殖民統治期間並無太大的不同。這兩個時代的族群隔閡都是在勞工階級中創造一道無可跨越的鴻溝，台灣勞工大多受困於工作階序的底層。戰前他們服從的是日本統治者的命令，戰後則是外省人的指揮。以往馬克思主義的研究抱持的是一個簡單的假設，即認為勞工階級的同質化，是他們採取激進抗爭的前提。但是在國營事業裡，外省人和台灣人都是受雇者，這意味著他們處於相同的階級位置，而省籍界線導致的族群分工，使得勞工們迫切地感受到族群不正義，勞工階級內部的分化，才是驅使他們走向革命起義的動力。台灣戰後的勞工抵抗正好呼應了裴宜理對上海勞工的觀察：「正是對勞工之間實質差異的覺察，才激發了勞工抗爭」。[174]

在古典馬克思主義所設想的情節中，勞工拿起武器，推翻資本主義的場景，被認為是成功勞工階級形構的最極致展現。在台灣，勞工的革命起義行動曾一度浮現，但卻是在非常例外的情況。更有甚者，抗爭的勞工起先並非被社會主義的理想所吸引，儘管他們名義上是追隨著中國共產黨的領導。革命的勞工目標並非推翻資本主義，而是挑戰國民黨政權下的族群支配。

接連兩輪的血腥鎮壓之後，台灣的國營事業勞工實際上已無從選擇。他們被穩定的工作和令人嫉妒的福利吸引，認命接納了一套立基於族群差異的勞動體制。前面章節提到，藤山雷太一九三六年造訪台灣糖廠時，觀察到台灣和日本員工的巨大鴻溝，「宛如水與油的關係」。如果他在十年後再度來台灣，可能會注意到相同的現象，不同的只是日本人已經被外省人所取代。誠如赫克特所指出的，殖民主義的核心是一套差異體系，在其中「那些經常被視為高地位的角色，通常都保留給自己的成員」。[175]戰後，本省人和外省人間的族群不平等經由統治者種種舉措被牢固確立，因而在往後的年代裡，留下一道深刻的裂隙。

第二章　黨派的政治：黨國體制的動員與行禮如儀

對台灣勞工而言，戰後初期是一段充滿了歷史諷刺的年代。台灣沒有經歷社會主義革命，國有化的接收政策卻使一批日本私人財閥勞工，一夕成為台灣國營事業員工，直接遭受族群統治的衝擊，經歷了省籍歧視的不公。勞工們的抗爭因為政府鎮壓無疾而終，隨著國民黨黨國體制之進駐，在列寧主義式的控制下，勞工的日常生活亦無法脫離黨工的監控。勞工階級先是因族群意識面臨第一次分裂，接下來又遇上政治的問題：勞工是否願意公開順從國民黨的意識型態？忠黨愛國者可以享受國民黨籍身分帶來各種物質上的好處，當然也必須同時配合黨部對勞工情治的監控。白色恐怖的年代，異議者無法以組織的方式表達他們對統治者的不滿，甚至必須用表面上的順服來掩飾他們的不認同。本書將這種特殊的日常抵抗形態稱為「行禮如儀」（ritualism）。基本上，這是一種防衛性的策略，是勞工們試圖在政府的強勢控制與無止盡的忠誠壓榨中，求生存的方式。

黨國體制作為一種制度

一般將國民黨戰後在台灣的威權統治稱為「黨國體制」（party-state regime）[1]或「準列寧主義」（quasi-Leninism）[2]，因為其政治控制的範圍既深且廣。國民黨在每一個國有化的工作單位設置黨部，並安排許多如工會、婦女會之類的「外圍組織」（front organizations），目的都是為了監控勞工的日常生活；與黨部相比，外圍組織可以「敏銳覺察隨時變動的在地需要，無論做什麼都能堅定不移由黨領導者所指揮」[3]，是國民黨貫徹威權統治的重要基礎結構，也是列寧主義的正字標記。這種黨國體制的基礎結構使得國民黨的統治遠勝其他新興工業化國家的軍事獨裁政體，擁有非比尋常的穿透力。

黨國體制壓制了異議，也阻止了罷工與其他集體行動，無所不在的國民黨員形成強大的監控網絡，迫使基層勞工噤若寒蟬。同時，國民黨黨部扶植象徵性工會其實是一種「先發制人」的策略，藉此避免勞工由下而上組成自發性的組織。既有的研究認為，列寧主義導致了「去動員化的勞工階級」（demobilized working class）[4]，或是「勞工的政治排除」（political exclusion of labor）[5]。

然而，這些研究大多只關注列寧主義的壓制性面向，而低估其「戰鬥精神」（combat ethos）。喬伊特（Ken Jowitt）認為，列寧主義最主要的特徵在於「卡理斯瑪的非個人性」

（charismatic impersonality），[6]也就是為了達到某一種神聖的使命，採取組織化的原則，積極動員所有的社會資源。黨組織就是列寧主義的縮影：它既是情感的（強調同志情誼），也是工具的（運用紀律）；既是傳統的（領袖崇拜），也是理性的（追求發展）。列寧主義實施的是一種全面性的策略動員，統治者無視於公／私領域之區分，試圖滲透勞工的日常生活領域。模範勞工不只要工作勤奮，還要政治忠誠，必須符合黨組織關於健康習慣、休閒活動與節儉等各種生活上的要求。這表示勞工不能自由支配自己下班後的時間，因為下班後仍要投注精力於國家追求的重要資源；勞工的眷屬不只是私人伴侶，也有參與政治活動的義務。

賽茲尼克（Philip Selznick）認為，列寧主義是一種強大的「組織性武器」（organizational weapon），因為它將「分散的人群轉化成可以動用的權力源頭」；[7]這也意味著列寧主義是一種招募群眾參與運動的驅力。統治者將勞工的政治動員作為一種達成國家目標的手段，高喊充滿理想主義的愛國情操，並以此要求勞工犧牲他們的私人利益。在這裡國家目標已經不是天高皇帝遠的意識型態，而是近身可及，甚至必須隨時應付的日常現實。共產黨統治下的匈牙利勞工即是一例，「人們活在兩個世界，一個是意識型態的世界，另一個則是真正感受的世界，兩者都是同樣真實的」[8]，而這樣的描述也適用於彼時台灣。國民黨的「列寧主義」統治創造出一批無能的勞工階級，勞工們的無能並不是因為被邊緣化，離權力核心太遙遠；正好相反，統治者沒有遺忘或忽略勞工，勞工們被迫參與了一套控制結構，且不由自主地被這套結構動員。

一九二〇年代，國民黨內鬥紛亂，左右兩派形同水火。面對來勢洶洶的共產運動，當時的國民黨右派勢力曾提出一套關於群眾運動的意識型態，認為應該將勞工、農民、婦女與其他社會群體組織起來，以完成國民革命的使命。國民黨有義務「領導與訓練群眾，甚至要教導他們什麼才是符合他們與國家的利益」[9]。國民黨在中國大陸期間由於遭逢內戰、內鬥，以及日本的侵略，始終無法實現這個宏偉企圖，但等到退守來台，成熟的時機就出現了。國民黨在一九五〇到一九五二年的黨務改造運動中，嘗試滲透本土社會，建立各種附屬組織，例如各級黨部與民眾服務社，並派置受過意識型態訓練的人員擔任幹部、委員、小組長等職務。[10]

國民黨的列寧主義追求的是全面性的支配，意圖將每一個人都納入其統屬之下。蔣介石反省國民黨在中國大陸的軍事挫敗，認為問題出在官僚主義與形式主義，「黨的工作只在黨部裡面做，而不能在民眾中間發展」；[11]而解決之道就是拆除政治與非政治領域之間的藩籬，將黨與社會徹底融合成一個整體，重新建立黨組織，使其成為一個理想的「戰鬥體制」，能夠具有「嚴密組織，加強訓練，整頓紀律，使黨具備充分的戰鬥條件」[12]。這種軍事化的語言並不只是單純的修辭，而是界定了浴火重生的國民黨所欲達到之理想境地。蔣介石用軍事做了個比喻：「黨一旦要發起革命運動，也就和一個常設師分編為幾個動員師一樣，由黨的幹部率領著黨員，滲入群眾，編組他們，領導他們去打仗」；[13]甚至連一般黨員都被稱為「黨的戰鬥員」，因為他們必須負責諸如組織、宣傳，或是進行社會調查等例行性的任務。[14]事實上，國營事業勞工在整個五〇年代都被迫處於高度軍事化的環境。

蔣介石是這麼說的，「黨的幹部是把整個生命與自由交給黨的戰士」。[15]與一般黨員不同，黨幹部必須服從紀律、全面奉獻，願意為黨犧牲，理論上，意識型態的忠誠正是成為黨幹部最首要的條件。然而，接下來的分析將指出，隨著黨幹部掌握了工廠內的資源分配，享有特殊待遇的他們成為黨國體制下的權貴集團。如此一來，原本宣稱的「為黨犧牲」，反而成了「因黨而富貴」。

黨國體制的基礎結構導致「政治掛帥」（politics-in-command）的情況，過度重視政治目標，甚至排除其他價值，導致不理性的決策。此外，在國營事業安置政治工作人員也影響到管理者與工程師的自主性，經濟產出與經營業績不再是評估表現的唯一標準，領導者開始用政治標準來衡量勞工的表現。一位高層國民黨工就曾嚴詞批評技術人員「有超然的錯覺」，誤以為政治事務與生產工作沒有關係。[16]

理想上，國民黨意圖利用意識型態的效忠程度重新組織社會關係，形塑一套從黨幹部、黨員，甚至擴及非黨員的層級關係。黨國體制成為一套由上而下強制加諸的規則，先前勞工階級已經因為族群對立而分化，現在又浮現出一套新的黨派政治，導致勞工彼此的團結更為分化與零碎。

清算國營事業的技術官僚

國民黨因為內戰的挫敗退守台灣，其時黨內許多其他派系領袖並未一同來台，例如曾代理總統的李宗仁就以就醫名義長期滯美。這給了蔣介石一個大好機會，得以重新塑造他在黨內的個人權威。一九五〇年三月，蔣介石「復行視事」，重新取得一年前被迫放棄的總統職位；同年七月，國民黨開始進行黨組織的改造運動。不過，在招募群眾之前，國民黨得先清理門戶。一直以來，國營事業都被資源委員會的技術官僚所掌控，所以首要任務就是要讓黨幹部進駐國營事業；其次，為了應付台灣人民普遍存在的怨恨情緒，以及潛在的共產黨威脅，國民黨必須設置安全機構，密切監督國營事業的勞工與管理階層。

國民黨中央黨部與資源委員會的權力爭奪，由來已久。戰爭期間，資源委員會深獲蔣介石的信任，在國營事業的管控上掌握了極大權力。以一九四六年併入中油的中國西北煉油廠為例，由於資源委員會反對工會活動由黨部主導，國民黨中央黨部最後只好成立所謂的「員工指導委員會」，不過權力也不大，僅限於發行刊物與提供福利。資源委員會官員甚至直接跟國民黨中央黨部組織部談判，爭取選派黨員與黨代表的特權，中央黨部不得干涉。[17]

戰爭結束後，CC派主導的中央黨部率先發難，試圖在資源委員會管轄的生產事業單位直接招募黨員。資源委員會為了因應黨中央的進逼，隨即在這些生產事業單位（自然也包括剛納入囊中的台灣國營事業）設立「員工勵進會」。[18]這個時期的員工勵進會有點像黨部與職工福利會的綜合體，負責販售生活用品、主辦運動會與休憩活動，也辦理員工小額貸款，[19]還會為台灣員工開設國語訓練班與「時事座談會」。[20]資源委員會除了得努力阻擋CC派的入侵，還得同時處理另一個敵對的集團，也就是壟斷政府職位的政學系的干擾。一九四七年十二月，台灣省政府下令，員工勵進會是非法組織，應立即改組為福利委員會；隔年，省政府又要求在國營事業內設立「勞動效率促進會」。資源委員會兩次都堅不讓步。[21]

蔣介石認定國民黨一連串的軍事失利甚至到最後退守台灣，原因在於政治，而不是軍事，是由於國民黨比對手共產黨更不團結，因此蔣介石決心揪出隱藏在政府官員中的「第五縱隊」。基於這樣的時代脈絡，加上黨中央派系與資源委員會的鬥爭，政府領導者開始對資源委員會的忠誠度起了疑心，資源委員會原本細心維護的自主性也逐漸瓦解。

在國民黨撤離中國大陸之前，已經有不少由資源委員會派任的管理者轉向共產黨陣營，與人民解放軍協商和平接收。[22]一九四九年一月，派駐南京的資源委員會官員就拒絕將當地五間工廠的機械設備拆卸運送到台灣。[23]中油公司的首任董事長翁文灝也是其中一個例子，他後來甚至出任行政院長（一九四八年五月～一九四八年十一月），但仍決定接受共產黨的邀請，參與「新中國」的建設。當時中油上海辦公室遭到共產黨滲透的情況非常嚴重，總經理張茲闓甚至連自己的司機都指揮不動。張茲闓來台後堅持辭去中油的職務，也是為了避免惹上政治麻煩。[24]

台糖的管理階層可就沒這麼幸運。前一章提到的一九五〇年台糖總經理沈鎮南案，其中一位涉案的台糖主管就在自白書提到，沈鎮南會特意利用員工勵進會來博取台灣勞工的好感。[25]無論其指控是否屬實，可以確定的是，資源委員會的官員試圖刻意避開黨中央的監督，直接管理所屬事業的黨部；但稍有不慎，此舉也會成為下屬舉發自己的不利事證。

沈鎮南於一九五一年遭到槍決，蔣介石同時向中央改造委員會下達指示，「匪諜混跡於公營事業機構特多，故期黨務工作及人事管理均待加強」。[26]國民黨要求嚴密偵防工礦黨部，徹底舉發並破獲地下共產黨組織，[27]且格外重視沈鎮南案，要求黨幹部必須深入研究，以做參考，「黨檢查生產機關經濟機構的效果，以發掘潛入匪諜的陰謀破壞」。[28]

五〇年代初期有不少技術官僚遭到懷疑，甚至受到迫害，顯示資源委員會與黨幹部之間權力的消長。過去，資源委員會可以完全自主管理其所屬工廠，但這樣的黃金年代已成昨日黃花，國民黨中央改造委員會下達新的管理原則，黨幹部必須指導管理者，「黨要監督檢查各級政府及生產交通事業機構執行政策的程度，並有權要求從政負責的同志，報告其執行情形，糾正其錯誤」。[29]

國民黨為了鞏固黨部的權力，要求企業機構定期舉辦機構主管與黨幹部的聯席會議，同時機構主管必須負責執行會議決議，而「黨部對事業主管同志執行決定事項有監督之權」。[30]

一九五八年甚至開始實施對管理者的「政治考核」，黨幹部獲得中央的授權，得以評估國營事業主管的表現；評分內容包括政治思想（百分之三十）、對黨的政策決議案執行情形（百分之四十），以及參加組織活動情形（百分之二十）；考核結果則被當成機密，呈報給中央黨部存查。[31]

國營事業的管理至此一分為二，原本的管理者仍可掌控產業的日常運作，然而關於人事、黨務、福利等事務，則落入了黨幹部的管轄範圍。在黨務管理方面也出現了新形態的分工模式，國營事業主管擔任黨部名義上的主任委員，但職責僅限於主持例行會議，主要工作由全職的黨幹部全權處理，而他們通常也擔任黨部的書記。一九五三年，國營事業的黨組織正式改組為台灣區產業黨部，台糖與中油分別隸屬於第一支部與第七支部。

政治工作人員權力大幅提高，超越資源委員會的技術官僚，員工勵進會也改組為從屬於黨部的組織。一九五二年，台糖轄下各糖廠的員工勵進會皆改名為「職工福利委員會」，[32]中油則是到一九六〇年才跟進改名；與台糖不同的是，中油保留了「勵進」兩字，後來甚至成為中油高雄煉油廠黨部機關刊物的名稱。[33]台灣區產業黨部的主任委員直到一九六二年還會提起這筆舊帳，「在台灣的國營事業過去皆屬資源委員會的系統，這裡面確有很多優秀的技術人才，也有很多優秀的管理人才。但無庸諱言，它也有很大的缺點，就是以少數人把持國家的產業，所謂國營事業，就是『我』營事業。他們不願意去瞭解政治，不願去研究主義，更不願意與黨接近」。[34]只有當國民黨的政治工作者開始在管理上占了上風，將原先屬於化外之地的國營事業納入其掌控，黨國體制的控制才真正成為可能。[35]

佈建安全控制機構

晚近曝光的檔案資料顯示，早在二二八事件之前，台灣就已經出現情治人員的佈建，負責監控台灣人民的思想與行為；[36]只是在二二八事件之後，國民黨政府更加強化其情治監控系統，作為控制台灣的手段之一。一九五〇年，台灣省保安司令部（即是之後惡名昭彰的警備總部之前身）開始培訓「保防人員」，並將其安插到主要的工業與礦業設施，負責「保密」與「防諜」；一九五四年，一套集中化管理的情治偵防系統已然完備，全台灣的生產事業單位中總計有九八八位保防組長，二、四一五位保防員，以及許多專門通風報信的線民。[37]國民黨一方面招募忠誠的勞工，同時也沒有忘記強化對異議分子的監視。

與警察相較，保防人員接受過情治任務的訓練，「忠黨愛國」是入選標準。[38]這批「保防人員」在一九五七年被改稱為「安管人員」，一九七二年再度改名，這次改了個比較間接的名稱，叫做「人二」（按：即人事室第二科人員），而這個稱呼一直沿用到一九九二年動員勘亂時期結束，所屬單位也直接改制為政風室。一開始，保防人員的主要任務是糾舉地下共產黨員，但到了人二時期，他們已經成為支持政治反對運動勞工的死對頭。不過無論名稱如何改變，這些情治人員都屬於獨立的派任與升遷管道；國營事業主管管不到他們，因為他們直接聽命於一開始負責培訓的調查局。

五〇年代是一段高壓統治的年代，情治人員與警察擁有極大的權限，得以監控國營事業的職員與工員，連機器故障都可能被視為是共產黨暗中破壞，而必須讓情治人員介入其中，徹底調查。一九五一年，中油的某件維修工程不慎造成工安意外，雖然沒有人員傷亡，但事件相關勞工卻仍被軍方帶走，必須由主管出面擔保其清白才能獲釋。[39]還有一次，情治人員突襲搜索負責幫煉油廠圖書館採購圖書的中油職員宿舍，因為有人密告這位職員買了一些「左傾的書籍」。情治人員翻箱倒櫃，最後只找到幾本如《罪與罰》、《安娜卡列尼娜》一類的十九世紀俄國文學名著，即使如此，這些小說還是被帶走，以作為證據。[40]

勞工身處於無所不在的監視之下，公司宿舍區儼然成為政治監控最佳場域。一位糖廠勞工的第二代還記得，有一陣子工廠警衛會陪他們上下學，因為當時有傳言顯示「共匪會綁架學童」。警察被賦予巨大權力，可以在廠區與宿舍區隨時發動突擊檢查。[41]一九五四年曾頒布一項指示，要求駐廠保警在例行的戶口調查時要特別留意有下列徵兆的員工：「素行不端」、「出入人口複雜或來歷不明」、「行動詭密或職業身分不相稱者」、「驟貧暴富或家有異狀者」。[42]模糊不清的標準，意味著有不少無辜清白的勞工遭到懷疑。也是由於這種毫無節制的權限，讓許多員工抱怨警察無端製造恐慌，騷擾情事時有所聞，是以在五〇年代的《台糖業務公報》，經常可以讀到公司高層下達指示，要求強化警察的風紀。

不過如果沒有線民配合，情治人員與警察也無法有效掌控工廠的情況，而國民黨員在此扮演了相當重要的角色。台灣省石油工會首任理事長王作福（一九五九～一九六一年）就明白點出，「因為黨員分布的廣泛，耳目的靈敏，可能更容易蒐集情報，發掘奸宄。黨的保安在暗中，機構保防在明處作，實屬一體兩面」。[43]國民黨早在一九五〇年就開始利用基層黨員監視自己的工廠同事。當時，國民黨中央黨部制訂「社會調查」辦法，[44]每位黨員有義務定期向情治人員報告身邊可疑的人、事、物，如果提供了有價值的資訊，甚至還可以獲得金錢的報酬。[45]

情治機構將其觸角延伸到每一間廠房，這讓異議分子很難在國營事業裡棲身，可用一個例子來說明，當時政治監控執行之嚴密，台糖情治主管在一九六七年回顧過去的成果時，曾提到他們建立了兩萬多份完整的員工安全調查基本資料，其中關於「家世、出身、經歷、社會關係，宗教信仰，生活習慣等歷史性之資料」更是經常更新、詳查核對。[46]一九五六年，一位國營礦場的員工投書到《自由中國》，揭露公司內部已經「成了一個小鐵幕……在各處分布許多特務，此後就專聽密告員的報告，更不讓人有自白的機會，而獨斷獨行，弄得怨聲載道，員工們敢怒不敢言」；投書中也提到在所謂「以黨治礦」的情況下，國民黨員是一群專門負責告密的特權分子，而且「密告員是有津貼的，有的是論件的，有的是論月的，每則密告二十元三十元不等，也有的月支二百三百元」。[47]

勞工的政治動員

企業內一旦設置了黨部，就表示國民黨能夠越過事業主管，直接在企業內推動政治動員。值得注意的是，國民黨原本打算在所有的廠場，無論是國營事業還是民營企業，都設立可以直接控制的黨組織，但由於民營企業堅決反對黨工的干預，這項計畫才沒有成功。一位國民黨黨工就直言，民營企業或許會同意讓他們的員工個別入黨，但是仍不願意設立廠場層級的黨組織與領導，而這讓黨的工作產生許多困難與問題。[48]所以國民黨退而求其次，開始推動民營企業勞工組織工會，想藉此讓黨國體制的影響力擴展到非國營事業勞工；但一直到七〇年代，還是只有少數民營企業雇主願意接受工會的存在。[49]國民黨滲透民營部門的企圖受挫，使得國營事業勞工獨自承受了黨國體制動員的壓力。

從陳儀以降，國民政府曾試圖全面掌握台灣經濟。然而，由於民營部門的存在，以及雇主的反對，黨國體制的穿透受到了阻礙，無法全面建立其所意圖的列寧主義式控制。一直到解嚴之前，台灣的大型民營企業或許會容許工會的存在，或是雇用退休的情治人員來擔任其「人事主管」，但是他們絕對不會容許黨部進駐工廠，並且直接指揮其員工。因此，台灣的國營事業勞工成為特別值得關注的少數，他們的處境較其他勞工更接近國民黨列寧主義的原初理念；相形之下，戰後日益成長的民營企業勞工則顯得是「不成熟」、「不完備」的形態。

廠場層級的政治思想灌輸，是以每月召開「國父紀念月會」的方式進行。從一九五一年開始，參加這種例行會議成為所有國營事業員工的義務，月會有其固定的政治性儀式，首先「講讀國父遺教」，接下來則是一小時左右的政治演講，重點在檢討「個人及集體實踐戰時生活情形」；[50]遇到國定節日例如總統誕辰、總統就職慶賀、青年節、勞動節，公司還會舉行包括升旗典禮、唱國歌等，各式各樣的慶祝活動。

黨組織也沒有忽略勞工的眷屬。由於大部分的勞工都是男性，黨部會鼓勵其妻子與子女參加廠場層級的「婦女互助會」（通常簡稱「婦女會」）。全國各地的婦女會都隸屬於「中華婦女反共抗俄聯合會」（通常簡稱「婦聯會」），因此，在蔣宋美齡的帶領下，許多國營事業勞工的女性眷屬也投身於為前線戰士「縫衣敬軍」的活動，參與了反共抗俄的大業。[51]

黨組織掌控的除了黨部、婦女會，還有工會；工會是黨國體制最重要的外圍組織。改造運動期間，國民黨積極推動工會的籌組，由於台糖與中油的事業單位遍布全國、太過分散，因此先籌組廠場層級的工會組織，前者是各糖廠的產業工會，後者則是各工作單位的產業工會分會，之後才成立全公司層級的工會組織。台糖公司產業工會聯合會（簡稱「糖聯會」）於一九五五年成立，代表各糖廠與附屬事業單位的勞工，台灣石油工會則是成立於一九五九年（按：原先的正式名稱是「台灣省石油工會」，一九七六年改制「升格」，成為全國層級的

「台灣石油工會」，為了行文簡潔，接下來一律簡稱「石油工會」），代表中油公司所有的勞工。不過，此時的工會完全由黨組織掌控，工會的職位是國民黨用來犒賞忠貞員工的工具，大部分以工會名義發起主辦的政治動員活動，實際上往往是由國民黨幹部在背後操弄指導。

初期常見的是愛國捐款運動，勞工必須貢獻部分收入支援前線的軍事戰役，並藉此展現全球反共同盟的團結一致，例如糖聯會在一九五四年決定「全體員工捐獻薪工一日所得以響應建艦復仇運動」；[52] 一九五五年的一江山戰役之後，各地糖廠發起捐款以「撫慰烈士遺屬」；[53] 一九五六年，匈牙利爆發反政府暴動，糖聯會也動員會員捐款，「設法匯交匈牙利難民」；[54] 一九五八年八二三金門砲戰，台糖公司響應支援金馬前線運動，除捐輸鉅額款項，也提供鳳梨罐頭及火腿等食品；[55] 一九五九年，為了支援藏人發起的反共抗暴，糖聯會決議全體員工捐贈一日所得；[56] 一九六二年爆發大批中國難民逃往香港的逃亡潮，台糖公司響應「反攻大陸暨救濟香港難胞捐獻運動」，總計捐贈了一百五十萬元。[57] 除了這種響應突發事件的捐款活動，政府發行的「愛國公債」、台糖的公司債，也是動員募資常見的方式，例如有些糖廠「為表現愛國熱忱起見，相勉節衣縮食，聚集同仁一日薪工之所得」，集體認購債券；[58] 也有糖廠動員職員與工員勸募，並設定每人應推銷的額度；[59] 最離譜的例子是，某糖廠附屬幼稚園全體小朋友「為對前線勞苦功高的將士，有所表示起見」，決定捐贈一日糖果費五十元以支持勞軍活動。[60]

1952年，國民黨將國營事業內黨組織改組為「台灣區產業黨部」，並於1953年制訂「備戰工作實施要領」，訓練戰時如何發動黨員參與各種任務編組，企圖打造出具有軍事紀律的勞工。圖為台灣省產業黨部台南區基層幹部講習後合影。（1955年）

工會也會藉活動拉近生產單位與軍隊的關係，試圖提升勞工的反共熱情。例如各地糖廠經常指派勞工從事勞軍活動，以載歌載舞方式娛樂官兵弟兄；[61]台糖公司也會為即將徵召入伍的勞工舉辦盛大的歡送會餞行，[62]或設宴款待在前線英勇作戰的士兵；[63]事實上，部隊裡的政治作戰官也經常受邀到國父紀念月會演講三民主義。[64]國民黨積極鼓勵並促成軍隊與工廠間的互動交流，在在都試圖傳遞這樣的訊息：前線戰士與後方勞工的關係就像一種和諧的有機體，彼此都肩負著反共復國的神聖使命。國民黨產業黨部早在一九五三年就制訂了「備戰工作實施要領」，訓練戰時如何發動黨員參與各種任務編組，進行疏散、防空、防護、消防、精神動員、生產動員、安全動員等工作，[65]企圖打造出具有軍事紀律的勞工。早期，政府將國營事業視為「國防產業」，民防演習是其非常重要的業務，所以勞工必須組織防護團，參與各種民防演練，甚至得接受軍事指揮官的校閱。[66]

官方當時的態度是要求勞工培養「以廠為家」的觀念，但實際上，工作與非工作領域緊密結合，使得國營事業勞工連日常生活都被高度管控，規模較小的糖廠，勞工更是幾乎沒有個人的空間。某些糖廠的宿舍區會在每天早上七點五十五分播放《台糖進行曲》，提醒員工上班時間到了，下午五點之後則是播放和緩的輕音樂；有的糖廠則是強制規定所有員工都要參加早操。[67]總而言之，這些規定都迫使勞工與其家眷的日常作息必須配合集體的節奏。

國民黨的列寧主義預設了這樣的前提：為了神聖的反共任務，勞工可以被徹底再教育，他們的生活習慣也因此需要被從上而下地改造。國營事業定期舉行一系列的生活教育活動，就是為了鼓勵員工養成良好的習慣。台糖曾經舉辦「禮節及衛生週」、[68]鼓勵員工力行勤儉節約、[69]推動儲蓄運動、[70]推行「每天讀書一小時」運動（當然是閱讀國民黨指定的書籍）[71]，一九五〇年甚至「由於考慮到當此國家艱困之際，發起不吸外國煙運動」。[72]公司儼然成了某種道德權威，以各種方式引導員工，使其能夠過著合宜得體、努力勤奮的生活。這種家父長主義觀念最典型的代表就是安排所謂的「生活指導員」，這個工作通常會安排從軍隊退伍的退役官兵擔任；且不令人意外地，由情治人員來負責「生活指導」，其工作重點當然就是監視勞工們的言行舉止。[73]

舒曼（Franz Schurmann）指出，列寧主義式的組織是利用意識型態的動員，來抵抗與抑制組織所容易導致的退化與例行化，週而復始的運動是維繫戰鬥精神的關鍵手段。[74]有意思的是，這些被安插到國營事業的國民黨政治工作者也會想要有所表現，無論是經濟上的、或是政治上的。一九五二年，國民黨發起「反共抗俄總動員運動」，其中一個項目就是在國營事業裡進行個別的增產競賽，以達到增產目標。[75]隔年，新一波的「克難增產運動」出爐，黨部負責策動勞工提高生產品質、減低成本、改善管理，以達成該事業機構之增產；[76]此外，同年還有一場「勤勞服務運動」，主要目標為「養成勤勞風尚革除懶散惡習」。[77]五〇年代初期，國民黨每年都會統計、公布這些生產運動帶來的效益，以一九五四年為例，七月至十二月獲得的「克難總值」為九、八二八、〇〇〇元，其中還不包括「其他產量之提高」。[78]

諷刺的是，當時的國民黨文宣也曾大力批評共產黨所推動的生產動員運動：「共匪為榨取工人勞動力，為它增加工廠生產而推動的所謂『勞動競賽』，迫使工人『建立新的勞動觀念』，從而對於一些『帶頭的典型』，給予『英雄』、『模範』功臣的稱號……工人最後一點氣力都完全壓搾出來，同時，還要受到競賽的果實──殘廢、疾病、死亡」。[79]之所以會出現這種「國民黨五十步笑共產黨百步」的荒謬情形，原因其實在於賽茲尼克所說的，「組織性武器」有其慣行的制度邏輯：共產黨領導者深知，黨組織容易腐化與墮落，除非經常性採取意識型態的動員，否則很容易出現「官僚主義」的弊端。[80]換言之，無論是極右的反共民族主義，或是極左的共產主義，只要採用黨國體制這套統治技術，就會帶來高度相似的政治後果；擔負政治工作的黨工幹部，必然將插手干預工廠的生產性事務。

總而言之，國民黨運用黨國體制來確保國營事業勞工的忠誠。其他台灣人民在這段期間也或多或少經歷了相同的政治動員，但國營企業勞工毫無閃避的空間，他們為了享有「貴族勞工」特權，選擇留在國營事業，同時就有參與頻繁政治動員的義務。無論其真正的意願為何，他們被迫扮演反共的鬥士、節儉的國民，以及勤奮的勞工。虎德（Steven Hood）曾認為，相對於中國共產黨「國民黨沒有像是法西斯主義或馬克思主義的企圖，沒有打算根據某種藍圖，形塑出一種新人」。[81]但真實的情況卻是，當國民黨幹部著手執行這些政治動員的工作，「形塑一種新人」仍是他們心目中的理想。國民黨列寧主義最根本的問題在於它並不具有革命性格，反而是一場貨真價實的反革命。當中國共產黨隨著解放軍的戰場勝利，逐步接收中國大陸各地的工廠，他們還可以宣稱是勞工階級的「解放」。相對於此，當國民黨派駐黨工幹部到台灣的國營事業，他們面臨的是一群早就被鎮壓，而且因為族群而分裂的勞工階級。因此國民黨很難真正召喚出由下而上的熱情，其政治動員也因過於形式而更顯空洞，最終淪為表面文章。

黨國體制有限度的穿透

政治上打壓技術官僚、在國營企業內設置情治機構，是國民黨改造運動的序曲，但是真正的關鍵在於，國民黨能否成功地從勞工中招募到一定數量的支持者。打從一開始，國民黨就宣稱要從「廣大勞動民眾」中徵求新黨員，「生產者」應與青年、知識分子獲得同樣的重視，而國民黨所期待的工人黨員，「應以技術工人、熟練工人、領班及生產成績優良的工人，重於一般粗工或臨雇用工人」。[82]從這個選取標準看來，在殖民地工業化過程中熟悉工廠操作的本省籍勞工理應優先招募，只要取得國民黨籍的本省籍勞工夠多，理論上他們的族群身分也就不會再受到歧視。這種情況如果在現實上真的發生了，也就表示黨派將取代族群，成為工作場所內最主要的分歧。

只不過這個企圖徹底改造台灣社會、野心宏偉的列寧主義式計畫最後並沒有成功。在改造運動正式宣布結束之前，國民黨就坦承「未能掀起青年知識分子及農、工、生產者等廣大勞動民眾對於本黨擁護之高潮」。[83]一份國民黨內部報告透露了改造過程中所面對的重重阻礙：

過去，黨的各項決定，大抵只能適應公務人員或與公務人員知能相近之分子，至於農民黨員、工人黨員、婦女黨員，及對黨認識較少之黨員（如台灣光復後入黨未久者〔按：這是間接指涉本省籍黨員〕），黨各級甚少對其經濟生活與精神狀態，作深入的考察與分析，無由瞭解其需要，把握其特性，在領導上乃不能產生一整套而切實之方法，亦未能注意選拔培養能在農工群中發揮領導作用之幹部，因此農工及知識較淺之黨員，在政治認識與工作表現上，毫無長進，其與黨的關係，形式上雖已納入組織，實質上甚為疏遠。[84]

表三（頁一三八）為一九五一到一九六一年間新招募的國民黨員統計。表中可以清楚看出，本省人與勞工階級進入國民黨的比例只有在改造運動時期較高，改造運動一旦結束，國民黨要爭取本省人與勞工認同仍舊困難重重。

表三呈現的是不同時期國民黨新進黨員中本省籍和勞工階級的占比，表四（頁一三九）則是顯示了全體黨員中本省籍和勞工階級的比例，參照兩表可以發現，國民黨並沒有成功轉

表三　國民黨新進黨員之本省籍與勞工黨員比例（1951-1961）

時期	新增黨員數	本省籍黨員比例	勞工黨員比例
1951/1-1951/12	27,666	60.0%	23.8%
1952/1-1952/8	14,945	63.8%	50.3%
1953/1-1953/12	56,686	32.8%	9.1%
1954/1-1954/5	34,051	53.1%	6.5%
1955/1-1955/6	33,557	47.5%	8.8%
1957/10-1959/5	62,735	33.5%	9.7%
1959/5-1960/9	43,967	38.3%	n/a
1960/9-1961/8	27,098	38.2%	n/a

資料來源：此表根據中國國民黨中央委員會黨史委員會，《中國國民黨黨務發展史料：組訓工作》（台北：近代中國出版社，1998），pp. 4-6、181、182、285、402、435、452資料整理計算。

化為能夠代表各個生產性階級的政黨；甚至就黨員組成看來，國民黨一直到七〇年代都還是一個以公務員與外省人為主的政黨。[85]龔宜君根據人口統計資料推估一九六三年有百分之一點九的本省人加入國民黨，但同年卻有百分之三十點一的外省人是國民黨員；[86]從絕對數量來看，「一直等到了一九七四年，本省人才占國民黨員的大多數」。[87]

難以克服的族群界線成了國民黨發展產業黨部最大的阻礙。一九五二年七月，國民黨工礦黨部有二〇、六五四位黨員，[88]但一九五三年十二月改組為台灣區產業黨部後，黨員數反而下降為一二、七九五；[89]同年，只有百分之十九點五的台糖員工與白分之十四點二的中油員工成為國民黨員。[90]一直到六〇年代，國民黨在國營事業招募黨員的工作才獲得較大的進展。一九六〇年，台糖員工中約有三分之一是國民黨員，[91]一九六五年，黨員比例已經提高到百分之四十二點三，遠遠超過當時國民黨百分之三十五的目標。[92]中油方面的數據也呈現了類似的成長：一九五八年，中油員工中國民黨員的比例為百分之三十二點二，但一九六一年就已經提高到百分之三十九點四。[93]

表四　國民黨之本省籍與勞工黨員比例（1952-1969）

年度	所有黨員數	本省籍黨員比例	勞工黨員比例
1952	282,959	26.1%	9.4%
1956	458,575	30.5%	n/a
1957	509,864	29.9%	8.7%
1959	564,784	29.4%	n/a
1963	667,000	30.7%	n/a
1966	766,914	34.0%	n/a
1969	919,327	39.0%	n/a

資料來源：此表根據中國國民黨中央委員會第一組，《從改造到重建：黨的組織概況》（台北：中國國民黨，1957）；中國國民黨中央委員會黨史委員會，《中國國民黨黨務發展史料：黨務工作報告》（台北：近代中國出版社，1997），頁143、175、239、277-278、337-338資料整理計算。

可以想見的是，高層幹部族群失衡的狀況肯定比基層黨員更加明顯。國民黨在產業部門的黨組織是由不同層級的委員會所組成，分別有各自對應的管轄範圍；級別越高，越能看出外省人數量上的優勢。

表五為國民黨最高層級委員會的族群比例。從表中可以看出，除了在改造運動期間特別重視本省籍黨員的招募，整個五〇到六〇年代，在最高層級產業黨部委員會，台灣人的比例都未曾超過百分之二十；與外省籍國民黨勞工相較，本省籍勞工即使入黨，仍舊很難沿著黨組織的層級攀升至權力核心。不過即便如此，本省籍勞工的處境還是比主管好，國營事業一級主管族群落差的幅度更加極端（見頁一〇六表二），以一九六五年為例，本省人比例最高的產業黨部委員會占比可到百分之十三點六，但台糖公司一級主管中的本省人卻只占百分之三點一，可見黨國體制的確造成了一些影響，局部性地修正了既有的族群支配。

不過總體來說，大部分加入國民黨的本省籍勞工對政治活動的態度是冷感且被動的，這也使得國營事業內的政治工作者感到挫折。一位煉油廠的黨幹部就曾抱怨國語補習班的出席率不如預期，大部分學員在拿到免費的課本之後，就再也不來上課了。[94]黨員招募基本上就是由上而下推動的政治活動，即使特意安排保障名額，基層勞工還是對黨務工作興趣缺缺，一份早期的內部文件就指出這樣的情況：「黨務操之在主管人員之手，勞工分子或為點綴」。[95]追根究柢，黨務工作上的階級偏差其實來自於族群的偏差，根據一項一九五五年的調查資料，台灣區

表五　國民黨最高層級產業黨部的本省籍委員比例（1951-1979）

時期	委員人數	本省籍委員的比例
1951-1953	11	27.3%
1953-1954	82	12.2%
1954-1956	22	9.1%
1956-1958	22	18.2%
1958-1960	22	13.6%
1961-1964	22	13.6%
1964-1967	22	13.6%
1967-1970	22	9.1%
1970-1973	22	4.5%
1973-1976	31	35.5%
1976-1979	31	38.7%

資料來源：歷任的委員會名單與其族群背景，見「中國國民黨中央常務委員會議記錄」（檔案編號：6.4-2/10.2, 7.4/851, 7.4/852, 7.3.1/648, 8.3/487, 8.3/503, 9.3/528, 9.3/547, 10.3/1067, 10.3/1022, 10.4/1103），中國國民黨黨史館。數字為筆者整理計算。

說明：（一）國民黨的國營事業之黨組織經歷了改組與改名，最早是工礦黨部（1951-1953），後來是台灣區產業黨部（1953-1973）。（二）在1953-1954年，台灣區產業黨部是屬於籌備委員會時期，其委員的名單是取自所有七個支黨部，並且合併計算。（三）本省籍委員在1973年後突然爆增的原因在於，台灣區產業黨部（全部都是國營事業勞工）與台灣省產業黨部（大部分是民營企業勞工）合併（中國國民黨中央委員會黨史委員會，《中國國民黨黨務發展史料：黨務工作報告》，台北：近代中國出版社，1997，p. 403）。（四）表中各時期是以產業黨部委員會的任期劃分，每屆任期為二至三年，任期間並無重疊。由於缺乏更詳細的月份資料，上面表格並不能準確標誌出每屆委員會的確切任期。

產業黨部選拔合格的幹部共計二七〇人，其中只有四十四人是本省籍，[96]這個數據顯示，儘管曾試圖改善，國民黨仍舊難以突破既有的族群障礙。

此外，一位國民黨幹部曾經有過這樣的描述：「在改造初期多數單位重量不重質，拉夫入黨（按：所謂「拉夫」是指國民黨軍隊在中國大陸時期的陋習，許多士兵是被強迫從軍，他們與家人失聯，甚至後來流離失所）的同志太多了，這些同志目前仍是基層的一個包袱，因為黨性不強，連你去找也會藉故不到請假」。[97]另一個觀察則更為直白：「工人同志教育水準較低，當日參加組織的有的是整批入黨，根本不知主義之為何物，其動機純為保障其工作而已，入黨後又未接受嚴格的訓練，平時又得不到正確的領導與糾正，日久不免厭煩而敷衍了事」。[98]

國民黨企圖打造群眾基礎，但成效不彰。台灣勞工在經歷族群歧視與二二八事件之後，對國民黨的期望徹底幻滅，是以並不積極回應國民黨的招募運動。大部分的本省籍勞工對加入國民黨不感興趣，也沒有意願；願意入黨的勞工則多是將國民黨籍當成保飯碗的手段。國民黨激昂的反共言論或許會喚起被迫流亡的外省人之共鳴，但卻很難在台灣勞工中找到熱切的聽眾。

用「服務」來爭取勞工的忠誠

有些國民黨幹部發現無法用意識型態的吸引力號召勞工階級，政治宣傳不足以取得勞工的忠誠，於是提出這樣的想法：「最成功的領導方式是要使群眾不感受是領導，而是親切的為他們服務」。[99]但所謂的「服務」可能有許多形式，假設要組織的對象是婦女，國民黨家父長式的心態就會認為「感情」是最重要的關鍵，「先和她交友以融洽感情，最好能有黨員兩三人與她多來往，如她自身有特殊的事或困難發生，也須加以安慰，協助解決」。[100]

有一位看似精明能幹的國民黨幹部分享自己的經驗，舉了三個如何「以服務來爭取勞工信仰」的例子。第一個例子是有幾位糖廠的領班勞工無法獲得想要的升遷，「自感前途茫茫，終日無精打彩，工作效率大減」，這位幹部便藉機鼓吹：「大陸工業雖然不甚發達，但是大小工廠的總和，就比台灣省多十餘倍，一旦反攻勝利以後，技術人員異常欠缺，那時你們不都有的是機會去做工程師嗎？」接著他便慫恿這些領班要學好國語，反攻勝利之後就可以「在大陸做工程師，指揮工人」。第二個例子是這位幹部故意向某位勞工透露他闖了大禍，可能被解雇的消息，不過還好有某位國民黨員幫忙爭取，才沒被開除。最後一個例子則是關於糖廠分配家具的福利，這項只有中高級職員才能享有的福利，使得基層勞工憤憤不平，這位黨工便在某次國父紀念月會中發言，抗議廠方不公，結果他的建議「博得全體會員掌聲雷動的贊同，因為我這個建議正是勞工們所要講的話。C廠長當場指責我有煽動工人之嫌」。[101]在這三個例子中，第一則是明顯的謊言與欺騙，用美好的未來想像掩蓋當下的不滿。另外兩個則透露出一項重要的訊息，那就是個人恩惠與公司福利可以換得勞工的向心力。儘管這位國民黨幹部的故事可信度有待商榷，但也透露出基層勞工普遍存在的不滿其實正好成為黨國體制可利用的資源。也就是說，如果國民黨幹部願意為了勞工權益挑戰管理階層的權威，或者至少假裝如此，他們就有可能獲得勞工階級的認同。

由於國民黨員在工廠內部仍屬少數，而且他們的黨性與忠誠度也大有問題，國民黨還是得依賴外圍組織協助進行政治宣傳。除了上述提到的政治活動，國營事業也將許多福利業務與設施移轉給工會、或是勞資共同參與的職工福利委員會經營。石油工會第一分會曾列舉其所興辦的福利，「舉辦英、日語補習班、國文、數學、國畫、婦女技藝班。舉行郊遊、健行、體育活動、賓果遊戲、舉辦會員互助儲蓄會、慰問傷患、救濟貧困，代辦房屋火災保險業務，自一九六二年起代辦國、勞宅火險，辦理壽險、其他服務包括婚喪、納稅、駕照換發、員工子弟聯考交通服務、每年暑假工讀服務」。[102]工會的福利業務包山包海，看似滿足了勞工與其眷屬各種生活需求，中油就曾宣稱他們提供的各式福利是「全國聞名的」。[103]煉油廠的宿舍區內有診所、托兒所、小學、中學，甚至還有專門給員工使用的火葬場，這種「從搖籃到墳墓」的福利，非常類似中國共產主義下的「單位」（danwei）體制[104]。然而，台灣與中國的國營事業有一項非常明顯的差異：在台灣，辦理員工福利的單位是工會，而非廠方的管理階層。[105]

此外，為了減輕勞工的會費負擔，工會營運成本也被特意壓低。理論上，工會應該是獨立的法人團體，但實際上卻被當成公司的附屬單位。全職的工會幹部與職員幾乎都來自公司員工，領公司的薪水；工會辦公室是公司的資產，連同其水電文具等各項雜支也都是公司買單。甚至到了八〇年代末期，工會已經轉由異議勞工掌控，仍有一些基層會員搞不清楚狀況，會將寄到工會的信件收件人寫成「工會課」。[106]一位曾於一九七〇到一九七二年擔任石油工會理事長的人士就指出台灣的特殊「國情」：「往往理事長的年終考績要拜託資方才能賞個甲等；會員開會，向資方要禮品形成陋規，我們的工會先天上就沒有莊敬自強，要會員們繳會費，那更是不情不願」[107]。一九五九年，石油工會創設之初就是先向公司借撥了五十萬元，利用借款的銀行孳息來維持其基本開支。[108]一九七四年之前，中油高雄煉油廠的工會會員不需要繳交每個月三元的會費，因為工會與管理階層同意直接動用一筆屬於員工的獎金（即所謂的「快卸獎金」），透過會計作帳來充當工會的會費收入，一直到一九七四年才開始從薪水中自動扣繳會費；[109]儘管如此，工會的會費仍是低的離譜。一九九一年以前，大部分國營事業工會的會費計算方式是採單一費率，不考慮員工的薪資差異，每個月固定收取二十、三十，或三十五元不等的會費。[110]但是這樣微薄的收入根本無法維持工會正常運作，以一九八四年為例，假設不計公司直接或間接提供的補助（例如會務人員與辦公室場地無償租借、公司負擔的水電費等），會費僅占石油工會歲入經費的四分之三。[111]

管理階層也會支持國營事業工會經營一些營利事業，創造更多的收益，以提供會員更多的服務。例如中油高雄煉油廠的福利會就經營了一家資本額兩百五十萬的氧氣製造工廠，這家公司後來甚至還擴展業務範圍，兼營油漆生產、製冰部、洗車場等事業，極盛時期曾雇用高達一百二十八名員工。[112]只不過像這種「不務正業」的國營事業福利會，就曾引發「高雄生產氧氣與油漆業者攻訐」。[113]台糖公司與糖聯會也有類似的安排，像糖聯會轄下的糖福企業公司就是專門承接台糖公司的業務，推廣銷售副產品，為「退休員工及失業員眷屬增加工作機會」；[114]台糖福利總會有經營一家印刷廠，個別糖廠的福利會有的會設置縫紉部或草繩工場，營利之外，也協助安置「遣退人員或員工眷屬」。[115]

除了工會與福利會，婦女會也跟工會會員福利有關。根據國民黨的資料，生產事業黨部從六〇年代開始推廣基層的婦女互助會，一九六一年只有四個單位成立了婦女會，到一九六九年就出現了一百二十五個。[116]從成立時間來看，婦女會的成立時間比工會晚，這就意味了其提供福利的功能遠大於政治動員；其次，傳統「男主外、女主內」的意識型態，多少也影響到國民黨對於工廠女性政治忠誠度的要求，婦女會因此成為提供家庭相關福利的單位。一九六五到一九六六年間，台糖婦女會開設一〇七個班次的家政研習暨副業生產技術訓練，主辦十三場員工在學子女暑假活動；[117]高雄煉油廠的婦女互助會除了開設托兒所，[118]也經營塑膠花加工廠與針織廠。[119]

作為黨國體制的「人性門面」（human face），工會被精心打造成一個將各種福利與好處極大化的單位，但同時又必須設法避免激化勞工，使其產生階級意識。勞工只需要被動的接受工會提供的好處，因為統治者就是想藉由零碎的福利，讓勞工們更願意接納統治政權的意識型態；勞工也只需要負擔象徵性質的會費，不必實際參與工會運作，因為這個組織設計的目的就是為他們服務（for them），而不是讓他們來參與，甚至主導（by them）。

利用工會職位攏絡忠貞分子

國營事業內部有個半公開的祕密：國民黨員在升遷與年度考績上比較占優勢，而這正是鼓勵勞工入黨最好用的誘因。這個情況正好符合魏昂德在其中國工業研究中觀察到的病態現象，他提出所謂「有原則的特殊主義」（principled particularism），就是指任何好處都會優先分配給共產黨員。[120] 事實上，的確有不少勞工表示，他們的主管曾在自己提出升等或升遷申請時，要求他們加入國民黨。這個要求不難理解，政府將國營事業定位為「國防產業」，理所當然會讓忠黨愛國的勞工獲得較優惠的待遇。但對大部分積極進取的基層操作員而言，領班這個職位原本是現實可期的職涯目標，如今卻加上了必須擁有國民黨籍這個前提。曾在解嚴後帶領公車司機與失業勞工到處抗爭的曾茂興，七〇年代在一間國營的營建公司上班，他當時就是因為一直不想加入國民黨，得罪了黨部主管，最後沒有升上領班。[121] 台灣的國營事業很像哈拉斯蒂（Miklós Haraszti）描述在共產黨專政下的匈牙利工廠：政治忠誠是職涯晉升的必要條件。[122]

黨部是附屬於事業單位的組織，需要利用公司的資源才得以經營黨務，很難只憑黨組織本身來獎賞其追隨者，[123]因此資源豐沛的工會就扮演了非常重要的角色。前面提到工會與婦女會提供的種種福利，基本上就是用來攏絡基層會員；另一方面，工會的職位也是一種資源，可以用來獎勵勞工在政治上的順從行為，藉此攏絡忠貞分子。為了這個目標，政府設定了一套複雜而間接的組織代表架構，創造出大量的工會幹部，藉此確保職位的分配。以石油工會第一分會（按：在一九七六年改制之前是「台灣省石油工會第一支部」，為行文方便，統稱為「第一分會」。）為例，這個工會代表高雄煉油廠，包括總廠、林園廠、大林廠的全體員工，在一九八二年約有六、〇〇〇名會員。這些會員要選出三十位左右石油工會的會員代表（通稱「大代表」）、近一百位第一分會的會員代表（通稱「小代表」）、四百多位小組長，以及二十一位福利會員，另外再從會員代表中選出更高層級的理監事、常務理監事、理事長等職位。

工會幹部雖是黨部用來攏絡忠貞勞工的工具，但還是有不少應盡的義務，光是參加不同層級幹部的例行會議，就已經讓他們忙碌異常；同時，工會幹部還必須參加由工會辦理的各式勞工教育與組織訓練。光是在一九五六到一九五八年，糖聯會就辦理了七十七個班次的勞工補習班，總計有三、六四〇名結業學員；[124]為了辦理眾多課程，糖聯會甚至興建了新的勞工教育示範中心。[125]這些訓練課程多半只是政治思想灌輸，不過工會幹部可以利用會務假的名義參與，而這也算是某種請公假的特權，讓他們得以暫時逃離辛苦的工廠生產線。這個階段的工會並沒有集體協商功能，所以例行會議也不會有太多需要討論的重要議題，會議議程基本上非常鬆散，與會者還可以獲得小禮物或紀念品。[126]常見的安排是：早上是小組長的訓練活動，其他的時間則全部都用來進行所謂的「自強活動」，也就是公司出錢招待的遊覽行程。[127]用一個很可能是見怪不怪的例子來說明，有一次南部某間糖廠總共七十三位工會幹部以開會名義前往中部旅遊，「會議」是在兩小時的車程上進行，而且這批幹部還分坐兩台遊覽車。[128]

曾在中油煉油廠任職的楊青矗指出，會出來競選工會理監事的，不少是「把工會當成升遷的跳板。進入工會當理監事常能與廠長經理之輩開會，有機會接近討好，為個人的升遷鋪路」[129]，而這幾乎已經成為國營事業職涯發展的固定模式，因為工會領袖卸任後回歸公司建制，通常可以獲得比之前更高的職位。以中油為例，曾經擔任過石油工會理事長的人選中，有人後來成為中油公司的總經理，也有的成為人事處長、煉油廠廠長、研究中心主任等高層主管。一位曾於六〇年代中期擔任國營事業工會理事長的受訪者就不諱言指出，「大多都是擔任兩年理事長，沒出什麼紕漏的話，黨部就會把你視為幹部，公司也會當你是個人才，那日後不做工會業務後，公司也會思考怎樣讓你能夠多服務一點，會給你比較高的職位……所以大部分的人在工會理事長的位置上時，都是兢兢業業的，盡量不要出紕漏」。[130]

問題是，這些「兢兢業業的，盡量不要出紕漏」的工會幹部就是被收編的一群人，他們通常比較不會理會基層的要求，甚至有可能與管理階層聯手，試圖消解勞工的不滿。

擔任工會幹部除了有利職涯升遷，還可以藉機賺取外快。工會與福利會的工作有不少與外部廠商往來的機會，主事者若心懷不軌，的確是有機會從中賺取不正當的個人收益。例如長久以來，福利會固定會在勞動節之類的特殊節日發放紀念品給會員，但其品質之粗糙也向來為基層勞工抱怨，於是就有採購過程有人與廠商勾結、從中牟利的傳言。[131] 另外，前面提到中油與台糖工會都有各自經營事業，從法律觀點來看，這樣的安排也容易令人起疑。中油高雄煉油廠福利會兼營的製氧工廠是以福宏公司的名義立案，為了規避公務員不得兼差的規定，公司董事會就以某些員工的眷屬登記，但公司董事依法必須申報所得稅，福利會便直接提撥現金給這些員工眷屬，作為補償。這樣的安排引起許多爭議，甚至有人指控煉油廠廠長圖利高階主管，這使當時擔任中油董事長的李達海不得不出面釐清福宏與中油的關係。[132] 除了財務狀況，福宏公司據說也雇用了某些與工會領導幹部有關人士，這似乎顯示即使只是工會職位，也能帶來一些施展特權的機會。

財務不清也是工會常見的現象，而之所以會被公諸於世，通常都是因為新接班的理事長與常務理監事會，不願意接手上一任兜不攏的帳冊。在解嚴前，石油工會幹部發現某一年度的收支決算表短差四十九萬，結果隔年就有兩位前工會理事被檢察官以侵占罪名起訴；[133] 數年後，當另一批新的幹部接管工會，同樣發現某件工會與建商的合建案「內情複雜」，前任工會主任秘書有「圖利建商之嫌」，最後決定將整個案子送交調查局處理。[134]

國營事業裡，這些核心的國民黨員形成一群備受寵愛的少數分子。根據列寧主義的邏輯，這群人由於意識型態的投入，理應扮演先鋒隊的角色；然而在許多例子裡，統治者過度以物質報酬獎勵政治順從，導致了適得其反的後果——黨派的意義不再是強調無私的奉獻，反而是一種取得特權的終南捷徑。魏昂德指出，中國的工業裡沒有人喜歡「政治積極分子」（political activists），因為他們通常會為了政治忠誠，犧牲同事情誼。[135]就某個意義而言，中國工業裡的政治積極分子有點類似美國工業裡的「破壞行情者」（rate-busters，這裡指的是在論件計酬工作中，積極達成業者期待產量的勞工）；他們可以享有較高的個人收入，但是過了一段時間，業者反而會因此調降所有計件工作的單價，所以他們往往都會「面對同儕的嚴格批評，甚至是嚴重的懲罰」。[136]這也是在台灣忠貞愛國的國民黨員被厭惡的理由，因為大家都認為，這些特權分子之所以能享受到這麼多好處，很大一部分是犧牲或出賣了同事的權益。

前石油工會理事長潘柱材（一九六五～一九六八年）的自傳中即透露了許多高級工會幹部養尊處優生活的精彩細節。[137]不過，或許是由於其內容過於坦率，其他煉油廠退休高層的自傳作品，甚至是自行出版的，在台灣各地的圖書館都有收藏，而這本自費出版的個人傳記卻只能在煉油廠的技術圖書室找到。潘柱材形容自己是來自「窮鄉僻壤的廣西農村」之技術人員，對於政治與工會並不感興趣，所以上級要他擔任石油工會理事長，一開始相當排斥，一部分原因是他不想從南部北上工作，不過比較重要的問題是錢。他認為，「石油工會每月只有五百元津貼太少了，無法應付必要的應酬費用」，最後是他所屬單位的廠長「答應如果有正當應酬費用可以拿回廠裡報銷」，才勉強答應接任。

潘柱材自認個性不適合社交，比不上前任理事長「在上海的十里洋場長大，交際及英語都很好」，再前一任的理事長雖然在高雄服務，但是也與公司高層「時常打牌、喝酒、吃飯、交遊廣寬」。就職當天，潘柱材就見識到工會理事長的「社交生活」。當天中油董事長與其他高層主管設宴款待工會幹部，發現潘柱材不會喝酒，也不會打麻將，董事長就特別交待下屬要好好安排「訓練」，因為「理事長不會喝酒不會打牌不可以」。潘柱材後來才知道，中油南部主管只要來台北出差，一定會有豪華的飯局，也一定會邀請石油工會理事長參加。自稱來自廣西窮鄉的潘柱材提到，中油公司高層幾乎都是「上海幫及江浙人」，家世背景顯赫，生活闊氣，宴客多是上等酒席。潘柱材說，「我吃了兩年半，每星期必有飯局三、四次，因此肥胖起來了」。特別值得注意的是，潘柱材的描述顯示在當時國民黨工已經形成了一小群自肥的特權分子，而他們之所以享有特權，憑的就是對黨國體制的效忠及服務。有一位工會主秘原本在高雄煉油廠服務，因為「常批駁向政府唱反調的人」，被黨部調升到台北，到台北後又仗恃自己與當時的行政院副院長的關係，每日上午宣稱在行政院辦公，下午才坐計程車回工會上班。幾位理監事一直到開會時才發現，這位主秘居然拿每天上班的計程車費來工會核銷，而且「數目甚大」。幾個理監事決定要刪除這筆支出，結果潘柱材出面當和事佬，他「請幾個監事到招待所吃飯，說明主秘報計程車費確不合理，但他不在國內，沒有機會說明，我請他們不要缺席裁判，結果理事長說情，此次特別通融，下不為例」。潘柱材也指出，石油工會的帳目之所以紛亂不清，原因在於「理事長、主任秘書可能也太忙了，向她（按：即廠方派來的會計人員）拿錢吃飯，或其他開支，有時單據也不足，時間一久，沒有整理報銷，帳就亂了」。還有一次，國民黨中央黨部專門管理工會組織的第五組總幹事找上了潘柱材，因為「公務員薪水很少」，潘柱材便安排他在石油工會各分會舉辦「勞工教育及提高生產力講習班」，讓他多賺一些講師費。這位黨工後來非常感謝潘柱材，經常自稱是「石油之友」。

潘柱材精彩而露骨的描述揭露了當時工會幹部與國民黨工之間普遍存在的貪腐現象。理論上，這些黨國體制幹部最主要任務是激發基層勞工對黨的意識型態之熱忱，物質性的誘因只有必要時才會使用；但實際上，物質獎勵變成最方便的手段，反而讓這些掌控獎勵的幹部成為國營事業內的特權分子。

勞工對於黨國體制動員之回應

史考特認為，被支配者一旦處於極端的支配情境，就必然會出現明顯的「前台」（front stage）與「後台」（back stage）之分化現象。[138]「前台」是大家都看得見的公開場合，也是由支配者所定義的場域，他們設定了一套「宮廷儀」，要求被支配者配合演出，週而復始地表演恭敬從命的姿態，這即是所謂的「公開腳本」。但只要處於支配者看不見的角落，也就是所謂的「後台」，被支配者就會採取「隱蔽腳本」的策略，例如各種「上有政策、下有對策」的因應之道，或是試圖避免更多損失，或是為自己贏得更自由的空間。越是極端不平等的狀況，公開腳本與隱蔽腳本的落差就越大，這也意味著弱勢者更需要偽裝，因為即使再微小的失誤，都有可能招來致命的後果。國民黨要求的政治忠誠即是一種公開腳本，是菁英所定義的情境。國民黨定義的情境包括（一）其反共國策是至高無上的神聖使命，（二）國營事業被定位為所謂的「國防產業」，（三）政治動員是必要的，且會帶來提升生產之成效。

在這樣的情境下，不允許任何偏離官方規範的行為，即使只是稍微偏離了公開腳本，都有可能被視為公然的挑戰。一九五七年，經濟部轉發一項「統一朱毛共匪及有關名稱要點」至各國營事業，其中規定中國共產黨一律稱為「朱毛匪黨」，簡稱「匪黨」，也規定了該如何稱呼共產黨的領導者、軍隊、幹部與其他組織，[139]沒有遵照官方所規範的稱謂方式，無異就是政治上的不忠誠。越是在高度壓制的情境中，看似瑣碎而微細的「偏差行為」就越容易被沾染上「公然抗命」的意涵。國民黨當然知道偏離公開腳本之危險，因此，也有一道政府命令，禁止因為宗教理由而拒絕「向國旗暨國父遺像行禮」，一旦有這樣舉動，「應由主管長官，切實開導，嚴加糾正，如有違抗，除依違警罰法規定處分外，並移送公務員懲戒委員會警戒」。[140]

異議勞工沒有表達不滿的空間，有組織的且公開的抵抗行為注定失敗，並須付出慘痛的代價；勞工若要有所回應，只能躲到國民黨監控不到的後台。黃天生（假名）是一位在台糖大林糖廠服務四十七年（一九四五～一九九二年）的退休員工，他的故事是一個很特別的例子。打從一開始進糖廠工作，黃天生就厭惡國民黨員所享有的特殊待遇，他們的年度考績總是甲等，升遷也比較快。主管每每要求黃天生入黨，黃天生都拒絕了，因為他受不了國民黨籍同事到處打探消息，向上級打小報告之行徑。黃天生最後決定加入中國青年黨，此黨是國民黨在戒嚴時期為了製造多元假象，特許的兩個「花瓶政黨」之一。黃天生後來就用青年黨籍為理由，表明自己不能加入國民黨。黃天生運用一個巧妙的伎倆，免於加入一個自己鄙視的政治組織，但是他也付出了代價。每逢選舉期間，公司總是會派他出差，故意不讓他有機會投票；而且他一直到退休都沒有升上課長，以他在台糖的年資，這本應是可期的職涯目標。

黃天生策略性加入青年黨是一種很特別的政治不順從，他同時傳達又掩飾了自己對國民黨的不忠誠，所採取的方式是宣示對另一個幾乎沒有影響力的政黨之忠誠。黃天生表現了一種點到為止的反抗，而這需要「機靈與聰穎」（guile and cleverness）的個人特質，[141] 事實上，大部分的勞工並不會像黃天生一樣，對入黨與否如此堅持，他們通常會順從國民黨的政治動員，畢竟維持前台的和諧，才有可能爭取到足夠的空間，藉以開展豐富的日常抵抗之劇碼。這種日常抵抗是匿名的、自發的、沒有領導者的，也是高度在地化，並且因地制宜的。也由於基層勞工總是順從但冷漠以對，國民黨的政治灌輸工作經常無法達到預期的成效。一九五九年一項關於國父紀念月會的檢討報告即坦率地指出其缺點：

二、出席率太低：曾見到本公司對各單位動員月會出席率的統計，最多為百分之七十，最低為百分之三十，平均多在百分之五十以下，製糖時期出席率更低，大家對參加動員月會，均缺乏興趣，藉故請假，雖然在開會前公告，開會時廣播，以及用點名、簽到等措施，其效用亦不太顯著。

三、語言的隔閡：依照規定一切集會的語言，以國語為原則。事實上一般本省籍員工對於接受國語的能力仍然很差，同時有些方言較重的員工他們的報告更無法使聽眾瞭解，因此參加月會者更索然無味，如用翻譯將國語譯成閩南語，或將閩南語譯成國語，既與規定相違，又延長了開會時間，再則養成一種不尚進步的依賴心理。

四、節目太刻板：動員月會的節目有時事報告，業務報告，糾察報告，討論中心工作，檢討工作與相互批評，臨時動議等，月月如此，經常不變，因此言者諄諄，聽者藐藐，在動員月會時，也是常見的現象。[142]

上述的觀察顯示，勞工們會採取不同的策略，例如藉故請假、打瞌睡、看報紙等等，來掩飾他們的不認同，這裡用「行禮如儀」一詞來指稱這種特定的日常抗抵形式。根據墨頓

（Robert Merton）的說法，行禮如儀即是人們仍願意遵守約束他們行為的規範，但是已經不再相信其背後所引導的文化價值；換言之，他們只是守秩序，但實際上並不認同這個秩序的正當性。[143]很多人會將行禮如儀誤認為順從，因為從表面看來，兩者都服從了統治權威制訂的規則。然而，行禮如儀之所以是一種抵抗，主要在於當事者採取的是工具主義的心態，他們裝出順從者的模樣，目的是為了維持自己的生存，這即是防衛性的抵抗。統治者理所當然不會接受這種抵抗方式，因此行禮如儀的抵抗必須暗地進行；就其特徵而言，行禮如儀的行為具有一些曖昧性，不一定有某個非得達成的目的（因此不是獲取性，也不能算是轉化性），也不一定需要與其他勞工合作。

國營事業在國民黨列寧主義的統治下，將工作重點放在要求勞工加入國民黨，積極參與政治活動，同時希望勞工熱切地擁抱反共復國的意識型態。前述關於國父紀念月會的情況很清楚顯示，許多勞工根本對官方極力宣導的意識形態無動於衷，但卻仍然配合官方的公開腳本演出；國民黨幹部也心知肚明，將勞工們這種不入戲的表演看得一清兩楚。作為一種日常抵抗，行禮如儀的抵抗並非企圖改善勞工的處境，反而比較類似魏昂德在中國工廠裡看到的防護性策略，都是勞工們試圖逃離政治糾纏，明哲保身之權宜作法。

許多國營事業勞工都曾經歷過殖民時期的戰爭動員，不管是自己的親身經歷，或是從家中長輩口中聽來的故事；因此，對他們而言，適應國民黨的黨國體制並不是一件太困難的事。如果上級要他們參加某些政治動員活動，勞工們儘管不願意，卻也不會公然拒絕，只是不會表現出上級所期待的熱忱；換個角度而言，這些活動常常有免費的餐點、禮品，或是餘興節目，對勞工而言也還算是不錯的誘因。參加國父紀念月會也是如此，對於抱持著行禮如儀態度的勞工來說，去開國父紀念月會的意義就是可以不用上工，雖然得在大禮堂裡聽訓，但大禮堂畢竟比工廠舒服，有時還有冷氣可吹，勞工們樂得少流點汗。國營事業還會時不時要求勞工捐獻所得，但這也沒有接不接受的問題，因為「公司在放薪水之前就先扣了」。勞工們甚至認為，常參加這些政治活動可以維持和諧的人際關係，也不會被同事打小報告，避免了不必要的麻煩。

虎尾糖廠的葉先生（假名）即是一個典型的「行禮如儀」勞工。在他工作的糖廠內同樣有外省籍的國民黨幹部言行不一、有好處都分給自己人的現象，舉例而言，在分配公司宿舍時，政治關係良好的勞工總是可以捷足先登，獲得較理想的單位。葉先生看得很清楚，但他認為這是不可避免的人性，「將心比心，如果是我們在掌權，我們也是這樣做」。因此，葉先生對各種政治儀式選擇採取工具主義的態度。他很早就加入了國民黨，不過目的只是為了不要「被挑毛病」，或是怕被認為「思想有問題」；每逢國定節日，他一定會記得在門口掛國旗，因為只要這樣就算「愛國」，警察也不會一直來找麻煩。葉先生一開始被分配到的單位是養豬場，退休前則是負責農務推廣的工作；他是糖廠勞工的第二代，到頭來，其行禮如儀的態度讓他與在殖民時期糖廠工作的父親走上一樣的職涯道路，一直是待在最底層的勞工。

蒜頭糖廠的李先生（假名）長期擔任國民黨的小組長，按規定，他必須定期召開小組會議，並將會議結論呈報給黨部。李先生說他從來沒有開過會，但如果不繳交會議結論，就領不到黨部發的經費，所以他得自己杜撰會議結論，像「建議事項」與「檢討事項」兩欄就永遠都是空白的，至於某些一定要填的欄位，例如「社會調查」，他就會「寫一些無關緊要的紀錄」。要升主任前，人事主管把李先生叫去，問他是否有國民黨籍，李先生雖然有拿出黨證，但主管卻仍指責他自退伍後就沒有去民眾服務站報到，沒有完成更新黨籍的程序。人事主管最後拿了一堆書給他，要他讀完並繳交讀書心得。這是讓李先生感到最痛苦的政治動員，不過後來他很高興地發現即使不寫，自己的黨籍身分也不會受到任何影響。

行禮如儀的勞工會儘量遵守上級的指示要求，但在正式的工作範圍上卻不會花太多力氣，因為他們認為自己已經花了不少時間參與這些政治動員的活動，算是對公司有交待了，公司沒有理由再要求他們努力工作。一位勞工就曾經說過：「你在台糖公司上班八個鐘頭，智商高一點兩個鐘頭就做完了，智商低一點差不多四個鐘頭，你四個鐘頭都做不完去死好了」。[144]

這種說法雖然充滿嘲諷，但的確顯示出勞工的精打細算，在心裡打著某種付出與回報的算盤。勞工們自認為花在政治活動的時間就已經算是「勞動」，因此有權利享有一份輕鬆不花力氣的工作；擁有不事生產，甚至遊手好閒的權利，是他們奉獻政治忠誠應有的回報。但如此一來也形成一種馬虎敷衍、虛應故事的心態。一位煉油廠的勞工就曾寫下自己得過且過之心聲：

……這十五年寶貴的時光，我一頭就栽進煉油廠裡默默的工作著，對這裡已有深厚的感情，自認為沒有什麼重大貢獻，可也沒出過甚麼紕漏。日子就這樣一天天的過去，我就愈離不開這個地方……我們看不到什麼激勵措施，摸黑的還在摸黑，工作的仍在工作，說要大家認真點工作，卻沒有差別待遇，這樣「青菜講講」，我們只好「青菜聽聽」。煉油廠的各種運動也不是沒有參加過……說得精彩，做來其實不是那麼回事，大多是熱鬧一過，又是依然故我。……社會看多了，還不是這麼一回事，我們小員工想的不多，只要工作順利，加班獎金不比別人差，福利好一點，公司敦親多做一點，就心滿意足了。……幸好，下班後的日子也是很舒暢的，偶邀三兩好友「喝一杯」、「打個麻將娛樂一番」、「參加社團活動」，日子不是挺好過的嗎？[145]

行禮如儀的勞工看穿了黨國體制搭建的意識型態帷幕，認清了在那些偉大宣言背後，真正享受到好處的只有一小群國民黨的忠貞分子，大部分勞工其實皆被排除在外，也根本沒有辦法改變自己的處境。勞工們的這種覺悟導致了職涯願景幻滅與犬儒心態，也造成他們缺乏工作效率。正如台灣公務員常被抱怨的，這些國營事業員工所奉行的處世哲學就是「不做不錯，越做越錯」。克羅齊埃（Michel Crozier）曾指出，行禮如儀是「一種非常好用的工具……特別是為了維護某群體的行動領域」。[146]行禮如儀並非投降，而是勞工們有意識地、為了維持個人自主性的努力，以避免被黨國體制過度搾取其政治忠誠。

不過有時也會遇到很糟糕的情況，有些勞工會竊取工廠的原料，私自賣給黑市；也有勞工會在上班時間喝酒賭博，台糖高層就曾在公司內部月會上要求禁止賭博之情事。[147]勞工們或許可以在這些違規行為中獲得實際上的好處（例如金錢），或是心理上的滿足，相對於他們在黨國體制下承受的損失，這些彌補微不足道，但整體造成的後果卻使國營事業變得更沒有效率。追根究柢，行禮如儀圖的不外乎是能夠在高度敵意的環境下苟延殘喘，維持自己的存活。

少數被收編的本省籍勞工

雖然大部分的本省籍勞工對於國民黨黨國體制的動員選擇冷漠以對，但還是有少數人選擇積極投入，而這些人十分幸運地受到國民黨栽培，經歷了未曾預期的職涯升遷。

陳錫淇的故事是典型的代表。陳錫淇來自南部的本省人家庭，因為父親經商失敗，家庭經濟陷入困境，所以沒錢唸大學，最後畢業於台南高工。陳錫淇畢業後曾短暫地進入私人公司工作，一九五九年考入台糖。初進台糖的陳錫淇被分配到小港糖廠的結晶室，負責「煮糖工」的工作，這是整個製糖過程中最具挑戰性的程序，也是最辛苦的工作。陳錫淇在高職唸書時就會製作班級壁報、辦校刊，作文比賽與演講比賽也都是拿第一名，人事主管看到這幾項資料，就要他去工會幫忙做文宣，他也自此開始與工會產生關聯。陳錫淇在工會的表現非常優秀，國民黨部看上這位多才多藝的年輕人，力邀其入黨。在國民黨栽培下，陳錫淇從最基層的煮糖工，一路攀升到工會與政治界的領導位置。一九七二年，他擔任糖聯會理事長，一九七六年被選為台灣省總工會理事長，一九七九年當上了全國總工會理事長。一直到二〇〇〇年以前，全國總工會是政府唯一認可的全國性工會組織，曾有一段時間，所有依法組織的工會都要納入其組織架構，因此，當時陳錫淇也就相當於全台灣的工會領導人。此外，他也曾是連續兩屆的立法委員（一九八〇～一九八六年），但在一九八六年的選舉期間，陳錫淇積極參與勞動基準法的立法，此舉讓原本聲勢看好的他意外落馬。擠掉他在工人團體立法委員席次的，是一位名不見經傳的民進黨籍候選人，而當時民進黨成立僅僅三個月。後來的幾次選舉，陳錫淇有打算東山再起，不過都沒有如願。

陳錫淇認為自己能有一番成就，除了本身的認命打拚，主要得感謝許多「貴人」的幫忙，例如他就特別提到省黨部第二組與中央黨部社工會第五組的長官，願意支持他幫勞工爭取權益。不過，除了個人努力與知遇之恩，能從工廠操作員躍升到全國工頭的位置，還是需要其他條件的配合。陳錫淇出生於一九四〇年，比起上一章裡命運多舛的台灣勞工，在年紀上小了幾乎一個世代。他沒有直接經歷過日本的殖民統治，對於二二八事件及之後的鎮壓與監控感受也不夠深刻，而這或許可以解釋，為何相較於其他資深同事，陳錫淇其實並不會過於排斥國民黨的意識型態動員。[148] 陳錫淇提到，他在台糖的主管與工會的職員大部分都是外省人；他帶領糖聯會時，五位擔任組長的會務人員也都是外省籍。陳錫淇很顯然是少數被黨國體制選上並特意拔擢的本省籍勞工，這種情況很類似布洛威研究尚比亞獨立後銅礦勞工的例子。布洛威指出，獨立後的新政府試圖打破黑人與白人「膚色的界線」（color line），將少數黑人勞工提升至領班的職位。然而，這項政策並沒有真正解決長久以來的族群不平等，只是使得階級與族群的關係變得更加模糊。[149] 換言之，所謂的「尚比亞化」（Zambianization）政策成果有限，充其量只是讓少數黑人可以與白人平起平坐，但是大部分黑人仍舊是基層的勞工。

＊　＊　＊

裴宜理在研究共產黨如何動員一九四九年之前的上海勞工階級時指出，「中國勞工並不是一張空白的白板（tabula rasa），彷彿黨幹部可以任意書寫上符合他們意圖的政治訊息」。[150] 這個觀察也適用於台灣，五〇年代的國民黨幹部就面臨了類似的情境。族群分化具有制度韌性，就結果看來，這個制度反倒成為國民黨最大最久的阻礙，限縮了國民黨計畫中規模宏偉的列寧主義式改造。最後，國民黨沒有成為真正代表生產者的政黨，而勞工也沒有成為具有熱忱的反共戰士。

國民黨採取列寧主義的動員策略，試圖改造既有的階級內分歧，雖然成果有限，卻還是為戰後的階級形構留下了不可抹滅的影響。國營事業內的黨國體制其實是在原有的族群政治之上，再加諸一層黨派的政治，結果就是使得勞工內部的分化變得更加複雜與模糊不清，例如讓某些本省籍勞工因為其政治忠誠而獲得黨國體制的賞識，也躋身了勞工階級裡極少數備受寵愛的階層。

歷史制度論會使用「堆疊」（layering）這個詞，來理解這種形態的制度變遷。所謂制度的堆疊，通常指的是在既有的結構上放置一套新的安排方式，因此導致了「原先制度組合的某些元素被局部重新協商（partial renegotiation），而其他元素則是原封不動保存下來」。[151]本質上而言，這會造成一種長久性的中介狀況，因為新的制度沒有完整地「複製」（reproduction）先前的狀況，也沒有造成全部的「替換」（replacement）。在台灣國營事業勞工的例子中，就是產生了一種所謂「邊界的無效化」（boundary deactivation）[152]的後果，也就是我群與他群的兩極化區分變得越來越不明顯。簡單來說，國營事業內部的族群不平等仍舊持續存在，大部分的管理階層也還是被外省人占據，但再怎麼憎恨族群歧視的人也不得不承認，有些幸運的本省籍勞工已經獲得鯉躍龍門的機會。

與族群支配相較，黨國體制造成的制度堆疊較不容易發現，因為黨務工作本就具有機密性質，也因此過往關於台灣勞工階級的研究往往會忽略黨派政治所造成之深遠影響。舉例而言，李允卿的研究清楚呈現了八〇年之後台灣與南韓勞工運動不同的發展軌跡。她認為，台灣的勞工運動與反對黨建立了緊密的聯盟，因此能以較不激烈的方式，取得勞動政策修改的成果；相對地，南韓的勞工運動長期被排除在政治體制之外，廠場罷工是常見的抗爭方式，勞工們也以此迫使個別企業雇主讓步。[153]然而，李允卿似乎也認為，在自主勞工運動興起之後，族群歧視將台灣勞工推向了支持反對黨的立場。[154]的確，後續的勞工運動幾乎都是反國民黨的，但其原因不只是因為族群壓迫，黨派歧視也是造成基層勞工不滿的關鍵；換言之，國營事業的本省籍勞工固然怨恨外省人的優勢地位，但是他們也不滿那些受到黨國體制庇蔭、職涯因而扶搖直上的少數本省籍勞工。與此相關的研究中，楊大衛（David Yang）挑戰傳統的觀點，反對將台灣的中產階級視為民主化的主要推手，因為明顯將票投給反對黨的其實是勞工階級。[155]然而，除了族群因素，楊大衛無法解釋勞工為何要支持一個中產階級主導的反對運動。民進黨的確是靠勞工支持起家，但後來因為「選舉政治的冷酷計算」，反而採取了「非階級取向的策略」（nonclass strategy），並非完全地支持勞工階級。因此，楊大衛推論勞工的意識若非「混沌不明的」（inchoate），不然就是「情感用事的」（affective）。[156]事實上，這兩個研究都忽略了黨派政治在其中的影響，也就是說，基層勞工討厭的不只是享有特權的外省人，還有那些被收編的本省籍黨員。

如同前面所述，陳錫淇在仕途上的成就是絕大部分本省籍勞工無法想像的；他們不是不願意，而是沒有辦法用自己的政治忠誠換取物質利益。也由於這一小群被收編的本省籍勞工，族群分歧的現象在這個階段變得不甚明顯。這個時期勞工最典型的態度就是做好順從聽話的表面工夫，盡可能不要替自己惹上政治麻煩。他們加入國民黨、參與工會發起的捐獻運動、響應政治動員活動，但是卻沒有打從心底接納這個政權鼓吹的意識型態。行禮如儀成為勞工主要的回應形式，因為在情治人員與線民們的密切監視下，其他的抵抗選項完全不切實際。國營事業勞工從積極的抵抗，退縮為只求生存的防衛性抵抗。

第三章　職位的政治：適得其反的內部勞動市場改革

台灣國營事業績效不彰，不僅飽受國內反對派人士與美國經濟顧問的批評，就連本身具有管理經驗的政府官員也不甚滿意。只不過談到如何改革，前兩個陣營都主張國營事業民營化，政府官員卻仍對國家主導的路線深具信心，積極推動所謂的「國營事業企業化」。六〇年代開始普遍推行的內部勞動市場（internal labor market）改革，就是提振國有部門最重要的措施。只是這個看似立意良善的改革，結果卻適得其反，而其中最關鍵的因素就在於沒有正視國營事業中的族群歧視與黨國體制支配的根本問題。

五〇年代，《自由中國》雜誌聚集了一批政治異議人士，他們鼓吹經濟自由主義，認為政府不應在經濟上扮演過於龐大的角色。《自由中國》刊登了許多揭露國營事業內部問題的文章，其批評主要可歸納成四個方向，首先是董監事之政治任命，「……他們之所以被引用，有的是憑藉與某要人的親戚關係，有的是憑藉某個政治小圈的關係，或在所謂反共工作，廣播講演賣過力，也就恩寵有加。」[1]；其次為管理階層貪腐，「……揩油是法外行為，主管機關的首長，可以從法外要附屬機構拿錢請客，送禮乃至修建私人公館，則其附屬機構的主管或太太，要本機構的總務處拿錢買窗簾、蘋果、乃至肝精補血針，這又有何不可，至於報銷，自有報銷的技術」[2]；第三為經營虧損，「公營事業沒有任它長期虧本的理由……如果是虧本的，馬上要更易其人員或改變其辦法，甚則把它賣給私人去經營或完全關閉，斷不能勉強維持，聽任其長期虧本」[3]；最後則是福利浮濫，「……巧立名目，提高員工待遇，至少也較一般公教人員高出百分之五六十以上，而薪津之外的待遇，如工廠的宿舍完善的子弟學校和附屬醫院，以及年終獎金或生產獎金等，合計起來為數也是可觀……最奇怪的，倒不是這些機關擅自訂定員工支薪的標準，而是主管機關不僅熟視無睹，反進而承認既成之事實」[4]。

《自由中國》主要的領導成員為外省籍知識分子，他們極力批判國民黨黨國不分，但卻對族群支配現象沉默不語。一九六〇年，雷震等《自由中國》主事者與本省籍政治人物合作，打算籌組新的政黨。這個舉動觸犯國民黨政權底線，同年九月，政府下令逮捕新政黨領導成員，《自由中國》停刊；此番舉動也使得原本對國營事業有所批評者，全面噤聲。

另一項推動經濟自由主義的力量來自於當時大力扶持國民黨政府的美國。一九五一到一九六五年間，台灣每年接受美國高達一億美元的軍事與經濟援助，龐大的美援讓國民黨政府得以抵禦海峽對岸共產黨的威脅，並且在台灣站穩腳步；但另一方面，美國經濟顧問信奉自由市場理念，不認同國民黨政府國家主導的經濟路線，[5]即使台灣產業國有化已是既定事實，早在美國開始援助台灣之前就已經存在；但在此階段，美國經濟顧問還是間接地影響了國民黨政府的經濟決策。首先，在美國的技術援助下，國民黨政府於一九五三年推行「耕者有其田」的土地改革方案，將農地所有權從地主移轉到佃農身上，而為了補償地主損失，將台泥、台紙、農林、工礦四家國營事業民營化；這是戰後台灣第一次大規模的民營化措施。其次，美國官員堅持美援物資必須優先分配給民營部門，因此五〇年代新興的產業如紡織業、塑膠業，都是由民間企業承辦經營。最後，由於預期美國即將停止金援，國民黨政府不得不在一九六一年採納美國貿易自由化的建議，也進一步導致台灣走向出口導向的工業化之路。

一九六〇年代後期，台灣出口部門業務快速成長，台灣甚至成為「國際加工基地」，反觀國營事業的生產大都只針對國內市場，經濟重要性逐漸降低。這個時期台灣勞工階級的人數大量增加，然而基於種種原因，這一批新生成的勞工階級不太可能為了自身權益，主動採取任何抵抗行為。首先是來台設立裝配工廠的跨國企業，大量雇用來自鄉間的年輕女性勞工。對這批年輕的女性勞工而言，都會區的工廠根本是另一個陌生的世界，就算工作環境有低薪、超時等種種不合理現象，她們也很少會想採取集體的抵抗行動。她們通常只會「用腳投票」，不滿意就離職，而這導致了員工流動率相當地高。[6]其次，出口導向的工業化也形成了龐大的外包協力網絡，網絡中的小型廠商大都透過家族、宗親，或地方性的人際關係招募員工，勞工即使遭遇不滿委屈，老實說也不太可能積極地據理力爭。[7]一直要等到一九九〇年代，出口部門產業的勞工才開始會為自己的權益集結抗爭，而這些抗爭通常是因為雇主決定收掉生產線，將設備移轉到成本更低廉的國家，卻沒有支付給他們法律規定的資遣費與退休金。

美國經濟顧問並未實際接觸國營事業內部的管理與運作，對於族群與黨派帶來的政治分化與爭議，他們其實不甚了解。然而，國民黨政府仍然在他們的鼓吹下，決定從一九六〇年代開始在國營事業全面推行「職位分類」[8]的制度，以提升其經營效率；美援中甚至有一筆新台幣兩百三十八萬元的款項，是專門提供給經濟部，用以推動這項人事改革。[9]所謂的「職位分類」，是一套美國聯邦政府在一九二〇年代開始施行的制度：政府機關為了合理化公部門聘雇的人力，並提高生產效率，於是在「科學管理」的名義下，以「同工同酬」與「分級化階層」的原則設計職位分類。國民黨技術官僚之所以推動這項人事改革，除了因為這套制度是源自一個台灣「應該」仿傚的先進資本主義國家，也因為他們既沒有能力，也沒有意願正視族群歧視與黨國體制動員下產生的不良後果，而一套純粹技術性的解決之道，便成為改革國營事業弊端的唯一選項。

但事實上，國營事業改革若只採用純粹技術性的解方，而不思考組織背後的政治環境，必然會在施行時遭遇阻礙，甚至帶來適得其反的效果；既有的病灶，也就是基於族群和黨派的支配與歧視，不但不會消失，反而會回過頭破壞新的人事制度。以實際面臨此項改革的台糖及中油為例，基層勞工面臨的是更少的晉升機會，與更龐大的主管權限，他們開始採用一種「拉關係」策略，以賄賂或奉承的方式，汲汲營營只為討主管歡心，爭取每一個同事都想獲得的好處。沒想到如此一來卻產生意料之外的結果，也就是在原本的族群與黨派之上，又出現了一層新的分歧性政治，使得國營事業生產效率更加低落。

從資格到表現

在這一波以「科學管理」為基礎的人事改革前，台灣國營事業在職員與工員雙軌編制下採用的是一套稱為「品位制」的管理制度。「品位制」的基本原則是以員工所具有的資格（通常是學歷）安排職位，基本上沿用公務員的人事架構，新進人員進入國營事業後會被分配到符合其資格的職位，之後就遵循一套固定的年資規定，只要通過年度考績評估就自動晉級，薪水也隨之調升。除非是較高職等的人事任命，同事之間不太有競爭的機會，也因此國營事業的管理階層普遍認為，品位制的確有其優點，因為能夠「保持團體中人際關係之和諧與合作」。[10]但事實上，這套制度其實也支撐，甚至鞏固了族群與黨派支配，而政府官員並不在意這一點。曾擔任經濟部長的徐立德在六〇年代任職於經濟部人事處，根據他的回憶錄，國營事業人事制度之改革是當時執政者非常重視的議題，部長甚至親自下條子交辦；而其中最被關切的議題就是「國營事業的效率不如民營企業的標準，易產生人事膨脹」。[11]為了改善這個問題，官員決定改以實際表現，而非資格，來作為國營事業員工加薪的依據；如果能夠做到同工同酬的「公平」，應該就可以激勵員工更加努力。台灣的國營事業就是在這樣的脈絡下，引進了美國的人事管理制度，一九五六年僅有部分國營事業單位試行，一九六三到一九六五年正式全面適用。

「職位分類」制度有以下兩項特色。首先，新制度宣稱要帶來客觀而公平的職位分派與薪資標準，為了達到這個目標，必須仔細研究每一位員工日常例行的業務，並且比較這些「工作分析」之資料，主事者掌握了每個人的實際貢獻，才能判斷並決定相應的職位與薪資。當時每一間國營事業都設立了職位歸級委員會負責這項任務，理論上，若有員工認為自己的貢獻被低估，可以個別提出申覆，而歸級委員會必須無條件受理並再次進行評估。其次，為了要使職位的晉升更具有彈性與競爭性，新的人事制度不僅維持既有的職員與工員雙軌制，並特意擴大其薪資差距。在過去，薪資依年資自動晉升，經年累月的年資可以彌補了學歷（資格）的劣勢，所以一個資深工員（例如老領班）的收入很有可能高於課長層級的新進職員。但在改革之後，國營事業內白領與藍領員工的收入差距被特意拉大，根據楊青矗的親身觀察，「年資相同的，職員薪水約多工人三分之一」。[12]

在新的人事制度中，「職員」改稱「分類職位」，「工員」則改為「評價職位」，但一般提及時仍會使用「職員」、「工員」的名稱，因為層級的區分依舊存在，甚至更形惡化。新制在分類職位與評價職位下又設計了更細緻的分級，分類職位下有十五等，而評價職位有十二等，每一等再細分為不同數目的級。國營事業員工只要通過年度考績，就可以晉升一級；但如果遇到升等的關卡，則有名額限制，符合資格的員工必須在有限的機會裡競爭，最後由主管裁示決定。

新制度根據科學管理原則，試圖衡量每一項工作的客觀價值與需求，設置一組員工晉升的職位階梯。員工薪資的標準從先前的「資格」移轉至實際的「作為」（表現），換言之，這項改革等於是在台灣國營事業裡打造了一個「內部勞動市場」，這意味著公司內部也開始有競爭：當一個職缺出現，公司會透過選拔程序，從既有的員工找到最符合需求的人才，如同招募新進員工時，公司是從外部的勞動市場挑選最具競爭力的應徵者。

國營事業的這套人事改革其實是當代企業組織常用的一系列準市場措施，藉以解決「勞動的配置與獎勵」（allocation and reward of labor）問題。[13]既有的研究對這種現象主要有兩種解釋，有一種看法認為，這是透過鼓勵最具有競爭性與最勤奮投入的員工，以達到效率的提升[14]；另一種看法則將其視之為勞動控制的手段，資方企圖以此分化勞工的團結，消解由下而上的階級集體行動。[15]上述的兩種解釋並非無法共存，問題是，內部勞動市場是一種由上而下加諸的規則，進而產生了制度的作用，並造成勞工關係的重新分配。更重要的是，在台灣的脈絡下，這項改革不但沒有提升國營事業的生產力，反而滋生了一種新的「職位政治」（politics of position），阻礙原本追求效率的目的。

虛幻的客觀性

這種號稱科學管理原則的人事改革立基於一個重要的前提：生產組織內所有的工作都可以被客觀地描述、評估、比較，不論其職務的頭銜，或是職位所有者的個人資格。經濟部官員準備了一份評估表格，所有國營事業員工一體適用；如何觀察、訪談、記錄每位勞工日常例行的工作內容，也有一套標準作業程序；初步分析完成後，被評估的勞工必須親自簽名，這份評估才算有效。當一個生產單位內所有工作都被分析完畢，就可以據此將員工劃分成不同的等級，如果有人對新安排的職位不滿意，也可提出申覆。就其原則而言，這項歸級程序展現了公平信念，相信同工同酬可以帶來生產力提升；也因此，國營事業主管認為這是一種「民主方式」。[16]

然而，一旦遇上黨派政治的現實，即使程序上力求公平，實際施行上仍會遭逢種種問題。既有的檔案資料顯示，糖廠黨部特別請求人事部門主管向黨員說明該如何進行職位歸級調查，也統一規定，要求處理黨務的幹部以「員工關係」名稱填寫調查表；[17]黨籍勞工甚至可以藉由國民黨小組會議，獲得更多關於職位分類的細節。[18]換言之，國民黨籍的身分不只讓某些勞工事先獲得第一手的消息，也在後來的歸級過程中獲得較優渥的待遇。[19]此外，由於國民黨的黨幹部通常集中於人事部門，分析、歸級全廠員工的任務通常正好落到他們身上。以中油高雄煉油廠的例子而言，權力甚大的職位歸級委員會雖然以廠長為主任委員，但實際上都是由管理副廠長主持會議，[20]而擔任管理副廠長的，往往就是煉油廠的區黨部書記。國營事業內部甚至特別為國民黨籍的勞工設計了一種稱為「工業關係」的工作類別，根據一九六七年的台糖人事資料，在二十二間糖廠中，總共兩百九十二位負責「工業關係」業務的員工都是擔任分類職位，而不是評價職位。[21]黨派的政治明顯破壞了改革所宣示的客觀性目標。

除了黨派的政治，族群的政治也會影響員工的表現是如何被評估，以及被分派到何種職位。第一章曾指出，國營事業接收了許多外省籍退役官兵（即所謂的「轉業人員」），以減少政府軍事費用支出。在一九六四年，台糖員工中就有百分之七點五屬於轉業人員，由於他們的工作能力往往無法配合實際需求，故「暫緩處理其歸級工作」。[22]換言之，這一群特定的外省籍員工可以免除評價其實際貢獻之考驗。此外，某些外省籍的勞工的確有機會獲得較高的職位歸級。橋頭糖廠一位本省籍的第二代勞工，至今仍對自己的父親黃宗宏（假名）所遭受到的不公平對待感到憤憤不平。黃宗宏出生於一九〇五年，一九二八年進入當時還是由日本人管理的糖廠，一開始的工作是處理農務，推廣蔗作，後來轉至總務處擔任出納股長，一直工作到一九六五年，以分類八等、出納股長的職位退休。黃宗宏為了迎合主管要求加入國民黨，但因為不想沾染上派系色彩，並不積極參與黨務，也因此，黃宗宏沒有享受到核心黨員的好處，曾經有好幾年考績都是丙等。他的兒子是這麼描述當時推行的職位分類制度，「根本是亂搞，我父親本來就是職員，後來仍是得到職員（按：即分類職位）的評價，但是等級被打得很低。一堆人都升了官，尤其是那些沒有什麼事要做的人都升官了。職位評價時，外省人，國民黨的、會巴結的人都獲得好的職位」。另一位受訪者陳怡君（假名）於一九五八年進入煉油廠，在行政室負責採購業務，服務四十五年，最後以評價十等退休。陳怡君講話有明顯的外省口音，一開始會讓人以為她是外省人，經她說明才知她其實是澎湖出生的本省人，因為小學老師的關係，講話才帶有外省腔。她自己也提到，因為常被當成外省人，所以在職位分類時，獲得評價四等的職位，而不是原先預期的三等。陳怡君自己估算，這個「美麗的錯誤」讓她至少省下十年的奮鬥。

這波國營事業人事改革並沒有超越既有族群與黨派之雙重政治，反而受其限制，不僅歸級程序過於任意而武斷，也無法真正客觀評價個別勞工的實際表現，這種致命性的損害破壞了改革所意圖打造的理性化工作階梯（job ladder），進而使得改革無法達到預期成效。有位中油員工就提出這樣的觀察：「職位的分類時有因特定對象而設職位，有人嘲諷為『人的分類』並不為過，職位因對象而異同，偶非『職位分類』也；尤有甚者，有『法度』的人忽而評價職位，忽而分類職位，反覆交流職位而升等……」。[23]

推行職位分類時，楊青矗正任職於高雄煉油廠，親身經歷這段混亂無章的人事改革過程。在短篇小說《工等五等》中，他有相當寫實的描寫，「工作評價是交情評價、背景評價，課長要給你幾等，工作表就填幾等評分的工作項目」。[24]楊青矗的觀察也與當時另一位鄉土文學作家王拓的相呼應，「原先年資高、技術好的工人，因為與主管的關係沒有搞好，所得的等級反而往往比一些年資淺、技術差而專會搞關係的工人低。得到高等級的人收入好，便歡天喜地；低等級的人收入少，便憂愁怨恨」。[25]

一九六三年，一群高雄煉油廠的員工投書廠方，抗議歸級結果的不公平。他們指出，有些負責評估的主管「主觀太重，度量狹窄，如果他對某人印象好些，則盡量爭取其等級，較差則不管工作如何，置之無聞無問」。因此，他們要求公布所有員工的歸級結果，以昭公信。結果廠方不但拒絕這個提議，還冷冷地訓誡了這群不滿的員工，「職位分類要以工作為標準，不能拿人來比人的」。[26]

虛假的晉升競爭

改革所帶來的第二個問題在於，基層勞工將更難以預測自己的職涯軌跡。內部勞動市場的基本邏輯是，職涯升遷不應是自動晉級，而是一種篩選的過程；所以必須存在一個被特意拉長，且有等級細分的工作階梯，因為向上的每一小步都可以成為激勵表現的誘因。

但實際上，新的制度對基層勞工的職涯極為不利，因為評價職位與分類職位的薪資落差變大，新的等級規則也對原本的工員不甚公平。例如在新制下，一位五十幾歲的領班如果能升到評價職位的第十二等，就算是很幸運了，但若對應到分類職位，這只是分類職位的第六等，也就是一般大專畢業生剛進入公司時的層級。因此常見的不滿就是體力勞動者的貢獻被嚴重低估，也常可聽到「工員賣命工作三十年，比不上職員當四年」之類的抱怨。很明顯地，工員的職涯天花板被設定的太低，而這一點連當時的主管都無法否認，「有許多人認為我規規矩矩工作了十多年，還不如進廠二三年的新毛頭，這是事實問題當然有些不服氣，值得同情」，然而，他們仍堅持職位分類是既定的政策，國營事業只能奉行辦理。[27]

而且許多工員發現，職位分類的等級制限制太多，反而造成更激烈的競爭。在八〇年代末期之前，十等以上的評價職位有額度限制，同時還要考試，考試及格才能升等。根據虎尾、北港、斗六三間糖廠一九六八年的人事資料顯示，已經有百分之五十八的工員位於十一或十二等的評價職位，[28]換言之，國營事業新的人事制度才普遍適用三年，已經有一半以上的工員感受到令人難以喘息的天花板效應，職涯上的升遷機會變得非常有限。或許是為了安撫基層工員的不滿，一九七〇年，政府決定在評價職位下增設第十三與十四等，以增加基層勞工的晉升管道：[29]儘管如此，第十一到十四等的高階評價職位仍有人數上的限制。

人事改革後，資深工員的問題是集體陷入職涯的死巷，而年輕的工員則是面臨比之前更為狹窄的晉升管道，想要升到十一等以上的職位，得先通過一場競爭激烈的內部考試，且判斷升遷的規則是完全不透明及主觀的。有一位煉油廠勞工，後來成為石油工會的核心幹部，在二〇一六年當選民進黨不分區立委，當時就曾經歷這樣的痛苦過程。他想晉升到評價職位第十一等，花了好幾年時間才有機會參加晉升考試，考了兩次，但是兩次都失敗了，其中一次甚至已經拿到近乎滿分的成績。一直要到八〇年代末期，自主工會運動興起，人事規定鬆綁，他才順利升上了第十一等。

新的內部勞動市場制度需要有相當明顯的薪資差異，以藉此激勵員工。低階員工的薪俸本就不高，不可能再向下調整，如此就只能提高高階員工的待遇。根據當時留下來的紀錄，有些職員覺得自己像是獲得了一筆意外之財，例如一位退休的中油職員就提到，「職位分類同工同酬，這是照顧新進員工的措施，我在『只聽樓梯響，不見人下樓』的盼望心情下，終於有一天忽然得到補發工資七千多元，在當時不算少，對我來說像是天上掉下的大獎」；[30]另一位職員則是回憶，「……時適逢總公司試行職位分類，各處分組辦事，我的職位是七等工作分析師，待遇竟一躍成為三、二〇〇元，使像我同樣資淺的人都欣喜若狂」。[31]

由此可見，國營事業內部對新制度的感受，其實有相當大的差異。階層低的發現自己晉升之路將更形艱辛，但在上位者的待遇反而獲得改善，這即是所謂的「馬太效應」（Matthew effect）：「凡有的，還要加給他，叫他有餘；凡沒有的，連他所有的也要奪去」。實際上，這種競爭根本是有選擇性的，只有低階的勞工才被迫承擔晉升機會日益緊縮的後果。

新浮現的職位政治

國營事業內部勞動市場的改革造成勞工們極度的不安。根據中油高雄煉油廠的資料，約有百分之十的員工不願接受歸級結果，提出申覆的要求，[32]而台糖則是有百分之九點九的員工提出申覆。[33]然而，這樣的比例還是無法完全呈現出國營事業內的真實情況。儘管員工可以提出申覆的要求，但程序上卻需要主管的同意，才能正式提出申請。[34]因此，幾乎可以肯定的是，許多對歸級結果不滿的勞工，後來也沒有獲得補救的機會。

既有的官方紀錄裡，也可以發現受害勞工會運用各種管道申訴新人事制度的不公。有些勞工寫告密信給政府單位，「以不堪的言詞批評謾罵過職位分類」；[35]國民黨籍的勞工則是在例行的社會調查中，要求歸級能更透明，例如「公布職位分類分析表」、「早日核定申覆職位分類申請」。[36]有一位高雄煉油廠的勞工代表利用工廠會議的機會，提議「職位分類實施，未經第三者以客觀公正之立場加以評價，各組中顯然仍有勞逸不均，或未充分發揮其工作效率之缺點」。[37]還有一群中油員工則是集體拒絕在評估報告上簽名，不肯承認歸級的結果，後來是由公司高層親自前往安撫，保證一定有申覆機會，才化解了衝突。[38]甚至有證據顯示，連國民黨中央黨部也因為職位分類問題，而收到來自基層的不滿聲浪。[39]

面對勞工們紛至沓來的怨懟與不滿，管理階層的說詞是，「大家的職位歸級後，不論等級高低，既得的利益一律不予減低」。[40]但就連當時高雄煉油廠的人事處長也承認，「在大家收入難以維持生活的時候，每一個人都自然而然地極力爭取個人所得最大的增加。職業與所得有絕對的關連，相差一等，待遇全然不同，終於形成人人向上，個個爭高的趨勢。大家都在力爭上游，職位分類的基本精神，早已置諸腦後……」。[41]然而，不論是「不減薪」的承諾，或是歸諸「力爭上游」的人性說，這些說辭都試圖否認，這項改革其實是系統性施惠於上層的員工，並且導致下層員工職涯升遷遭受阻礙，而這也讓主事者設定的職位分類顯得更為可議。

伴隨著內部勞動市場的改造，一種新的職位政治逐漸浮現，其影響有以下三種面向。首先，薪資的差距被特意放大，好職位的報酬變得更優渥，上層的職位也顯得更誘人，以此激勵下層員工更加努力。根據官方的統計，從一九五二年七月到一九五五年六月，這項改革分別讓台糖與中油多增加了百分之二十五及百分之三十二的人事支出；[42]然而，這些好處並非公平分配。有位當時才進入高雄煉油廠一年的新進職員提到，「公家機關，工作有保障；尤其本廠一流的福利設施，絕非一般民營機關所能望及。從前，唯使人遺憾的是國營事業待遇較差。如今，待遇已經改善，這裡應是一個值得寄託的地方……本廠的男職員在南部呼聲很高，光棍們都待價而沽」。[43]很明顯，這位幸運兒並沒有看到基層工員所遭受到的不公平待遇。

其次，理想的職位越來越遙不可及，但這項壓力只有基層工員才會感受得到。高職等的晉升不再依照年資，這也是為何許多勞工會在同一職等原地踏步好幾年，甚至已經取得某一等的最高級，卻遲遲無法再往上升等。國營事業勞工常用台語「toppu」，也就是日文「トップ」，來描述這種尷尬的處境，意思是說，他們已經到頂了。

最後，具有主管身分的職位無形中獲得了更多的權力，因為他們所打的年度考績將對勞工的職涯發展有極大的影響。自這項改革之後，勞工能夠晉升多少等級、領取多少年終獎金、是否能參與升等考試、資深工員是否能成為領班等，都由其上屬主管決定。具有主管身分不只表示享有比較優渥的薪資，也意味變得更有權勢。

內部勞動市場成為一種新浮現的遊戲規則，並對國營事業勞工再次造成新的分配。老實說，這一波國營事業的人事改革如果真的依照科學中立原則，客觀地評估每一位勞工的貢獻，的確會帶來全面性的改變，職位的階序可望取代勞工間族群與黨派的分歧。然而，真實的情況並非如此，首先，職位分類並非取代，而是堆疊在既有的族群與黨派分歧之上；其次，職位分類本身也形成員工的階層化。新、舊形態的政治混雜，形成更複雜的勞工階級分化。

職員與工員的落差

人事改革也帶來員工職稱的改變，「分類職位」與「評價職位」取代了原本的「職員」與「工員」。大多數員工在口語上仍維持先前的稱呼，不只是因為新的職稱難以望文生義，也因為新的職稱其實是更進一步深化了兩種職位之間關於薪資、福利與社會望聲的差異，甚至形成兩種被截然區隔的「地位團體」（status group）：藍領的工員負責的是骯髒而沒有價值的體力勞動，白領的職員才配得公司優渥的待遇。

工廠的日常管理中，職員與工員之間的關係是非常威權式的，有些主管從來不會好好地稱呼下屬，一開口就是命令的口氣，像是「喂，你去開那個barubu（閥門，即日語的バルブ〔valve〕）」、「喂，你去關那個mota（馬達，即日語的モーター〔motor〕）」；主管可以任意運用自己的權威，因此常會聽到工員抱怨自己連一點尊嚴都沒有，也有不少工員覺得自己受到侮辱。有些主管甚至連「在家與老婆吵架，也將氣發洩在我們身上」，也有一位勞工曾經表示「有些主管對部屬威風凜凜好像『三代做官沒有這代做相大，不好好發威有辱祖德！』」。[44] 國營事業勞工常以軍隊比喻工作現場的權威關係，主管就是軍官，勞工則是兵，兩者之間只有命令與服從的關係。

工員就是要安份，把工作做好，順從上級的指揮，不應該也不能提出自己的想法或問題。一位勞工曾如此無奈地表達心聲，「『吃人頭路，領人薪水，吃呼肥肥，假呼錘錘』！古時愚忠的奴工總認命於主人威權壓榨、剝削之下。盡義務卻不能享權利，凡事只求隱忍無爭。是故『做人的苦勞仔，有耳無嘴』」。[45] 對他們而言，許多公司的規定根本是一種儀式性的羞辱，目的只是為了讓在下層的勞工安份。以例行性的查勤為例，就曾有勞工抱怨，「難道官大學問大，就可以拿雞毛當令箭、人模人樣高高在上嗎？看著查勤小組的作法，真令人不敢苟同，有點像官兵捉強盜味道，我們這些基層現場人員難道是賊嗎？需要你們這些官人一個個查核盤問審訊」。46

職員與工員之間的不對等關係也延伸至非工作的領域。從日治時期開始，台灣國營事業勞工的活動空間就不只有廠區，還包括宿舍區，其空間規畫自然不可避免地也呈現了對兩個群體不平等的對待。高雄煉油廠宿舍區的安排就具體展現了這樣的歧視作風。廠區外，以南為職員宿舍，以西則為工員宿舍，工員宿舍較接近工廠單位，長期暴露在石化業的各種汙染之下；相對地，職員宿舍靠近廠區內的行政單位，汙染情況較不嚴重（參見圖四）。

兩種宿舍的建築也不太一樣，工員宿舍是整排連幢的狹小平房，職員宿舍則是附有庭園的獨幢平房；在宿舍區的管理方面，職員宿舍區門禁森嚴，兩道大門都有警衛看守，禁止外人，甚至工員的進出。許多煉油廠勞工的子弟都有一個共同的回憶，小時候他們常被職員宿舍管理員驅趕，工員的小孩不准來這個區域。職員宿舍區彷彿綠草如茵、樹林茂盛的公園，房舍只是點綴其中，不會有過度密集的居住壓力。後來，中油為了做好「睦鄰」公關形象，對外開放職員宿舍區，附近民眾可以到這裡做晨間運動，職員宿舍區逐漸成為附近一帶的社區活動中心。但同樣的情形卻沒有發生在工員宿舍區。就曾有勞工表示，他的父親同樣也是煉油廠工員，從小就聽到父親的懇切叮嚀，「要好好唸書，可以搬到職員宿舍去住，要不然就是去外頭賺錢，做生意，不要回來燃油廠」。47

圖四　中油高雄煉油廠的職員與工員宿舍區地圖

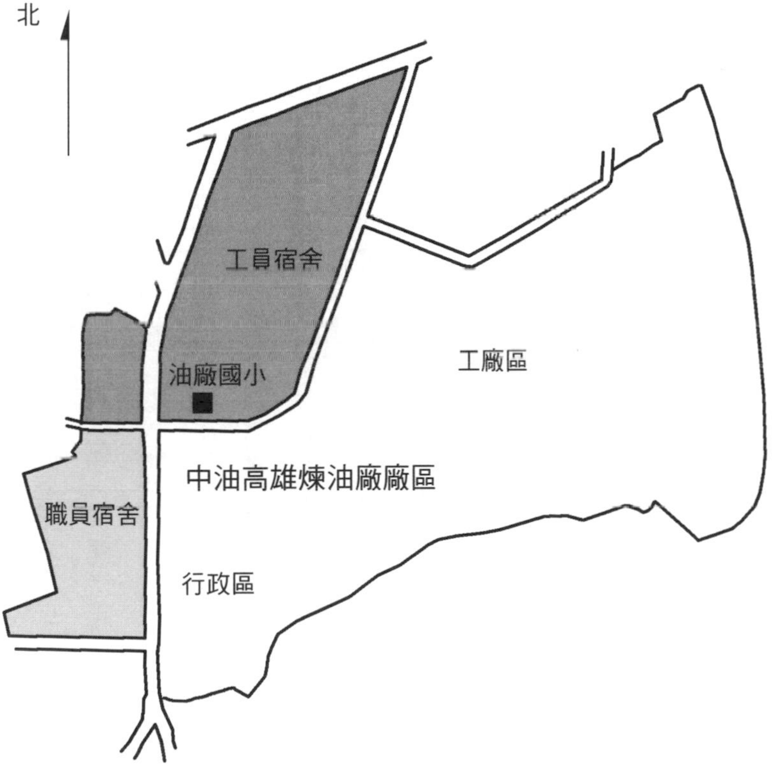

宿舍區的福利設施也反映了職員與工員的差別待遇，表六即列出主要不同之處。差異主要可以分為三種，第一種是這項設施兩個宿舍區都有，但是職員宿舍區的不論在品質或數量上都比工員宿舍區的更優良，例如游泳池、網球場、溜冰場、餐廳等。第二種是這項設施只有職員宿舍區才有，通常是專門提供給身分地位比較高的人士使用，顯現其消費風格的特殊性，例如貴賓招待所、室內體育館、高爾夫球場。第三種則是只限於工員宿舍區才有的，通常是一些容易造成居住品質降低的嫌惡設施，例如吵雜、髒亂的菜市場，或是台灣人普遍認為不吉利的殯儀館都位於工員宿舍區，而這些都是所謂「地方上不受歡迎的土地用途」（locally unwanted land uses）。此外，特別值得注意的是占地廣大的運動設施，為何棒球場位於工員宿舍區，高爾夫球場則是位於職員宿舍區？棒球是團隊運動，容易造成激烈的肢體碰撞與傷害，顯然比較「適合」體力勞動者的文化。[48]反之，高爾夫球是優雅的、個人主義取向的運動，一般會被認為是屬於管理階層的活動。透過福利設施的配置，煉油廠員工的需要也被劃分出了層級，不同職位的員工應該要從事不同的休閒活動，他們之間形成了一種「階序人」（homo hierachicus）的格局。這為勞工們的日常生活帶來深遠的影響，也決定了其日常所需。職員家庭經常需要舉辦餐宴，招待客人，但是工員家庭只要包個便當，填飽肚子即可。就算離開了工廠，脫下工作服，在下班時間，工員還是低人一等。

勞工們的家眷也因為這種階級化的宿舍區規畫，被迫在日常生活中接受種種不平等的對

表六　高雄煉油廠職員宿舍區與工員宿舍區的福利設施

	職員宿舍區	工員宿舍區
游泳池	室內池	室外池
網球場	六個網球場	四個網球場
溜冰場	一座（規模較大）	一座（規模較小）
餐廳	一間（主要提供宴客招待之用）	一間（主要提供自助餐或便當）
貴賓招待所	一所	無
室內體育館	一座	無
高爾夫球場	一座（九洞）	無
保齡球館	一間	無
棒球場	無	一座
菜市場	無	一區
殯儀館與火葬場	無	一間

資料來源：筆者1999年的觀察記錄。
說明：高雄煉油廠的宿舍區基本上是按照日本殖民時期留下的規模，因應各時期需要，不斷調整。一直到今日，高雄煉油廠的宿舍區還是經常改建與擴張。

待。在公司所設的學校裡，學生都是公司員工子女，每位家長的職位、背景，老師都一清二楚，也往往會以家長的地位決定對待學生的方式。工員普遍認為老師比較照顧職員的子女，而不關心自己的孩子。工員的子女若被處罰，其他學生就會笑他「誰叫你爸不是廠長」。有一位煉油廠職員的第二代，他的父親曾是高階主管、自己後來也成為煉油廠員工，然而他後來卻投身於工員所主導的自主工會運動。因此，回憶自己學生時代，他的看法十分複雜；他不認為自己在附屬學校唸書時曾受到什麼優待，但他也承認，當時班上同學的確普遍覺得，職員的小孩會受到特別的照顧。

高雄煉油廠設有幼稚園、小學（油廠國小）、初中與高中（原為國光中學，二〇〇五年改制為國立中山大學附屬國光高級中學），提供員工子女就讀。所以員工的子女們從小就知道，放學後「走前門的」（往職員宿舍區，參見頁一八五圖四）與「走後門的」（往工員宿舍區），是不同的兩種人；連公司提供的學生交通車也形成區隔化的空間使用方式，工員與職員的小孩不會坐在一起，自然而然地分坐兩邊。有一件發生在八〇年代初期的小插曲，曾短暫造成學校內部的緊張關係。當時，附屬小學舉行小市長選舉，或許因為人數優勢，由一位工員的小孩當選了；沒想到，職員宿舍區的媽媽們大力反彈，她們認為怎麼可以由「那邊沒有水準的小孩當選」。這件事讓學校相當難堪，只好趕緊安排疏通，才沒釀成一樁新聞事件。

煉油廠員工大部分為男性（根據二〇〇三年石油工會第一分會的會籍資料，女性會員只占百分之六），他們的配偶也很難擺脫這種階層分化的狀況。除了前面提過的婦女會，公司還會為員工們的眷屬安排一系列活動，促進交流。但常見的情況卻是職員的太太們聚在一起炫耀自己的先生有多能幹、小孩多會唸書，甚至會聊到彼此出國旅遊的見聞，而這往往會使工員的妻子覺得受到羞辱。因此，即使是眷屬間的聯誼，也出現了某種隔離的現象：只要職員的妻子出席狀況踴躍，工員的太太們就會顯得興趣缺缺。

煉油廠還有附設一間診療所，提供員工醫療服務。一九九五年全民健保上路之前，職員是屬於公務人員保險，而工員則是勞工保險，兩種社會保險的醫療給付大不相同，也間接造成醫療服務上的不平等。但對煉油廠工員而言，他們實際感受到的是：明明是同一間醫院，醫生卻會給工員比較便宜的藥，而把比較貴的藥保留給職員；職員可以一次領七天份的藥，但工員卻只能領三天。「工員的命比較不值錢，職員的命比較高貴」於是成了他們普遍的心聲。

職員與工員的地位區隔源自日本殖民時期，種種歧視性規畫也淵源於此，如宿舍區的設計、福利措施之安排等。但六〇年代人事改革卻進一步導致這種職位的差異更加明顯，甚至造成幾乎無法跨越的差距。

根據內部勞動市場的邏輯，從工員晉升為職員不但可能，也是用以激勵員工的重要誘因。但在現實上，這樣的機會十分稀少，也非常困難。一九四六至一九八〇年間，中油只舉辦過五次工員晉升職員的考試（正式名稱是「雇用人員晉升派用人員考試」）。[49]根據台糖人事處資料（一九六一～一九六三年）計算，一九六〇至一九六二年間，台糖有八十九位工員晉升為職員；但在此同時，台糖也另外新聘了三百八十二位職員。再者，參加這種晉升考試必須取得主管的「推薦書」，這項要求等於變相賦予上級某種權力，有機會可以阻礙企圖心旺盛的工員在職涯上的發展；[50]而不懂討好上級的勞工，似乎也很難有機會參加這種晉升考試。七〇年代初期，煉油廠工會曾有代表提案，要求廢除主管推薦，採取自由報考形式。這位提案者提及自身受害的經驗，認為推薦辦法「無法達到人事公開，公平競爭之原則，給主管帶來了困擾，亦給工人不滿的情緒，無形中影響了工作志趣」。[51]

普遍來說，勞工們並不相信晉升考試的公平性，大部分都認為考試不過是一套造假的規則，楊青矗就曾提到，「考試要升誰那是內定的，考試只是形式而已，他要給你，你再笨他能使你考第一名，辦法多的是。沒有他的緣，你考上了，他有權不用」。[52]甚至連煉油廠負責晉升考試的人事主管也承認，曾經出現過考試是為特定少數量身訂作的謠言。但這位主管堅稱有採取各種防弊手段，包括祕密出題、廠長勾選試題、試卷密封、試務人員入闈等，以確保考試的公平性。[53]只是，這些抱怨與傳言在在顯示，所謂的客觀決策勢必會納入許多主觀的成分。因此，一個包著理性外衣的人事改革，其實會進一步促成勞工們更加密集的「拉關係」行為。

「走後門」

內部勞動市場其實是一種將勞工階級劃分為「成功者」與「失敗者」的分配規則。與先前的族群政治、黨派政治相比較，表面上宣稱重視工作表現的這套新制度似乎帶來更寬廣的途徑，提供勞工某種鯉躍龍門的機會。儘管在傳統華人社會中，族群的概念是流動的，而且往往是協商互動後的結果，[54]但在戰後初期的台灣，外省人與本省人仍舊涇渭分明，族群界線非常明顯。黨派忠誠需要藉由一連串政治儀式的參與，方得以展現，對於異議者或是想要避免政治麻煩的勞工也不是一個可行選項。所以，對身處不利地位的勞工而言，職位的晉升成為通往成功的唯一道路。當內部勞動市場強化了主管的權力，職位的政治就引發了由下而上的對策，勞工開始積極建立並運用工具性的人際脈絡，設法用拉關係的方式取得更上層的職位。這種現象通常被稱為「走後門」，這個字眼也表示實際的工作表現雖然是職涯晉升的正當管道，但卻是比較少被採用，而且也不太管用的「正門」。

拉關係、爭取權益的方法有很多，「送紅包」是最能直接獲得上級青睞的方式。早期常聽到一個笑話，狡猾的上級主管「安慰」某位升等不成的勞工，「沒有關係啦，下次你提前／提錢來見我」。某一位羅姓的糖廠廠長，甚至有個「羅兩萬」的外號，因為他的「升等行情」就是兩萬元。有時候，現金可以用禮物取代，尤其糖廠勞工通常住在鄉下，總是有一些農產品可以送。某個程度上，禮物甚至比現金更好，因為它同時還帶有禮儀與互惠的象徵意義，這使送禮成為一種風氣，也帶來送禮者之間的競爭。另外有個笑話就是在描述這樣的現象：為何送鷄的勞工可以成功升等，送土豆的卻不行？因為土豆被鷄吃掉了。楊青矗的小說中就曾描述過這樣的場景：主管收到的禮物太多，屋裡根本擺不下，「過年過節後修理宿舍從那些人的家走過，火腿、香腸、臘肉、板鴨、醃雞、魚乾……晒著長長的一竹竿，有的簷沿、樹枝、牆邊、到處掛。那些人如有那麼多閒錢，絕對不會去買那一大堆東西來放在家裡發霉，又要費那麼多的工夫一一搬出來請太陽吃」。[55]逢迎上級的勞工也會提供個人服務，來博取主管歡心，例如替主管打掃房屋、當司機、幫忙搬家等；煉油廠的主管有時會在宿舍區打高爾夫球，也常看到下屬「自願」充當桿弟。據說，有位糖廠勞工每天幫主管砍柴，所以儘管他經常無故缺席，還是能獲得不錯的考績。

有些女性主義指出，「異性戀男性的同性社交活動」（homosociality）[56]，例如喝酒、賭博、喝花酒等，也是有助於拉關係的行為。一位煉油廠勞工提到，每當上層人事異動，機靈的勞工就會開始千方百計打探主管的嗜好，無論是酒、女色、麻將，某個主管一旦總是與屬下混在一起，他就很難拒絕接下來人情上的要求。就有勞工描述過這樣的情況：

酒量好！便宜可多著吧！只要上級出門就像哈巴狗一樣緊跟在後頭，應付喝酒、說說好話，包你考績年年甲！而且還記甚麼嘉獎、獎工的，但是不能喝醉，假如常常醉，對不起考績連打三年乙！想反駁官字兩個口，常喝醉亂說話，又不會拍馬屁，活該！。57

簡而言之，賄賂、送禮、巴結都是拉關係的一環，身為下屬的勞工試圖創造某種「社會虧欠」的情境，促使主管不得不有所回報，而他們就可以在分配升遷機會時回收其投資。上面的引述也顯示，拉關係是一門精緻細膩的藝術，需要一定的手腕，方能順利施展；此外，拉關係的行為往往不是違法，就是在利用某種道德上的虧欠感，所以一定要私下進行，避免引起他人矚目。當拉關係的策略被過度使用，形成勞工間的競爭，原本脆弱的階級團結變得更加支離破碎。升遷機會越稀有，主管的恩惠就越有價值，而勞工也就更處於一種霍布斯所謂的「所有人與所有人的戰爭」（war of all against all）情境之中。

在列寧主義高張的五〇年代，忠黨愛國的勞工是勞工階級裡最可憎的對象，因為普遍認為就是他們占了其他同事的便宜。等到內部勞動市場開始普遍推行，這群特別會拉關係、走後門的勞工便成為勞工階級的頭號公敵。楊青矗曾在一篇一九七一年刊登的短篇小說中描寫了一個相當生動鮮活的場景，深刻地呈現出拉關係勞工所遭受的憎惡。老實人老馮因為不知道該如何取得主管的歡心，而感到非常挫折，「熱心」的同事阿川連忙告訴他，要學會「扶卵泡」的藝術。但老馮聽了之後，仍感到不解與疑惑，於是阿川就說：

「要學扶卵泡，那太簡單了，來來，我教你。」

阿川放下鐵錘跑過來拉住老馮比劃：

「你回去到電髮院請修指甲的小姐，把指甲修得光光滑滑，再塗上口紅。然後抽一些時間多跑你各級上司的家，叫他們坐在沙發椅仰身靠背，就拿腳墊把他兩腳高高墊起，再蹲在他的胯前把他下垂的子孫堂雙手併齊往上托就成了；他媽的，還不簡單，笨死了」。[58]

這段文字具象地以道德判斷譴責了利用拉關係的行為換取個人好處的勞工。楊青矗在描述中特意強調「扶卵泡」的猥褻與下流，將奉承上級的舉動描述成一種自我作賤、自我閹割的行為，一個自重有尊嚴的勞工肯定不會幹這樣的勾當；一旦卑躬屈膝，他就喪失了男子氣概，淪為軟弱而無能的狀態。就某種意義而言，在勞工的道德世界裡，指控拉關係的勞工沒有男子氣概，比指控一個勞工忠黨愛國更加嚴厲。政治忠誠好歹還需要公開展現與表達，但拉關係卻是偷偷摸摸、私下進行，而這種行徑顯然更容易引起其他勞工的憎惡。

不同社會脈絡下的拉關係

拉關係是華人社會中非常明顯而常見的現象，台灣與中國都有不少這方面的研究。[59] 有一種看法認為拉關係是華人文化本質性的特徵[60]，是重視人情義理必然導致的後果。本書採用關係研究中的「制度轉向」（institutional turn），著重環境的結構特性，研究不同的「遊戲規則」會如何誘導人們動用社會關係來解決事情。[61]在華人社會，拉關係的現象或許無所不在，而且也很難完全根除，問題是人們如何與為何會採取這種手段來完成目標？在國營事業裡，拉關係是一種策略，勞工們偷偷摸摸與主管建立良好的社會關係，而這份交情是拿來交換較好的職場待遇。這是一種日常的抗爭，只有在內部勞動市場處於劣勢的勞工才會使用。但事實上，這個行為與宣稱科學管理的人事制度背道而馳，這種特定的回應方式也在勞工間造成了極為嚴重的分化，讓整個勞工階級陷於彼此猜疑、互不信任的狀態。勞工們所冀求的優渥待遇不僅有名額限制，誰能得到這個名額，還是由主管決定，勞工只好使出賄賂、奉承種種手段，每一個競逐者都必須與其他同事為敵。

魏昂德觀察到在中國勞工之間也有類似的拉關係的行為。他認為，工廠中的黨國體制必然會導致工具性人際關係被普遍使用，勞工沒有展現出對社會主義意識型態的無私奉獻，反而投入個人主義式的競爭，汲汲營營只為爭取細瑣的利益。[62]事實上，魏昂德關於中國工業關係的分析是奠基於喬伊特的研究：共產主義試圖透過革命性的卡里斯瑪來追求現代性的大業，這樣的企圖本身即是問題重重，自相矛盾，因此也必然導致未預期的結果，許多傳統社會特徵重新復甦，而不是被棄擲於歷史的垃圾桶。表面上是革命後浴火重生的新社會，骨子裡則是不折不扣的舊文化復辟，這種病態現象就是所謂的「新傳統主義」（neo-traditionalism）。[63]如此一來，拉關係的文化既是社會主義的產物，也成為了其掘墓人。

有人質疑魏昂德的詮釋，因為他似乎預設了「如果有了雇傭關係的現金聯繫與勞動市場的存在，就會帶來較不依賴的與較可欲的情境」。[64]換言之，也就是魏昂德似乎認為少一點政治，回歸到市場的基本面，中國的國營企業就不會有那麼多問題。這樣的論點也呼應了後來出現的「市場轉型理論」（market transition theory），認為在社會主義國家，市場化會是一股自由化的力量，讓政治控制逐漸鬆綁。[65]市場與黨國體制是否真的是兩股相互抗衡的力量？這場論辯主要是圍繞在前社會主義國家的經濟轉型，探討的是東歐與中國之市場經濟的政治後果。在此，台灣國營事業是個有趣的例子。首先，台灣一九六〇年代國營事業職位分類改革本質上就是奠基於內部勞動市場概念，但是施行後不但沒有削弱黨國體制的控制，反將既有的族群與黨派分歧再度納入改革後的人事制度，可見市場化不一定是解決政治依賴病徵的萬靈藥，過於簡化的國家／市場二元論也很難解釋所有的問題。市場力量的浮現，並不一定代表政治控制的衰退，在中國鄉村商業化的例子中，市場化反而更強化共產黨幹部的政治權力。[66]台灣的例子也呈現出十分類似的結果，在國營事業推行內部勞動市場的結果顯示，既得利益者是具有韌性的，他們自有其因應之道，將宣稱可帶來「同工同酬」的人事改革，轉化為有利於他們的制度。最基層的主管擁有了更龐大的權力，可以決定下屬勞工的職涯機會；這個事實印證了這樣的觀察：市場化的改革並沒有帶來黨國體制之退縮，反而導致「國家結構最低層的官員獲得了相對於上層官員的自主性」。[67]

其次，另一項爭論在於，這種由下而上的拉關係文化，能否抵消黨國體制的控制？根據人類學者楊美惠的觀察，中國在改革後出現更普遍積極的拉關係的現象，甚至有所謂「關係學」的說法。楊美惠將拉關係視為一種由下而上的策略，目的在於規避共產黨的支配，而這種奠基於禮物經濟的關係，也拓展出某種反對性的空間，讓勞工得以抵抗國家權力。[68]反之，魏昂德則抱持比較不樂觀的看法。他認為，早在市場改革造成拉關係的行為普及化之前，共產黨幹部就曾安排過一套侍從主義體制，可以用個人的忠誠換取較優惠的待遇。就結果而言，這套體制不僅造成幹部貪腐，也更有利於共產黨的支配，因為「個人忠誠、相互支援、物質利益所構成的複雜網絡，創造了默許認命與積極合作的模型，有助於體制的安定」。[69]換言之，魏昂德認為拉關係文化才是支撐共產黨統治的基石。

台灣國營事業勞工的情況介於楊美惠（關係文化挑戰了共產黨獨裁）與魏昂德（關係文化是共產黨統治的一環）的論點之間。作為一種日常抵抗的策略，賄賂、送禮、巴結奉承算是一種主動攻勢，因為參與者可以預期之後的回報，問題在於這個由勞工主動發起的策略，卻因為其必然的競爭性格，反而強化了勞工對主管的依賴；此外，策略的濫用也嚴重侵蝕了階級團結，討好上級主管的舉動被當成猥褻的「扶卵泡」，正足以顯示拉關係所帶來的勞工分化之後果。

相較於文化主義者將拉關係視為華人社會中無所不在，恆久而本質性的元素，制度論者則更重視情境脈絡，並試圖解釋為何台灣與中國的勞工看似採用相同的策略，實質上卻具有不同的意義。首先，中國的國營企業勞工使用拉關係的策略，是為了因應黨國體制的政治動員，而台灣則是內部勞動市場改革之結果。在這兩個例子中，拉關係都不是管理階層預期的結果，但後來也都或多或少容忍了這樣的情況。國民黨的黨國體制打從一開始就是反革命的，也是壓制性的，因此台灣勞工最初傾向以防衛性的策略（行禮如儀）來因應政治動員；但是之後的人事改革致使公司內部的職位成為一種分配性規則，再加上評估勞工表現的權柄轉移到主管手上，才揭開競爭性拉關係策略之序幕。其次，在毛主義時期的中國，市場經濟被高度限縮，送紅包之類的賄賂幾乎不存在，但這個行為在台灣卻極為普遍，而且也比單純的奉迎巴結更管用。相對富裕的經濟環境、成長中的私部門市場，都使得台灣版的拉關係更具有物質主義的傾向。諷刺的是，私部門經濟的成長某方面助長了拉關係的現象，致使國營事業內部貪腐情形更嚴重，但也成了勞工們額外收入的來源，提供勞工一條自救的途徑，而這也是下一章所要分析的現象。

* * *

一九六六年，也就是台灣國營事業普遍推行內部勞動市場改革的一年後，中國共產黨發動了無產階級文化大革命。這兩個歷史事件彼此間沒有關連，但其對於台灣與中國的國營事業勞工分別造成之衝擊，卻具有奇特的相關性。根據魏昂德的研究，毛主義分子為了解決國營事業工廠內貪腐與缺乏效率的情況，決定採用一種「禁欲主義式復興的政治策略」（political strategy of ascetic revitalization）以提高生產量，取消原本施行的金錢獎勵（例如計件工資、班組獎金等），以更緊湊的政治動員活動取代，但卻反而造成拉關係的現象更形猖獗，而這是改革者始料未及的結果。毛主義的解決之道「並沒有處理體制衰敗的根本原因，反而只處理其症狀」。[70]

台灣的經濟官員也想解決國營事業生產力低下的困境。在冷戰的時代氛圍下，他們決定接受美式的科學管理與內部勞動市場的觀念，將公司內部職位變得更可預期回報、更具有競爭性，藉此鼓勵勞工為了更好的職涯而努力。但結果卻只是在既有的族群與黨派政治上再堆疊新的職位政治；而原本用以防衛與求生的行禮如儀，逐漸被競爭性的拉關係行為取代。推動內部勞動市場改革時，一位經濟官員提到：「我們如果想自農業社會走向工業社會取代，就不能不放棄年資與人情的觀念，也不得不採用能力與競爭的原則」。[71]很諷刺地，最終正是人情與人際關係摧毀了這項改革所宣誓促成的理性與公平。一位經歷過職位分類改革的糖廠勞工，生動地描述了當時工廠的情況：「工作表現化、考績海鮮化、升等紅包化」。[72]

儘管台灣的經濟官員與中國文革極左派的意識型態相差十萬八千里，但他們犯的錯誤卻十分類似，他們都只處理了「症狀」（低生產力），而沒有改變「根本原因」（族群歧視與政治動員），結果就是產生了一個不斷被勞工日常抵抗侵蝕，終至走向荒謬的工作場域。

第四章　兼差打工和瑣碎的協商

七〇年代，身處族群、黨派及職位多重壓迫處境的國營事業勞工發展出兩種回應策略：「兼差打工」（moonlighting）和「瑣碎的協商」（petty bargaining）。兼差打工就是台語講的「賺外路仔」，也就是在正職工作以外，尋求其他賺錢的機會；瑣碎的協商則是利用既有的工會管道，提出各種改善待遇的要求。正常運作的工會爭取會員權益，與雇主進行「團體協商」（collective bargaining）；相對於此，這個時期的國營事業工會雖然被會員期待能捍衛其權益，但是由於種種扭曲，結果只產生出所謂的瑣碎協商。兼差打工與瑣碎的協商形式截然不同，前者是在工廠外另謀出路，後者則是設法改善工廠內的處境，卻都源於當時政治經濟體制的巨大變革。

六〇年代開始的貿易自由化強化了台灣與全球資本主義的聯繫，台灣快速轉型為「國際加工基地」，開始向先進國家大量輸出勞力密集產品。台灣的出口導向工業化是一種被稱為「雙元體制」（dualism）的特殊模式，即大型企業及國營事業基本上仍以滿足內需為主，國外市場則交給中小企業打先鋒。巫永平認為，出口導向工業化導致中小企業興起，而這並非國民黨原本規畫的結果。[1]不過，這項意料之外的成功也衍生出許多後果，首先，由於民營企業成長，之前扮演重要角色的國營部門，經濟上比重開始縮減，工商普查的資料顯示，一九六六年的國營事業占全國資產總額百分之五十六點四，生產總值則是百分之二十四點九，但到了一九七一年，這兩個數字分別降至百分之五十二點二和百分之十五點九（見頁三〇表一）。其次，中小企業在當時沒有什麼管制、屬於相對自由的經濟領域，「愛拚才會贏」是共通生存法則；活力旺盛的中小企業帶來了經濟成長，在政治上也發揮了安全網的功能，吸納政治上受挫的本省人，讓他們可以將精力發揮在經濟上，畢竟做生意比搞政治安全多了。[2]一項當時的研究顯示，相對於外省人，本省人更傾向於擁抱現代商業價值；[3]本省人透過民營企業增長的財富彌補了他們被剝奪的政治權力，某種程度上修正了戰後族群不平等的狀況。

中小企業的勃興也對國營事業勞工影響重大，廠外如雨後春筍般的生意機會，改變了勞工和國營事業的關係。兼差打工就是在本業以外多負擔一份工作，是一種以額外收入來彌補固定薪資的策略，但對國營事業勞工而言，這種下班後的有酬勞動，不僅可以帶來額外收入，減少對公司和上級的經濟依賴；而且一旦有了獨立的經濟來源，勞工們也就不再需要依賴工廠內部根植於族群、黨派和職位等分歧，且貪腐叢生的再分配政治，兼差打工儼然成為勞工自救的策略。

除了經濟體制的變化，七〇年代的台灣也在內憂外患下經歷了政治轉型。一九七一年，聯合國決議接納中華人民共和國並「驅逐蔣介石的代表」，這項外交挫敗對國民黨政府統治的正當性帶來了致命的打擊，堅稱「中國唯一合法代表」的主張，與反共抗戰的必要性瀕臨瓦解，從臨終病重的蔣介石手上取得統治權的蔣經國隨即推動了局部的改革，以挽救岌岌可危的政權。一九七二年，第一屆增額立委選舉，立法院部分席次開始可以定期改選；蔣經國也嘗試任命年輕、教育程度高的本省人擔任之前被外省人壟斷的公職和黨職，開啟所謂的「吹台青」現象。[4]在執政者推動所謂「政治革新」的同時，自由派知識分子崛起，從《大學雜誌》開啟的政治討論風潮，衍生至各種社會及政治改革倡議；而這批知識分子中，溫和派的後來為政權收編，激進派的則加入新生的政治反對運動，黃默將這股知識分子關心國事的風潮稱為「突如其來的政治覺醒」（sudden political awakening）。[5]七〇年代中期，「黨外運動」出現，反對國民黨的政治人物和知識分子開始以有組織的方式挑戰政權。[6]對國民黨政權而言，七〇年代是命運多舛、危機四伏的時期；但對台灣而言，卻是新生力量的萌芽。七〇年代以一九七九年十二月十日的美麗島事件畫下句點。黨外運動人士在十二月十日國際人權日發動群眾集會，與警方產生劇烈的衝突，而後續執政黨拘捕及軍法審判反對派領袖，延遲了台灣的民主轉型。

政治上的鉅變也影響了國營事業勞工。黨國體制鬆動，原本為了動員和監控所打造的組織架構逐漸被勞工翻轉，甚至出現了新的功能；例如勞工會積極利用黨部和工會，將其作為申訴與救濟的管道，在黨國體制的架構裡發揮下情上達的作用。一般而言，一個正常的工會本就應代表會員進行「團體協商」，向資方爭取更好的勞動條件，但是這一波國營事業勞工的申訴風潮卻是訴諸各種特殊主義，以毫無原則的方式要求待遇的改善，本書將其稱為「瑣碎的協商」。儘管這種瑣碎的協商策略鮮少發揮作用，無法真正確保勞工的利益，但在一九八七年解嚴之前，國營事業基層工會的確已經成為實質的申訴中心，不再是黨國體制輸送帶之末稍，而這種轉變也有助於後續勞工抗爭運動的興起。

「賺外路仔」

台灣國營事業勞工究竟從何時開始出現兼差打工的風潮？可能很難找出一個明確的時間點。戰後的勞工大都是第一代無產階級，儘管曾經經歷「從農場到工廠」的鉅變[7]，卻沒有完全捨棄農村的背景，有些勞工仍舊保有一塊農地，耕作收穫通常就供自家使用，若有剩餘再想法子販售。從一份一九七七年的台南農村紀錄可以發現，村民們除了是全職的工廠勞工，也都是「週末農民」；[8]直到一九八七年，新竹地區還有自主工會的組織者聲稱，工會會費不會造成會員過大的負擔，因為他們大都「有自己的田地及農耕可作，工資的收入並非占絕對重要的比率」。[9]糖廠大都位於農村，特別有利於勞工兼職務農；在戰後經濟困頓的年代，國營事業管理階層甚至積極鼓勵勞工業餘從事糧食生產，以求能自給自足。例如中油高雄煉油廠的廠長賓果就特別熱衷於推廣養雞，規模龐大的養雞場持續營運到一九五六年，甚至還會找臨時工來打雜，負責「飼養雞隻、調配飼料、清理雞舍」等工作。[10]有些糖廠會資助員工及其家人參加業餘技能培訓課程，[11]或是將經營農業生產視為公司福利的一部分。[12]一九七五年，糖聯會的三十間附屬工會中，五間有經營果園，五間則是設有養魚場。[13]

「貼補家計」和「兼差做生意」兩種行為看似明顯有別，實際上卻很難清楚劃分，勞工只要一個不注意，就極有可能跨越界線，成為一個兼差打工者；而一旦走上兼差打工的道路，勞工們自然會投入更多精力在自己的私人「生意」，犧牲國營事業的正職工作。早在一九六二年，一位資深的台糖經理就曾指責過這種現象，「居然有人是只想拿錢不工作，小而言之，有養雞養豬，做點副業，大而言之是兼差，找外快，最要不得是拿錢不做事。想白吃公家飯，試問人人如此，誰供給你吃了？」；[14]曾任經濟部長的李達海（一九八五～一九八八年）也提到，「當年靠中船維生的小包眾多，他們雇用中船員工下班後替他們工作，當然員工在正式上班時體力不濟，不帶勁了」。[15]事實上，不只中船，其他國營事業勞工也常有下班後接包商工作的情況，而包商也樂於雇用這些熟門熟路的勞工。只是如此一來，這些國營事業勞工等於在同一間工廠工作，卻同時領兩份薪水。

隨著六〇年代初期出口導向工業化的發展，私部門經濟快速成長，兼差打工的機會明顯增加，對中油高雄煉油廠的勞工而言，情況尤其如是。位於煉油廠附近的楠梓加工出口區設立於一九六八年，吸引大批的農村移民到此工作，也同時創造出大量日常生活需求。煉油廠的勞工看到了生意機會，開始在下班後的時間兼差充當水電工、計程車司機、建築工、小販等工作。

本書採訪的勞工中，有十四位承認自己曾在正職以外投入其他有報酬的工作。這些勞工進入國營事業的時間在一九七八年前後，兼差打工的內容包括了賣茶葉、做水電、裝潢、直銷、土地仲介、導遊、做鞋子，甚至還有教書；兼職勞工通常都是先接好幾個分散且互不相關的工作，一陣子之後才會安頓在一份長期而穩定的「外路仔」。舉例而言，受訪者中有一位中油的工員，曾做過計程車司機、駕駛教練以及針灸老師，最後選擇了導遊作為長期的職涯發展，二〇〇三年受訪時他已經是一間旅行社的合夥人兼導遊，每年最多會帶五個團出遊。然而並不是每個人都找到長期而穩定的「外路仔」，一位糖廠勞工的經歷就不怎麼成功，「飼養金絲雀，種木耳，當百貨行老闆，當保險公司的業務員，結果一無所成，得到的只有滿心的惆悵，我整夜苦思，沒有什麼妙策」，因此一直在尋找「萬無一失的最佳副業」。16

這些從事兼職勞工們的說法很一致：國營事業的工作很穩定，但薪水實在太低，尤其在經濟迅速成長的七〇年代，國營事業的待遇根本比不上同等級的民間企業。受訪者中有一位煉油廠的勞工，他原本就是個水電工，考上中油之後，正職在煉油廠上班，但仍舊維持了原先水電行的工作。除了這位水電工，其餘受訪者的職涯模式都很類似，差不多都在進入國營事業後的五年內開始從事廠外兼職；換句話說，他們在進入工廠的頭幾年就「夢想幻滅」，「看破」國營事業的體制，決定自立自強，賺點外快來補貼正職收入。一位七〇年代進入中油的石油勞工

（兼職為水電工）宣稱，如果自己當初決定到民營企業上班，收入會是目前的八倍。在他看來，民營企業原則上是「功績主義」（meritocratic），「你今天這個禮拜做不好，處理主管要下來，你做工也一樣馬上爬上去，升遷速度快，他沒有給你猶豫的機會」；相對地，「國營事業就是永遠聽上面行事，所以都沒辦法進步」。此外，國營事業的人事決策極度不公，這位勞工斷言，「在高雄煉油廠只有三種人；有些人總是有辦法升等，有些人一直參加考試但是卻考不上，另外就是一直在辛苦工作卻毫無晉升機會的人」。[17]顯然對他而言，在國營事業裡不論技術或勤勉都無法受到應有的肯定，而那正是他決定從事兼差打工最重要的推力。

其實，許多年輕勞工在剛進工廠時並不會特別想要兼差打工、賺外快，會有這個念頭多半是受到資深同事的鼓勵。一位茶葉行老闆就記得他的班長曾勸告他，廠內的工作不是「長久之計」，「不要把這邊看的太重，有機會到外面發展」。糖廠有一位熱心的人事主管，也經常提供後輩各種職涯上的建議，他自己並沒有從事第二份工作，頂多只是在祖傳農地上種種菜，但卻也認為兼差打工對勞工而言很重要。他的想法是這樣的，「首先，一定要敬業，一定要做好份內的工作，要不然以後會有報應，我很相信這種因果。接下來你評估自己的能力，如果你讀書還可以，就要拚命讀書，要考過升上去成為職員。如果你讀書不行，就利用空餘的時間發展一個副業」。訪談中他提到一個成功的例子，有位糖廠員工聽了他建議，從拆解家裡的熱水器開始，先學習如何更換零件，接著就買了一台二手車，到處幫人維修熱水器，最後成功創立了自己的熱水器品牌。儘管這位兼差打工的糖廠員工最終獲得自己的事業，但若回頭看這位人事主管一開始給他的建議，兼差打工其實是國營事業勞工退而求其次的選項，他給勞工的忠告仍舊是先考試，再兼差；換言之，對那些無法在公司中得到理想職位的勞工而言，兼差打工是最後的自助策略。也因此，工員兼差打工的現象比職員更加普遍，本書訪談的十四位兼職勞工中，就僅有四位是職員，而且他們從事的多為更間接、工時更少的工作，例如直銷、教書和土地仲介。

許多現象都可以解釋台灣的國營事業為何會成為兼差打工者的溫床。首先，國營事業工作紀律鬆散，工作內容也不會太困難，勞工下班後仍是一條活龍。一位煉油廠勞工就提到，「早期薪水很差，又沒有人會管你在幹嘛，在工廠裡比較好的技術人員紛紛找外頭的工作來做」；這位勞工做過手工藝品、擺過夜市，後來還做過窗簾、幫人家貼壁紙，也因此，他最後從事了裝潢的生意。就法律而言，國營事業勞工和所有公務人員一樣，不能在正職之外從事第二份工作，但勞工們總有辦法躲過規定，也會施展一些小手段，讓主管得以睜一隻眼、閉一隻眼。例如兼職勞工若要設立公司，公司行號通常都會登記在配偶名下，以避免法律上的麻煩；有些兼職是有季節性的，只會在特定期間需要密集的勞力，就像夏天需要修冷氣、春冬需要採茶製茶，所以若主管願意通融，兼職勞工不愁找不到同事幫忙代班，之後再以實物或現金支付「代班」的代價。儘管國營事業正職員工並不是採取時薪制，但是在高雄煉油廠已經發展出一套共同接受的計價標準，計算「代班」的金錢價值。如此一來，即使不是兼職勞工，也可以藉由代班賺取外快。

其次，國營事業的規模龐大，同事往往就是兼職勞工現成的客戶，可以就近購買他們的服務或產品，例如有位茶葉行老闆就說，他估算自己的茶葉約有七成是賣給公司裡認識的人。筆者在高雄煉油廠進行田野研究時，經常在工會、工廠控制室和行政辦公室泡茶聊天，受訪者也常提到，他們用來招待客人的茶葉，就是向某一位同事買的。前述提到的旅行社合夥人也指出自己連續幾年包辦公司模範勞工的年度旅遊，並且親自帶團導遊，而他顯然頗以此為傲。簡而言之，台灣中小企業是一個高度依賴人脈的世界，「必須熟識人，並且建立相互信賴的關係」，[18] 而國營事業的兼職勞工顯然占得先機，因為他們本就隸屬於一個規模龐大的生產組織。

最後，國營事業有一些特定的工作性質，也促使勞工選擇了兼差打工的職涯。煉糖和煉油都是屬於「連續生產」（continuous production）類型的工作，高度機械自動化的製程，縮減了第一線操作人員的勞動強度；[19] 同時，由於機器是二十四小時運轉，勞工也必須配合輪班工作，許多勞工白天休息，晚上才進工廠上班，有不少兼職勞工提到，在休息時找些有意義的事情做，總比四處閒晃好。此外，從日治時期開始，台灣糖業的生產就高度依賴廠外的契作，獨立小農栽種的甘蔗是糖廠重要的原料來源；也因此，有部分糖廠勞工同時肩負推廣契作的任務，經常需要打點與附近農民的關係。這些糖廠的「推廣員」清楚掌握各種在地動態，對於賺外快幫助不小，例如農民想要買賣土地，有時就會找信任的推廣員幫忙介紹，事成之後還會付上一筆仲介費。有個糖廠員工就提到，這些原料區主任整天在外頭跑，「到底上班還是摸魚搞不清楚」，而上頭主管也不會知道勞工在外面這些兼差打工的行為。

總結來說，兼差打工在七〇年代的國營事業勞工中成為相當普遍的現象。到底有多少勞工從事這種「賺外路仔」？不同受訪者提供的數字不同，而且差異頗大，有人認為是兩成，也有人說是六成。一九八〇年，一群中油高雄煉油廠的勞工在報紙上刊登了一封寫給管理階層公開信，信中抱怨薪水太低，根本趕不上物價，宣稱「員工為了養家活口，實在無法在此安心工作，因此，我們不是另謀高就，就是兼些副業，這眾所周知的事，而因此影響工作效率，也是眾所周知的事」。[20] 楊青矗是著名的勞工作家，也是一個值得觀察的「兼差打工」的個案。楊青矗在一九六一到一九八〇年間任職於高雄煉油廠，他先是在一九六五年和妻子合作開了一間裁縫店，製作西裝；後來他寫勞工故事，成為全國知名的勞工作家，又創辦了敦理出版社，出版了上百本翻譯與本土的文學作品。[21]

從兼差打工到小頭家

楊青矗並不是罕見的個案，當時有許多國營事業勞工也像他一樣活力旺盛，積極從事有報酬的「地下勞動」，也顯著地改善了經濟狀況。事實上，更成功的兼職勞工還會經歷經濟地位的轉變，從受雇者變身成小頭家。一份早期的研究發現，「小生意帶來了獨立和社會流動，這種追求的渴望」盛行於台灣的勞工階級。[22]中小企業在六〇年代後的出口導向經濟中占了一席之地，這讓某些具有企業家精神的勞工有機會得以發展他們的創業才能，而中小企業的成功創造了台灣著名的「黑手變頭家」現象。謝國雄將台灣稱為「頭家島」（boss's island），因為全台隨處可見的創業機會導致了階級向上流動。[23]

本書中十四位受訪的兼職勞工中，有三位茶葉行老闆、兩位水電工和兩位裝潢行老闆可以算是這樣的小頭家；他們賺取的是利潤而非薪資，有時候必須承擔財務損失的風險。有位水電工說自己做生意的原則是「捉長補短」，有時候即使虧錢還是得做，這樣才會接到賺大錢的機會。為了能顧及工廠內的正式工作，這些兼職勞工店面通常都設在工廠附近。這些兼職小頭家的經營模式和學者提出的台灣中小企業特徵有許多類似之處，例如密集使用家庭資源、大量投入家庭內的勞動力，以及家庭和企業的界線模糊等。[24]這批勞工若想開創一番事業，除了得靠原本的積蓄、人際網絡，最重要的就是要有「愛拚才會贏」的幹勁，受訪者中，三位茶葉行老闆的創業模式就是很典型的例子。

這三位茶葉行老闆分別是在一九七八（兩位）及一九七九（一位）年成為煉油廠勞工，而他們私人的生意則是開始於一九七九、一九八四和一九八八年；他們的背景或多或少都和茶葉產銷有關連，其中兩位勞工本身以及另一位勞工的妻子是來自中台灣的產茶家族，他們搬到高雄，等於是為原本的家族事業開創了擴展南台灣都會市場的契機。

開茶葉行、從事茶葉零售並不是什麼大生意，儘管如此，初期仍需要投入不少資金，一位受訪者估計，從買設備（包括茶葉烘焙機與其他設備）、買茶菁，以及一開始的店租，一間茶業行從籌備到開始經營大概得先花上新台幣五十萬元。二〇〇三年時，一位在中油服務二十年的工員每個月的薪資大約是新台幣六萬元；換言之，想經營一間茶葉行，得準備超過八個月的薪資作為頭期款。一個勞工要如何克服這樣的財務門檻，成為獨立的小頭家？除了個人積蓄，煉油廠勞工有不少會利用標會的方式，張羅到創業的第一筆資金。這三位勞工的原生家庭或親家都在種植茶葉，既有的血緣或姻親關係也會使得創業變得較為容易，有一位茶葉行老闆就是從岳父那兒借了一筆錢開店，岳父還讓他賒賣自產的茶葉，頭兩年不另計利息。

為求節省，這三家茶葉行通常都安排在住家一樓，樓上就是住家，店面兼具客廳功能，有生意時可以在那裡給客人奉茶，沒生意時就是家人的休閒空間；先生上班時，妻子們也可以一邊顧店、一邊料理家務。茶葉零售其實也是一項具有明顯的性別分工、需要特定技術的工作，男性通常負責購買茶菁和烘焙，招呼客人則主要是女性的工作。

其中一位老闆透露，茶葉行每月的獲利約在新台幣兩、三萬，相當於一個楠梓加工出口區女工的工資，由於他的妻子之前曾在加工區的工廠上班，這份盈餘也就等於老婆顧店的「薪水」。這種計算方式透露了台灣中小企業存活的一個關鍵，那就是家庭成員的勞動力並未計入成本，所謂的利潤其實大多等於「賺自己的工」；換句話說，如果這間茶葉行是以市場行情聘人顧店，肯定是會賠錢的。歸根究柢，小規模的企業經營之所以可行，必須歸功於大量使用無酬的家庭勞動力，[25] 誠如謝國雄所言，家庭發揮了「剩餘勞動榨取器」（surplus labor squeezer）的功能。[26] 事實上，茶葉零售可能是台灣最具有「社會鑲嵌」（socially embedded）特性的生意之一，也就是說，買賣通常是與交情綑綁在一起，而這或許也可以解釋為何許多黑道兄弟從原本的收保護費，改為兜售「兄弟茶」。茶葉行的主顧通常都是熟人或朋友，即使交易金額不高，也需要頻繁而緊密的社會互動，顧客會花費好幾個小時試飲並與店家聊天，才決定是否購買，所以頭家娘好客與否往往成為生意成功的關鍵。煉油廠勞工經營的茶葉行，也常成為同事聚集廝混之處，但有時反而會打攪家庭成員的例行作息，一位茶葉行老闆娘就曾抱怨，因為自己的先生以前當過工會會員代表，工會幹部常會來家裡泡茶聊天，有時甚至喧鬧到半夜，讓她和小孩難以入眠。

另外兩位茶葉行老闆的事業似乎比較成功，一位在屏東開了分店，由於自己無法兼顧，還雇用了三位員工處理當地的生意，另一位現在每年春天光是購買茶菁就要花費兩三百萬元。事業如此蒸蒸日上，讓人不禁想問：他們為何沒有考慮辭掉國營事業的工作，全心投入個人的事業。有些賺大錢的兼職勞工的確曾思考過這個選項，但我所認識的兼職勞工卻一致反對這項

「不智」的決定。對他們來說，國營事業的工作穩定，保障了基本的生計，是可靠的避風港；相對於此，小頭家的生意風險高，起伏大，他們的投資最終並不全然都會獲利。一位水電工聲稱，自己在炎炎夏日光是修冷氣，就賺得比從中油領的薪水多；然而，他並沒有想過放棄自己的正職，因為煉油廠的工作才有退休金。一位茶葉行老闆則是用了這樣的比喻，「我是用養雞生小雞的策略，小雞較大了，能殺來吃，也能再生小雞。但是我仍然養那隻大隻的，這樣一直延續下去。如果景氣差，這種生意不一定百分之百賺錢」。換言之，煉油廠的工作就是那隻「大雞」，自己的茶葉生意是後來生的「小雞」，儘管兼職的生意再怎麼賺錢，其經營格局仍會受到國營事業正職工作的侷限。

一般而言，創業就是一種「承擔風險」（risk-taking）的行為。但斯堤茨（Richard Stites）認為，台灣勞工勇於創業，積極經營小規模的生意，其意義並不在於承擔風險，反而反映了「工廠勞工對於某種安定保障的需求」。[27]換言之，正由於許多受雇的工作沒有保障、沒有遠景，自行創業反而成為一種「逃避風險」（risk-averse）的作法。這種觀察或多或少也適用於國營事業勞工兼差打工的現象。國營事業勞工比私人部門勞工更幸運的地方在於，他們既可以發展個人生意，同時享有收入穩定的正職作為退路；然而，也是因為這種不願放棄穩定工作的心態，兼職的生意即使再怎麼興榮，仍舊只是一種補貼薪資的謹慎手段。

兼差打工的後果

史考特認為，馬克思主義過度重視無產階級與資產階級間的對抗，對在兩者中間試圖苟延殘喘的小資產階級不屑一顧，但這些被歷史遺忘的小人物其實才是值得關注的對象。事實上，擁有財產會帶來「尊嚴、地位和榮譽」，而這種小資產階級的夢想「瀰漫了工業無產階級的想像」。[28]相對於此，主張廢除私有財產的社會主義或許能夠吸引知識分子的熱情支持，但絕不會是大多數勞工發自內心的想法。基本上，勞工們仍舊渴望擁有較佳物質保障的生活，若能在不用擔心失去正職工作的狀況下有個賺外快的機會，大部分的勞工恐怕都不會拒絕。所以，制度論者反而會將關注焦點放在乍看類似的兼差打工，如何在不同的社會脈絡中呈現出不同的意義和後果。

轉型階段的社會主義國家，例如八〇年代的匈牙利和改革開放後的中國，都可以發現這樣的現象：國營事業勞工為了增加收入，出現了兼差打工的風潮。但社會情境不同，兼差打工的行為也迥然不同。匈牙利的國營事業勞工會在下班後另外承攬一份工作，官員默許這樣的行為，而勞工們「下班後的工作」則逐漸形成了所謂「第二經濟部門」（second economy），也就是計畫經濟體制之外的民營部門。隨著匈牙利經濟體制的轉型，政府甚致鼓勵國營事業勞工兼差打工，外包國營事業所釋出的各種工作機會。如此一來，轉型中的匈牙利社會主義試圖吸納這個更有效率的第二經濟部門，藉以解決匱乏所帶來的經濟危機。[29]至於在中國，兼差打工（他們通常稱為「下海」）主要是因為國營企業的市場化改革，勞工生計出現了危機，原本的「鐵飯碗」遭受威脅，只得另謀生路，自求多福。[30]在台灣，私部門的市場經濟原本就存在，六〇年代出口導向工業的成功，帶動了經濟成長，也進一步引發國營事業勞工兼差打工的風潮。此外，積極投入兼差打工的國營事業勞工在工廠中受到族群、黨派和職位政治壓迫，就此而言，兼差打工也可以視為一種勞工們的日常抵抗方式。

謝國雄認為，對台灣私部門勞工而言，獨立創業是一種向上攀升、避免永遠當個無產階級的自助手段。製造業的工作不只是辛苦操勞，也相當的不穩定；勞工們只有自己做老闆，才能在經濟上得到真正的保障。因而，「黑手變頭家」其實是一種私部門勞工抗拒無產階級化的策略。[31]國營事業勞工面臨的則是完全不同的狀況。他們的正職工作相對輕鬆和穩定，主要的不滿是來自於不論如何努力，工作態度和技術都極少受到肯定，職涯升遷優先考量的仍是族群身分、黨派和關係。所以國營事業勞工兼差打工並非為了抗拒無產階級化，而是反對某種特定的、帶有種種不公義的無產階級化。國營事業勞工的兼差打工是一種含蓄而間接的抗爭，試圖挑戰黨國威權主義衍生出的各種病灶；這些兼職勞工不一定真的那麼想要創業，當自己的老闆，他們的重點其實是要確保一份獨立的收入來源，讓自己能夠不受工廠內部再分配政治的干擾。

從史塔克（David Stark）對匈牙利第二經濟部門的研究可以發現，兼差打工之所以能夠吸引國營事業勞工，原因在於這是一份「只要肯吃苦，就會有收穫」的工作，報酬與努力是成正比的。[32] 一位兼職水電工的煉油廠勞工甚至宣稱，煉油廠中所有有能力的勞工都有第二份工作；在他看來，沒有一份兼職的勞工「要不是與上級管理階層關係良好，就是什麼都不會」。從這樣誇大的宣稱，不難看出他的沾沾自喜與得意洋洋。這群在國營事業內受挫的勞工一旦找到做生意的門道，讓他們在勤勉工作之後，能夠獲得實質的經濟報酬，公司提供的升遷機會和福利看起來也就不再那麼誘人。開展國營事業以外的職涯為這些勞工帶來一種成就感，他們不再需要以政治忠誠或個人尊嚴來交換更好的待遇；這些勞工知道，只要在下班時間勤奮打拚，就有機會可以改善自己的物質生活和社會地位。

不少受訪的兼職勞工提到，他們在外面的工作經常落人口實，主管以此為理由，理所當然地將升遷機會讓給其他人，或給他們較差的年度考績；也有人認為「我們是有做副業，自己感覺會有點理虧，所以說不會去爭取這些機會」。儘管如此，兼差打工帶來令人滿意的收入，足以彌補這些損失，他們也甘之如飴。此外，由於宿舍區不易吸引外來的顧客，許多兼職勞工甚至決定搬離公司宿舍，在外置產；他們也因此有機會脫離這個導致勞工依賴狀態、操弄權力關係的日常世界。

兼職勞工把心思都放在個人生意，花在正職和政治活動上的精力自然減少；一旦他們開始不在乎上級主管的青睞，每天八小時的正職工作馬上變成無聊且毫無意義的虛耗。他們寧願將體力用在賺取額外的收入，若有需要，甚至會請假或找人代班，一位勞工描述，「自己用『平常心』去工廠上班，對於外面所兼的工作，則是會去全力以赴，當然所花費的時間會比較多」。無疑地，兼差打工的風潮促使國營事業的經營效率更加低落，因為勞工原本的主業，如今反而成了副業。

蓋茨將台灣興盛的勞工創業風潮稱之為「小資本主義」，意思是，這是由本省勞工階級所發起的經濟抵抗，反抗的是國民黨政權為了養活權貴外省人而進行的「朝貢式榨取」（tributary extraction）。她特別提及，公部門的「涓滴作用」（trickle-down）也滋養了小資本主義，因為「政府雇員（state workers）藉由購買小資本主義的商品，流通了來自政府稅收並且用於支付他們的薪資」。[33]也就是說，當這些國營事業勞工去夜市吃宵夜，其實就是將政府從人民搾取的資源再還回給人民，而這種流通讓國營事業勞工成了不勞而獲的「食利者」（rentier）。兼差打工的確有無可否認的族群面向，本書中十四位兼職勞工的受訪者皆為本省籍，在田野研究中，筆者也沒有遇到外省籍勞工從事兼差打工的行為。這或許是因為這是一門高度依賴家族和鄰友網絡的經濟活動，外省人礙於人脈不容易進入。只不過，蓋茨所謂「朝貢式資本主義」（tributary capitalism）的食利者，或許可以用來描述早期的軍人與公務人員，卻不適合用來形容兼差打工的國營事業勞工。如前章所述，一九六〇年代的人事改革讓國營事業主管擁有過大的裁量權，得以決定勞工的職涯升遷；勞工們是因為無法在廠內獲得公平的升遷，才發展出廠外兼差打工這條出路，並非不勞而獲的食利者。

除了蓋茨「朝貢式資本主義」的理論，東歐社會主義的研究也對於理解台灣國營事業，有所啟發。賽勒尼（Ivan Szelenyi）認為在資本主義邏輯下，能掌握生產工具的資本家就是統治階級，相對於此，社會主義國家大規模的工業國有化，等於將權力又從生產領域移轉至再分配領域，官僚打倒了資本家，成為新的統治階級。所以會出現一個弔詭的現象：掌握權力的官僚住在國家配給的宿舍，而底層的勞工與農民卻要自己花錢購置房產。賽勒尼將這種社會主義體制下的官僚稱為「再分配菁英」（redistributive elites），[34]而台灣國營事業在某種程度上也出現了類似的現象，高層主管掌握了再分配的權力，正如社會主義國家的官僚。職位的政治讓基層勞工隨時必須面臨這樣的兩難，要麼低聲下氣地討好主管，博取他們的青睞；不然就得想盡法子改善自己的生活，例如在廠外尋找事業的第二春。在八〇年代的匈牙利，隨著第二經濟部門興起，民間也掀起一股小商品生產與自雇自營的風潮，甚至可與國營事業並駕齊驅。賽勒尼認為正是這種「制衡性的人民權力」（countervailing popular power），能夠與主導國營事業的官僚抗衡。[35]從這個觀點來看，台灣國營事業勞工的兼差打工，也可算是抵抗上級主管的行動，台灣勞工是用一種小範圍且較不具戲劇性的方式，爭取其自主性；勞工繞過了主管對於內部勞動市場的監控，取得廠場以外的經濟資源，也算是取得某種「制衡性的人民權力」。

同樣的，制度性脈絡也可以解釋為何同樣是兼差打工，台灣與中國的國營企業勞工會經歷完全不同的歷史軌跡。兼差打工在九〇年代的中國城市是相當普遍的現象，李靜君估計，約有百分之三十到九十的國營企業正職員工擁有第二份工作；[36]這些勞工持續享有原有單位體制上的福利，例如醫療與宿舍，卻同時也有正職單位以外非正式的「灰色收入」。[37]這些現象與台灣看來相似，實質上卻有巨大的差異。在中國，國營企業勞工以往是備受保護的「貴族勞工」，市場改革卻使得他們的地位大幅滑落，淪為所謂的「底層勞工」（underclass of labor）；[38]管理階層的權威恢復，勞工一方面認為過往社會主義理想遭到背叛，[39]另一方面國營企業引入「科學管理」的方式，要求勞工必須達到更高生產量。[40]勞動合同制被普遍採用，國營企業不再是人人稱羨的「鐵飯碗」，大量勞工直接面臨被解雇的威脅，出現了許多「下崗工人」。[41]此外，管理階層與幹部的貪腐時有所聞，勞工的工資不是被私吞就是延遲給付，原本享有的福利也大幅縮減，種種不法情事導致勞工們的生計危機。[42]因此，在中國的國營企業，兼差打工其實是勞工為求生存的必要手段。

相較之下，在台灣從事兼差打工的國營事業勞工起碼不需要擔心會失去原本正職的工作。這些勞工們儘管經常抱怨早期的待遇不佳，但畢竟沒有真正面臨饑寒交迫的威脅，他們之所以想要兼差打工，主要是著眼於改善經濟狀況。台灣的管理階層自然也有貪腐問題，但卻沒有因此引發關廠或大規模解雇，實際影響到勞工的生計。台灣與中國的兼差打工廣義來說都算是

「階級抵抗」，但若細究其中差別，台灣屬於主動性的（proactive）抵抗，中國則是防衛性的抵抗；也因此，在台灣並不會使用帶有負面意涵的「下海」[43]一詞，來描述國營事業勞工兼差賺外快的行為。

台灣、中國和匈牙利的國營事業勞工都曾在不同時期出現過兼差打工的風潮，背後的經濟動機可能極為相似，但制度性的脈絡卻讓後果大不相同。

黨部與工會的關係

七〇年代同時也見證了另一股由下而上的風潮，那就是國營事業的勞工們開始利用工會向管理階層表達他們的不滿與要求。那個時期的工會基本上仍是由國民黨黨部掌控，但基層勞工的主動攻勢的確改變了工會實際上的功能。套用赫緒曼的概念，如果說兼差打工是表示「退出」（exit），瑣碎的協商就近似「發聲」（voice）。為何會發生這種工會制度的轉換？應當先回顧國民黨列寧主義體制，是如何打造出黨部與工會的特殊關係。

在古典的列寧主義設計中，工會即是黨的外圍組織之一，主要的功能是傳遞上層的指令，工會幹部應該受到黨幹部嚴密控制。列寧主義的構想帶有菁英主義色彩，黨組織是先鋒隊，工會則是其領導的群眾組織；工會會員的資格可以普遍開放，歡迎並且鼓勵群眾加入，但黨員身分則是特權，應該保留給那些被層層揀選出來的少數菁英分子。[44]中國共產黨依循古典列寧主義之構想，將工會定位為一個篩選與培訓潛力黨員的訓練機構，勞工如果想加入共產黨這個高度排他性的俱樂部，就需要藉由擔任工會幹部證明自己的能力與忠誠。[45]台灣的情況則完全不同。五〇年代，國民黨開始在台灣實施黨國體制，國營事業工會為了柔化黨國體制的強硬形象，偏向扮演福利供給的角色，工會近似黨部附設的康樂中心。同時，國民黨為了在這個充滿敵意的島嶼上鞏固其脆弱的統治，對於本省籍黨員的招募採取積極而開放的態度，但這其實偏離了正統列寧主義的先鋒隊理論。舉例而言，楊青矗在七〇年代後期曾試圖競選立法委員，高雄煉油廠內的國民黨黨工用各種方法阻擾，最後甚至當面邀請他加入國民黨，鼓勵他爭取黨部的提名。[46]在正統的列寧主義下，這種邀請不但難以想像，也不可能發生。

再者，古典的列寧主義要求，黨組織與事業組織的管理結構應明確區分，如此才能確保作為核心的黨組織不受外來因素影響。因此，在中國的國營企業中，黨是「一個獨立的組織階層，與行政階層並行」。[47]相對地，台灣從五〇年代的國營事業改造之後，國民黨黨部就併入國營事業的行政體系，成為一個永久單位，通常稱為「員工關係委員會」。國民黨幹部在進行政治動員的任務時，也可以直接使用公司的資源，並且通過公司的行政管道發布命令。從國民黨的觀點，工會是推動政治運動極為重要的外圍組織，但並非唯一的管道。事實上，黨部往往比工會擁有更多全職人員，[48]這意味著黨部不全然依賴工會，在工會以外，黨工還是能找到其他政治動員的機制。

因此，在國營事業內，國民黨版本的列寧主義出現了兩項影響深遠的修正：首先，黨組織和管理階層並非兩個平行組織，而是有較密切的整合；其次，黨部與工會的聯繫較鬆散，換言之就是容許工會幹部擁有較多的自主性，而這些結構性的條件都有助於七〇年代勞工與工會之間「瑣碎的協商」之生成。

由下而上轉換工會

國民黨的黨國體制儘管已對古典列寧主義的設計有所修改，但其基本目標仍是一致的，工會的存在是為了將勞工組織起來，將其打造成一種可以被動員的群眾，國民黨在一九五一年提出的「現階段勞工運動指導方案」，即是此一原則的明證。這項文件指出「消滅共產國際侵略，爭取國家民族獨立」是所有勞工的「歷史任務和最高利益」。「保障勞工權，改善勞工生活」雖然也是列為目標之一，但在順序上仍排在「反共抗俄」、「政治民主」和「經濟效率」之後。[49]

這份指導方案清楚指出，在黨國體制下的工會，愛國和生產的重要性遠高於階級利益。不過，廠場裡的真實狀況並不全然符合他們的期待。如第二章所指出的，一般勞工們的政治意識普遍淡薄，面對這種現象，國民黨黨工試圖利用「服務」來贏取勞工的忠誠。結果，在工會的功能中提供福利的比例變高了，經年累月下來，勞工也對工會產生一種實用主義式的態度。

一九五八年一項針對郵電黨部黨員的調查，明白顯示出這種態度的變化。有過半的做答者認為，工會的主要任務包含「維護會員權益」和「照料會員生活」，而僅有不到百分之十的比例勾選了「增進會員政治認識」這個政治正確的選項。[50]國營事業內對於工會顯然早就存在這種將工會視為維護權益與照料生活這種工具主義式、實用主義式的理解，完全違背了黨國體制菁英原初的意圖。由於該項調查僅限於國民黨黨員，因此可以推斷，在非國民黨員勞工身上，這種觀點會更加盛行。

於是，工會幹部面臨了兩難。理論上，他們只是統治階層傳達命令的管道，確保群眾接收並順從統治政權的意識型態。然而現實上，他們又必須解決勞工實際的問題，以符合自己在勞工心目中的形象，並藉此贏得勞工的信賴。結果就是產生了由下而上滲透的毛細現象，會員代表開始傳遞基層會員的心聲與不滿給工會幹部，幹部們為了表示回應，勢必得採取某些處置，一個由下而上、附加在原本黨國體制結構上的溝通管道於焉成形。

儘管工會的領導者仍舊是由黨部指派，但他們對基層訴求的反應卻明顯地更趨積極。從一九七二到一九七六年擔任糖聯會理事長的陳錫淇所描述的經歷，可以清楚看出工會幹部這個角色的微妙變化：

> 我向台糖公司爭取大筆的費用來辦育樂活動，像是歌唱比賽等。以前這些都不是工會在辦

> 的，工會跟員工生活好像都沒什麼關係。我那時常跟總經理吵架，那剛開始，他很怨嘆，找我們黨部的書記投訴：「老蔡阿！你怎麼找陳錫淇來當理事長，他的意見太多了，又經常反駁我」。蔡書記支持我，他告訴總經理：「陳錫淇是好人才，他來自基層，知道基層有什麼問題，都照實反應給你，**他是你的眼睛**」。（粗體字為筆者強調）

敘述中這位國民黨幹部老蔡所點出的事實是，工會幹部的確享有某種程度彈性運作的空間，如果要讓工會幹部扮演黨組織的眼線，首先得要讓他們自由運用這種空間，設法贏得基層勞工的心。謝國雄在國營的唐榮鋼鐵廠也觀察到類似的現象，工會幹部發現自己處於一個矛盾的位置，既不被上位者信任，又會被下面的人抱怨。[51]國民黨黨國體制並不允許工會內部有真正的民主選舉，但工會幹部實際上必須擁有民意的支持，權宜之計就是黨國體制容忍、甚至鼓勵工會幹部幫勞工爭取福利，即使這種舉動不免導致工會幹部與管理階層的衝突。

瑣碎的協商之出現

在正常情況下，工會的主要任務是代表會員進行團體協商，這典型體現於「團體協約」的制度中。由於政府的積極推動試辦，台灣的國營事業工會定期與管理階層簽署團體協約。第一個採行這套措施的工會是糖聯會，早在一九六五年就與台糖公司簽訂團體協約。[52]然而事實上，當時沒有一個工會是由勞工自主運作，自然也就沒有真正的團體協商；團體協約充其量只有儀式性的價值，無法真正解決基層勞工的問題與需求。基層勞工為了維護自己的權益，只能訴諸所謂的「瑣碎的協商」策略。瑣碎的協商有以下三個特徵：一，部門或派別利益優先於群體利益；二，多聚焦於工資和福利事項，相對之下較不重視雇傭關係和工會代表等議題；三，訴求的正當性並非根據某些原則，而是來自於和其他群體的比較。例如當勞工為了改善自己的權益，而提出加薪或增加更多福利等要求時，通常會以某一群公司內（或公司外）員工的條件作為對比，藉以正當化自己的訴求。在這種協商策略下，階級利益與工會會員的集體權益被隱藏，甚至視而不見，出現的是一種極度破碎、追求瑣碎利益的階級政治形態。

一開始，瑣碎的協商僅發生在工廠裡國民黨員的圈子裡，因為工廠裡國民黨籍勞工有義務要進行「社會調查」。所謂的社會調查其實就是「抓耙仔」，國民黨員必須定期向上級黨幹部回報廠內的所見所聞；只是這個政治監控的體系後來被由下而上顛覆了，告密者變成申訴者，原本被要求出賣同事的勞工黨員開始積極為自己爭取權益，社會調查轉而成為勞工申訴的重要管道。

台糖內部刊物《糖業黨務》在一九五九到一九六八年間會固定刊登部分社會調查的內容與公司回覆，其中只有非常少數是黨員的告密舉發，例如「高雄醫學院開學典禮未唱國歌」（一九六三年）、「台南市電影院開映前播放日本歌曲」（一九六四年），大多數都是關於薪資和福利議題的提案。國民黨幹部願意費心出版這些社會調查，顯示勞工黨員開始在意自己的權益，原本應是高度政治忠誠的勞工中開始浮現一股瑣碎協商風潮。以下是部分社會調查的提案：

建議糖廠員工子女就學可以援照公教人員子女就學，領取教育補助費、申請減免學費。（一九六三年）

建議公司對農務人員有私有機車者，提高補助金額。（一九六五年）

建議比照進修公立大專補助辦法，補助員工進修私立大專。（一九六六年）

建議公司退休員工房租補助不應分城市與鄉村。（一九六六年）

建議附設學校教職員工待遇比照公司。（一九六七年）

這些訴求內容都非常狹隘，通常也只針對特定類別的勞工，顯示勞工內部的認同開始有了分歧，變成了一群互相競爭的群體。在私立大專進修的員工想要比照公立大專的員工，一樣能夠享有公司的補助；住在鄉下的退休員工也想要獲得房租補助，因為他們發現住在都市的退休員工有這樣好處。這些訴求都是立基於細微的差異，所以勞工們通常會以「比照辦理」方式正當化他們的請求。而這正是瑣碎協商的特色：不挑戰基本的人事分類制度，只聚焦於規則的技術性運用。不過這些訴求由於沒有工會支援，大多不了了之，並沒有獲得管理階層正面回應。這項原本只存在於國民黨籍勞工與黨部間的「社會調查」，之所以擴散到更廣大的工會會員，主要是因為會員希望工會能帶來實際的權益改善。如第二章所述，國營事業工會基本上為國民黨黨部的外圍組織，會費負擔極低，然而強制入會的規定與會費繳納的制度還是會讓會員期待工會幹部能夠帶來某些實際的協助，而非僅將工會服務限制在某些範圍之內。

由於國內外的政治衝擊，國民黨的威權統治在七〇年代初期出現鬆動的跡象，連帶影響到黨國體制對於國營事業的控制，這些改變也有益於瑣碎的協商之發展。首先，原本固定舉行的「國父紀念月會」正是在這個時期更名為較中性的「動員月會」，負責辦理月會的單位從國民黨部轉移至工廠管理部門，月會功能也從政治宣傳轉為討論生產和工業安全等勞工相關議題。同時，工廠內的反共宣傳與政治動員顯著減少，例如糖聯會從一九五六年開始每年都會發起各式各樣的「勞軍捐款」，十五年下來累積了近千萬元；但在一九七二年之後，只在一九七五年為了要蓋中正紀念堂而發動過一次，「全體會員踴躍捐獻一日所得，共計兩百萬元」。[53] 最後，黨外運動的登場，致使國民黨政權必須將過往的政治動員轉移到支持者的投票行為，以因應反對派的挑戰。國營事業勞工是支持國民黨的鐵票來源之一，為了確保其投票時的意向，黨國體制勢必得有一定程度的讓步。簡而言之，七〇年代政治機會的開啟，讓瑣碎的協商不再僅限於國民黨黨員，而更能普及至一般勞工。

從工會代表在例行會議中討論的議題，可看出瑣碎的協商出現之端倪。表七和表八（頁二三〇）為糖聯會的工會代表會議（一九七六～一九八三年）及石油工會的常務理事會（一九八二～一九九一年）中提案的分類與整理。從這些提案提出的時間點可以發現，其實早在解嚴前工會就已成為勞工提出各種權益訴求的管道。這些提案是工會代表在例行會議中正式提出的想法或建議，一經通過，就交由工會幹部執行，因此提案內容不僅顯示了工會的實際作為，也呈現出工會會員對工會服務範圍之想像。

從表七和表八中可以看出「無關會員權益的提案」數量非常少，在糖聯會一四二件提案中，僅有二十件，石油工會的六五六件提案中，也不過占了五十二件。某些提案相當符合國民黨列寧主義式的工會定義，例如「石油工會應推廣梅花餐運動」（一九八二年）、「糖聯會應動員會員擁戴蔣經國出任第七任總統」（一九八三年）和「石油工會請各分會支持響應政府推動之提高生產力運動」（一九八五年）等，可視為奇特的歷史殘餘。一九五一年的「指導方案」中指出工會是「利他性」的組織，服務各種國家設定的政治與社會目標為其首要工作，但從表七和表八所列的提案，實際上絕大多數的工會幹部都已不再接受這種過時的想法。

而「與會員權益相關的提案」激增，顯示工會的功能已經改變。勞工的訴求聚焦在和「薪資」與「福利」（也就是非現金給付的收入）相關的議題上，提案內容通常是根據某個特定標準，給予某一群勞工較佳的待遇。相對地，關於雇傭關係或工會代表這類議題卻較少被提出，

表七　台糖公司產業工會聯合會會議中的提案（1976-1983）

時期	無關會員權益的提案	與會員權益相關的提案	薪資	福利	雇傭關係	工會代表	其他
1976-1983	20	127	35	63	21	3	5

表八　台灣石油工會會議中的提案（1982-1991）

時期	無關會員權益的提案	與會員權益相關的提案	薪資	福利	雇傭關係	工會代表	其他
1982-1984	16	169	52	41	38	29	9
1985-1987	15	196	58	40	44	39	15
1988-1991	21	239	79	55	56	35	14

說明：（一）糖聯會的資料是根據會員代表會議的記錄（1976-1983年），資料來源：台糖公司善化糖廠文物館。（二）石油工會資料是根據第三、四、五屆常務理事會和理事會會議記錄，資料來源：台灣石油工會檔案室。（三）表中數字為筆者的分類和計算，其中並未列入工會秘書處所提出的會務性提案。

即使勞工本身就是階級關係中的弱勢方，或是直接與這些議題相關的工會會員。在糖聯會的會議中，薪資和福利在權益相關的提案中占百分之二十七點六和百分之四十九點六，而雇傭關係和工會代表則只占百分之十六點五和百分之二點四。在石油工會的會議中，這四種提案分別占了百分之三十一點三、二十二點五、二十二點八和十七點一。

如前章所述，國營事業在六〇年代全面實施的內部勞動市場，嚴重損害了基層勞工的職涯展望。工會幹部若真的要服務勞工會員，雇傭關係的提案應該會占更大的比例。當職員和工員之間的人事分化根深蒂固且無法改變，聚焦在工資和福利等瑣碎但容易有成效的議題似乎是一種權宜的策略。就某種意義而言，從事瑣碎協商的勞工是工廠裡的現實主義者，僅訴求有可能立即達成的權益。

瑣碎協商的限制

八〇年代中期，國營事業工會成為實質上的勞工申訴中心，處理和傳遞了許多勞工對公司的要求，無論這些訴求可能看起來多麼瑣碎、膚淺、甚至荒謬；[54]不過也正是於這種由下而上的持續壓力，讓工會擺脫五〇年代以來壓制性威權主義所設計的框架。這種工會功能的轉變是漸進的，而且並不明顯，所以一般認為國民黨幹部在這個時期仍舊穩固地控制著工會。

套用歷史制度論的概念，國營事業工會從列寧主義式的外圍組織到瑣碎協商的申訴中心之變革，符合所謂「轉換」（conversion）的機制，構成了制度的演化。馬哈尼（James Mahoney）與泰倫（Kathleen Thelen）認為，若相同的規則被「用新的方式詮釋和實施」，而導致某項制度實際施行的結果被從內到外徹底改變，即是產生了轉換的現象。[55]具體而言，有兩個條件有利於轉換的發生，分別是「現狀的維護者只具有薄弱的否決權」（the weak veto power of status quo defenders）和「詮釋和執行有高度裁量空間」（high level of discretion in interpretation and enforcement），這兩者會促使「機會主義者」（opportunists）的出現，進而推動制度的變遷。從台灣的例子來看，長期以來，國營事業工會都是利用福利供給的方式，以換取勞工的政治忠誠，國民黨幹部無法在此時譴責工會的失能；某個角度，國民黨幹部甚至樂於接受一個更活躍的工會，因為即使工會的角色改變，黨幹部的權力和特權也不可能因此受損，真正必須面對大量薪資和福利訴求的是公司的管理階層。因此，國民黨幹部成了「薄弱的現狀維護者」，加上工會幹部對於提案內容保有相當的裁量空間，亦有助於工會功能的轉換。進行瑣碎協商的勞工則展現出「機會主義者」的樣貌。他們選擇性地順應某些既存規則，為了讓自己的訴求能夠被聽見並被處理，這些勞工特意忽視工會既往被賦予的政治動員角色，單純將其視為爭取權益的管道。瑣碎的協商帶來了內衍性的制度變革，促使工會由黨國體制的輸送帶，逐漸轉型為勞工的申訴中心。

然而，儘管瑣碎的協商是一種頗受歡迎的抵抗策略，但實際上能從中獲益的，仍舊只有

表九　台糖公司和糖聯會的職員比例（1976-1983）

層級	百分比
糖聯會常務理監事	87.5
糖聯會會員代表	51.3
台糖員工	42.3

說明：（一）員工資料來自台糖公司（1986: 387），（二）工會資料是根據糖聯會會員大會會議資料（1976-1983年），台糖公司善化糖廠文物館。（三）糖聯會常務理監事僅有1978年的年度資料，（四）數字為筆者計算及整理。

勞工中原本就較具優勢的群體；職員和工員之間根深蒂固的不平等就無法以這種方式解決。事實上，一直到一九八七年自主工會運動興起，工會的領導職位幾乎都是由職員出任。國營事業人事制度上的不平等也完全複製在工會內部，石油工會自一九五九年創立以來，所有的理事長都是由課長級以上的職員擔任，直到一九八八年才被打破。這個現象同樣發生在糖聯會，表九即列出職員在台糖全體員工與工會幹部中所占的比例。

由此可知職員在工會所享有的優勢。在工會中，越上層的幹部職位，越不可能是由工員擔任，因此要求工會幹部真正關注多數工員的困境是不可能的。就某個意義而言，瑣碎的協商同樣複製了階級內的分化，自然不可能由此建構階級內的團結。

另外，一九八四年勞動基準法通過後也產生了不少值得觀察的例子，其中一個議題的主角是臨時工。

當時台灣與美國之間的貿易順差到達最高峰，台灣勞工處境遭到美國強力批評，國民黨政府於是被迫開始從法律層面保護勞工的權益。從美國的角度，提高勞動成本，就是降低台灣當時勞力密集產業的競爭力。[56]然而，工時、加班費和退休給付等勞工權益一經立法保障，卻產生預期之外的結果，包含台糖、中油在內的許多國營事業，為了規避新的法律規範，特意將某些業務外包，反而造成許多臨時工被解雇。[57]當時的工會幹部並沒有注意到這個議題，讓許多臨時工投訴無門。

另一個議題則發生在中高階職員身上。根據勞動基準法的新規定，中高階職員（即分類職位六等以上人員）的身分有了新的定義，即「公務員兼具勞工身分」，這表示中高階職員喪失很多公務員所享有的權益，尤其是關於退休給付的部分。因此，在中高階職員之間便出現了一股抗議風潮。

依照瑣碎協商的模式，他們要求與公務員享有同等的待遇，也要有月退俸；這些中高階職員大力批評所謂「副總經理級的退休金比總領班低的怪象」。[58]所以石油工會的刊物《石油勞工》在八〇年代中期充斥著資深職員寫的抗議文章，他們不滿當時政府的改革，文章中流露對蔣介石時代的懷舊之情，「蔣公晚年，曾以『知恥知病』告誡公務員，我們看這一件個案分析，真不知其：知恥云哉！知病云乎哉！但願此文，有助於公務員依法行事心態的培養」。[59]當時的石油工會是由職員主導，對這項議題非常積極，多次行文經濟部要求改善。[60]這兩個議題的對比非常明顯，瑣碎協商的策略並沒有挑戰工會內部的不民主，工會幹部選擇申訴議題時仍舊偏袒優勢群體，而大多數與底層勞工切身相關的問題，往往會被工會幹部視為較不重要，甚至直接加以忽略。

瑣碎協商的第二個問題是它不容許政治異議者的參與，這一點從楊青矗一九七六年競選工會理事失敗的例子即可驗證。楊青矗早在參選前就因其披露勞工困境的小說及報導享譽全國，在鄉土文學初興的年代，他是最著名的勞工作家；但也因此被執政者盯上，受到國民黨黨工和情治人員嚴密監控。當時，石油工會第一分會共有九位理事，楊青矗打算與六位同事聯手競選理事的職位，希望藉此取得工會主導權。值得一提的是他的六位夥伴中，有四人是從軍中退役的外省籍勞工，他們也同樣對國民黨批評甚力，這顯示到了七〇年代中期族群分歧已不那麼顯著。這一群異議勞工宣稱自己是「勞工提名」，藉以凸顯他們要對抗的是由黨部提名的候選人；但他們首先要面對的就是黨國體制為了操縱選舉而特意設計，間接且複雜的工會選舉制度。這批「勞工提名」的候選人必須競逐一〇九名的勞工會員代表，接著才有資格在九席的理事選舉中擔任選舉人和候選人。在會員代表的選舉中，七位「勞工提名」的候選人有六位當選，但到了理事選舉則只剩楊青矗一人當選。楊青矗感到相當灰心失望，他一得知結果就立即宣布辭去剛當選的理事一職，以抗議黨部的不當介入。在解嚴之前，這是勞工們唯一一次嘗試有組織地挑戰國民黨的工會控制，最後仍宣告失敗。

楊青矗後來將這段經歷改寫成短篇小說〈拜託七票〉，也在他的自傳與回憶錄中更深入描繪了國民黨部是如何先發制人，運用各種手段企圖阻撓或干擾他們這群異議勞工帶來的「挑戰」。[61] 例如黨部曾在會員代表選舉的階段，故意提名與楊青矗同單位的課長參選，企圖誘使該單位的同事投票給主管，這樣就不會投給楊青矗。儘管如此，楊青矗仍在會員代表的選舉中勝出，進入理事選舉，但也因此遭遇黨部更大的阻礙。黨部提名的候選人能利用上班時間從事選舉活動，到公司各單位拜票；他們的拉票行程卻只能安排在下班後，而且只能在宿舍區進行；為了安全起見，他們到宿舍區拉票前，還得先去保警隊長那裡報到，保證自己也是「愛國的」。臨近投票日，八位原本表明支持楊青矗的勞工會員代表突然奉派出差，無法參與投票。會員代表大會當天，會場佈署了上百位警察和便衣情治人員，楊青矗與其夥伴得經過激烈的交涉才能爭取到發言機會，得以闡述自己關於工會運作的理念，而其中一位候選勞工也趁機公開舉發福利委員會的貪腐情事。然而，國民黨幹部還是運用議事手段，限制楊青矗等人的發言時間，甚至讓國民黨籍監票人員監視勞工投票，使得投票不再是祕密進行。即便如此，楊青矗仍然當選了工會理事。但隨著楊青矗的辭職抗議，黨國體制安然度過了異議勞工的挑戰，也讓黨部對工會的控制更加穩固。

這場選舉影響了楊青矗之後的生涯，他發現既有的制度性管道根本無法反映基層勞工的心聲，於是轉而與正在全國串連中的黨外運動合作。一九七八年，他代表黨外工人團體參與立委

勞工作家楊青矗原先任職於高雄煉油廠，曾參選廠內工會選舉，但受國民黨黨部阻撓，因而決定投身政治。1978年，楊青矗代表黨外參與工人團體立委選舉，但這場選舉後來被國民黨政府以台美外交關係終止為由，臨時宣布取消。圖為楊青矗競選時的漫畫文宣。（1978年）

選舉，但這場選舉後來被國民黨政府以台美外交關係終止為由，臨時宣布取消。隔年，台灣的黨外運動以《美麗島》雜誌的旗幟重組，楊青矗在煉油廠情治人員的壓力之下，仍擔任了高雄市服務處主任。楊青矗曾在《美麗島》雜誌撰文，分析當時工會的困境，他認為貨真價實的工會才能真正保障勞工的權益，從而主張「工會會員淨化」，因為「資方、官方、黨方的人都混進工會當會員，而且把持了工會，使工會起不了作用」。[62]之後發生的美麗島事件也牽連了楊青矗，他被逮捕、刑求，最後遭處四年八個月徒刑。楊青矗在一九八三年出獄，他仍舊在反對運動中扮演積極的角色，但再也沒有回到高雄煉油廠。[63]因此，八〇年代後期自主工會運動的推動者往往只讀過楊青矗的作品，卻從來不識他本人。

楊青矗的個人故事透露出，在國民黨黨國體制控制下，勞工想利用工會管道爭取權益極為困難。瑣碎的協商之所以可行，其實是因為這種抵抗策略從未真正觸及國營事業內部根本的矛盾，楊青矗在政治手段上的轉向，顯示勞工要推動真正的工會運動，必須採取更激進的抵抗策略；不過在仍有戒嚴令的年代，這並非一個現實可行的選項。

* * *

七〇年代到八〇年代中期，兼差打工和瑣碎的協商成為國營事業勞工面對內部種種不公平壓迫的抵抗策略；就勞工的抗爭角度，兩者都積極地意圖爭取更多權益，只是兼差打工是在檯面下，以非公開的方式進行，而瑣碎的協商則是運用工會公開的管道。兩種策略的出現顯示了勞工對主管的依賴降低，因此他們不再需要靠阿諛主管拉關係，或是戴上順從的面具，以行禮如儀的方式規避政治糾葛。兼職勞工等於擁有另一項獨立的收入來源，這不僅滿足了他們的經濟需求，也幫助他們掙脫貪腐的再分配政治；進行瑣碎協商的勞工不再將工會視為黨國體制的外圍組織，而把它當成維護自己權益的管道。這兩種策略看似相背，實則互補。許多身處困境的勞工一方面會在閒暇時從事兼職，但同時也會期待工會幹部能夠為自己爭取更好的薪資和福利。楊青矗本人從事寫作、出版和裁縫的兼職，但這些「外路仔」並沒有阻礙他企圖從國民黨幹部手中奪取工會的主導權，獨立的收入來源反而讓他更無後顧之憂，擁有更多挑戰黨國體制的籌碼。

兼差打工和瑣碎的協商改善了勞工的地位，事實上也為八〇年代後期的自主工會運動奠定了基礎，但在勞工抵抗的歷史上卻並未被特別著墨，原因頗多。首先，在國營事業內從事兼差打工是違法的，所以這些賺外快的勞工為了不被主管發現，勢必得遮掩躲藏；而管理階層也盡量視而不見，甚至設法包庇勞工，以免坐實外界對國營事業管理不善的印象。這或許可以解釋為何先前的勞工研究中，私部門勞工創業現象已有相當完備的記錄與分析，但對國營事業兼差打工的情況卻付之闕如。

再者，八〇年代後期自主工會幹部對國營事業工會的認知，也使得瑣碎的協商現象被刻意忽視。一九八七年之後，勞工抗爭風潮興起，全台灣的工會掀起一股自主工會幹部和國民黨幹部之間的領導權戰爭。康義益是第一位非國民黨籍的石油工會理事長（一九八八～一九九三年），他曾這樣描述工會積弱不振的狀態，「石油工會一直是沒有聲音，工會只是升官的一個跳板，會員不知道工會位於何處，也不知道工會理事長是誰，那階段的工會只是一個花瓶，一個無所做為的工會，但它也達成了一個時代任務，至少它把工會維繫下來」。[64]

康義益認為之前的工會領導者只重視自己升官發財，不在乎會員權益，這個觀察大體上與事實相符，但是工會絕非是「沒有聲音」的。

八〇年代後期自主工會運動者常將戒嚴時期的工會描述為「花瓶工會」或「閹雞工會」。[65]在七〇年代的巴西，新興的自主工會運動興起，挑戰對象正是由軍事獨裁政權扶持的保守工會，後者也被譏諷為「羊皮鞍座」（*pelego*）[66]。言下之意就是這些工會幹部任人擺布，彷彿隨便就可以踐踏與凌駕。同理，台灣的勞工運動者也認為「閹雞工會」好看而無用，只具備裝飾功能，根本無法保護會員；此後，「閹雞」就成為台灣人對於工會所能想到最糟的形容詞。於是，不論故意與否，自主工會幹部選擇忽略先前瑣碎協商的現象。這種帶有偏見的描述，其實並沒有看到這個時期的工會已經逐漸脫離列寧主義式的傳動帶，而出現「利益匯集」（interest aggregation）的功能。事實上，以「花瓶」、「閹雞」觀點看待解嚴前工會，也容易產生誤導，以為國民黨僅是為了裝飾而籌組國營事業工會。而忽略了工會從一開始就是黨國體制的外圍組織，是為了協助政權榨取勞工的政治忠誠而存在。因此，這樣的解釋誇大了早期國民黨對政治正當性的需求，也低估了列寧主義的戰鬥精神。

儘管瑣碎的協商往往目光如豆，不公平地偏袒優勢群體，且不會對工廠內的勞工狀況產生任何實質上的改變；但其在勞工抵抗策略上的重要性仍不應被忽略。當政治機會變得對勞工有利，這種高度受限的抵抗策略將有助於抗爭性格的工會運動之興起。

第五章　勞工運動的登場：社會運動型工會

國民政府於一九四九年頒布的戒嚴令原本只是內戰潰敗後為了維繫政權的權宜措施，但隨著時間過去，這道戒嚴令卻逐漸成為黨國體制控制公民社會力量的手段；反對運動、獨立媒體、示威遊行、勞工罷工等公民社會爭取權益的各種積極抵抗，在戒嚴令的統治下都成了非法的行為。甚至到了八〇年代，台灣已經因為經濟的發展而被稱為「新興工業化國家」，戒嚴形成的禁制卻絲毫沒有鬆動跡象。因此，由反對運動與社會運動帶頭，台灣開始出現一股由下而上的公民社會力量，企圖挑戰國民黨政權的威權統治。[1]

台灣的勞工運動是在民主轉型過程中逐步打造出來的。一九八四年勞動基準法通過，立法導致的勞動成本提高引發了資方的反彈，大量而密集的媒體報導也使社會大眾更加關注勞工問題。同年，台灣勞工法律支援會（簡稱「勞支會」）成立，與波蘭在一九七六年成立的勞工辯護委員會（Workers' Defense Committee）類似，兩個團體基本上是由反對派知識分子組成，主要目的是協助受迫害勞工，提供他們法律諮詢與服務，算是廣義的政治反對運動之一環。如同其名稱所顯示的，勞支會最初設立的構想只是協助勞工解決法律問題，然而隨著勞工抗爭的日益興盛，勞支會也進而扮演了更積極的角色。

一九八七年七月，台灣解除了長達三十八年的戒嚴；半年後，也就是一九八八年的農曆春節期間，台灣出現了首波自發性的罷工風潮：生產線停擺、客運沒有照常發車，各地化工廠、電子廠與客運業勞工，以罷工方式向資方爭取更高的年終獎金。過往，勞基法所承諾種種諸如工時、休假、加班津貼等法律保障，即便與實際狀況有明顯落差，但由於資方抵制，主管機關並未積極要求落實。解嚴後，公民力量勃發，這類「師出有名」的勞工抗爭一發不可收拾，形成了當時所謂的「順法抗爭」風潮。為了因應工潮，政府在解嚴後一個月成立了部會層次的「勞工行政委員會」（簡稱「勞委會」，二〇一四年改制為「勞動部」）；一九八九年，首任的勞委會主任就曾如此感嘆：「兩年前，我們還沒有聽過什麼叫『勞工意識抬頭』，沒有看過『罷工』，也沒有聽過所謂『關廠』，更沒有聽過以勞工為主要訴求的爭取對象而成立政治團體……」。[2]

事實上，在世界各地，特別是巴西、南韓、南非等國家，這種積極進取的工會運動經常伴隨著政治轉型出現，成為反獨裁運動的一個支流，研究者用「社會運動型工會」（social-movement unionism）來描述這種發生於民主化過程中的工會運動。[3]在這些例子中，工會領導者自我認同為一種社會運動，將工會當成一種動員勞工階級的工具，與草根社區或其他運動組織結盟，而不只是純粹關注狹義的會員權益，畢竟工會會員除了是勞工，也是社區居民、階級成員、消費者，當然也是一位公民；後來，許多學者也開始採用「社會運動型工會」來描述先進民主國家，包括美國、日本與歐洲[4]，所出現的各種工會復振的嘗試。不管是開發中的南方國家，或是已開發的北方國家，新的運動成員都是促成社會運動型工會的主要力量；他們帶著不同於傳統工會官僚的心態，積極介入，讓工會組織重新回歸到社會運動之中。以九〇年代的美國為例，大批前民權運動者進入工會，積極組織尚未加入工會的勞工，為工會帶來新的氣象。[5]至於台灣國營事業勞工則是受到黨外運動啟發，在解嚴後積極參與工會運動，除了從黨國體制手上奪取原先就應屬於他們的工會組織，也從而開創了台灣自主工會運動的先河。問題是，這種以階級為基礎的抵抗是如何產生的？其次，台灣的社會運動型工會並非平均分布，同樣是國營事業勞工，為何中油員工能夠發起持續性的抗爭活動，但台糖的勞工運動卻出師不利，早早就夭折陣亡？

在台灣，最早參與勞工運動的勞工大部分為本省籍，是黨外／民進黨的支持者，同時在國營事業裡屬於工員的身分。隨著政治環境的改變，這些在既有族群、黨派與職位政治裡處於劣勢的勞工，開始有機會表達他們的不滿。換言之，社會運動型工會克服了某些既有的分歧，進而推動一種立基於階級團結的集體行動。其實，所謂的「自主工會運動」並非真的無黨無派，為了爭奪原本由國民黨幹部控制的工會機器，這一群異議勞工們採取了與反對運動，尤其是與主要反對勢力民進黨結盟的策略。此外，工作場所與居住空間的分布也會影響勞工們的社會關係，進而帶來不同程度的動員；例如相較於糖廠，煉油廠員工更享有動員上的優勢，因為煉油廠的工作多採輪班制、宿舍區的分布也較為密集，而這些都有可能強化其參與抗爭的意願。

從「政治人」到「階級人」

楊青矗一九八〇年因美麗島事件判刑入獄，在他服刑期間，一群年紀較輕的高雄煉油廠勞工成為黨外運動的熱情支持者，這批支持者後來促成了自主工會運動。陳金水（假名）在二〇〇一到二〇〇三年間擔任石油工會第一分會的常務理事，他聲稱自己從高中時就反對國民黨。一九七九年十二月十日，陳金水與他的煉油廠同事參與了那場在後來影響重大的國際人權日集會，而且是「從頭戰到尾」，親身體驗了警民暴力衝突；煉油廠的情治人員事後還找陳金水問話，叫他不要涉足廠外的政治活動。民進黨成立後，陳金水擔任過兩屆橋頭鄉黨部總幹事，以及連續四屆高雄縣黨部執委。黃清賢先是在一九九四到一九九八年間擔任石油工會第一分會的常務理事，後來則當選石油工會理事長（一九九八～二〇〇三年）。他和陳金水一樣，很早就開始關注廠外的政治活動，甚至在解嚴後多場政治抗爭事件中擔任糾察隊的角色；而且黃清賢一直很自傲，自己是全國編號在一百號之內的民進黨創黨黨員。蘇慶華是大林糖廠員工，他常說自己因為搞社會運動，被廠內人二主管視為「黑五類」，二十多年都沒有升等。民進黨成立之後，蘇慶華曾擔任過嘉義縣黨部主委。

陳金水、黃清賢、蘇慶華政治參與的形態十分類似，他們經常參與黨外運動的選舉場子，熟悉反對派政治人物的發言與近況，也因此獲得了政治啟蒙。當時台灣的黨外雜誌風起雲湧，與東歐反對派的地下出版品「薩米亞特」（samizdat）類似，兩者都是政治異議分子傳播理念的重要管道；台灣黨外雜誌另有一特點，就是言辭犀利的政治評論，以及敢於揭發官員不軌行徑的新聞報導，揭露黨國體制下媒體試圖掩蓋的真相。異議勞工會偷偷將黨外雜誌帶到工廠，報導內容自然成為同班勞工之間的聊天話題。事實上，這些異議勞工通常是工廠內的意見領袖，在開始參與廠內工會選舉前，就已經展現出傳教士般的熱情，積極傳布最新的政治福音。他們會邀請同事參加黨外的演講活動，或是鼓勵閱讀黨外雜誌；甚至有位石油工會幹部會在值班時間結束後仍留在廠場，因為這樣才可以與下一班的勞工「聊政治、罵國民黨」。透過這些方式，反國民黨的思想在工廠內逐漸蔓延擴散。

在七〇年代，楊青矗從事工會運動是起因於關切基層勞工的處境，他曾參選過工會的會員代表，但受到國民黨黨部的阻撓，於是決定參選立法委員，投身政治運動。但經過了十年，楊青矗在煉油廠的繼承者們卻採取了相反的路徑。八〇年代的國營事業勞工是先具有黨派意識，接下來才開始參與工會運動；在台灣第一代勞工運動者中這樣的轉變非常常見，他們先是「政治人」，後來才是「階級人」。[6] 為何這些後來的工會運動領袖會先關注廠外的政治議題，而不是更貼近勞工日常生活的階級議題？因為台灣的反對運動向來是由中產階級主導，他們主要的目標是政治性的，談的是選舉、人權、民主，社會議題並不是其關懷重點[7]。舉例而言，一位資深的黨外運動領袖一開始曾刻意避免與楊青矗碰面，因為他懷疑這位全國知名的勞工小說家是「紅的」，疑似共產黨的同路人。[8]事後當然證明這是錯誤的猜測，但黨外領導者「恐共」卻是不爭的事實；黨外運動的左翼分子艾琳達就曾指出，《美麗島》雜誌的領導者不想碰觸墮胎、工會等「敏感議題」，他們認為這不但沒有必要，而且會嚇跑中小企業的金主。[9]

社會運動研究者指出，許多因素都會決定某一種運動訴求是否會在特定群眾中產生「共鳴」（resonance），其中一項即是所謂的「經驗的可共量性」（experiential commensurability）；也就是這個訴求的「運動框架」（movement frame）是否能夠移轉至參與群眾的日常生活。[10]從這個角度來看，政治反對運動之所以能夠喚起國營事業勞工的共鳴，主要在於兩點，首先，政治反對運動批評國民黨的黨國體制，是因為黨部寄生在各種公家單位，嚴重扭曲了機構的正常運作。反對派政治人物著眼的是整個台灣的政治結構，而勞工卻自行在工廠的黨派政治裡找到了呼應；黨國體制的威權統治剝奪了一般人的政治自由，基於相同的理由，廠場裡的勞工也無法掌控自己的工會組織。其次，反對運動一開始「住民自決」的論述，後來公然採取了台灣獨立的民族主義訴求，八〇年代末期則轉向族群動員，省籍問題不再是不可以談論的政治禁忌，批評外省人政治壟斷的聲音越來越明顯。[11]在國營事業裡，長期經歷族群政治的勞工對這樣的批評感同身受。反對運動的訊息在一般社會群眾的耳裡可能模糊不清，但在工廠裡卻可以找到具體的對應；例如「台灣人出頭天」這類訴求族群身分的民族主義動員，正好點燃了勞工的參與熱情，也讓勞工更加相信，自己的不滿是源自國民黨政權的威權統治。

自主工會作為一種反抗國民黨運動

根據官方的統計資料，一九八四到一九八七年勞資糾紛的數量分別是九〇七，一、四四三，一、四八五，一、六〇九件，呈現出明顯的成長。[12] 這些勞資糾紛大部分發生在民營企業，內容多是涉及加班、資遣、工傷意外等實際的金錢爭端；相對於此，這個時期國營事業的勞工運動則出現政治化的傾向，自主工會運動逐漸演變成為反抗國民黨的運動，石油工會就是最好的例子。

一九八七年十二月，黃清賢與五位中油林園廠的同事，投身石油工會會員代表選舉；他們還特別以「勞方聯線」的名義聯合競選，以彰顯與國民黨扶植的候選人之區別。選舉結果，六位異議勞工順利當選，而「勞方陣線」也在之後理事、常務理事、理事長等更高層級的選舉中，成為自主工會運動者的共同旗幟。一九八八年三月，來自加油站部門（第二分會）的康義益當選石油工會理事長，這在台灣勞工運動具有許多不同層次的歷史意義。首先，康義益成功打敗了國民黨部內定的人選，是第一位非國民黨籍的石油工會理事長，也是首度有工員登上工會的龍頭寶座。就族群而言，之前的十二位理事長中，只有前一任（一九八五～一九八八年）

是本省籍，康義益的當選意味著向來被工會排除在外的本省籍勞工不再沉默，開始採取更積極的抵抗行動。一個擁有近兩萬名會員的全國性工會，在解嚴後不到一年的時間「變天」，國民黨如此輕易就搞丟了一個親手扶持並且掌控了四十年以上的外圍組織，顯見其在勞工階級的基礎已經受到相當程度的侵蝕破壞。一九八九年，勞方聯線的成員在工會分會選舉中乘勝追擊，順利掌控石油工會第一分會的主導權。

挺民進黨是勞方聯線成員最明顯的特徵，部分原因在於，不論是哪一個層級的工會選舉，他們對抗的其實都是隱身於公司行政體系的國民黨黨部。康義益是黨外運動健將康寧祥的胞弟。康寧祥在競選立法委員之前，曾經當過加油站勞工，之後才從政。來自高雄的勞方聯線成員其實並不太認識康義益，但他們仍決定共同挺他出馬角逐理事長寶座，多少也是基於黨派政治的考量。如果康寧祥敢在國會裡挑戰國民黨，他的胞弟應該也會在工會裡扮演相同的反對派角色。其實在早期的工會選舉中，黃清賢會特意在自己的宣傳單上印民進黨的黨徽，其他勞方聯線的參選者也有類似舉動，或是在文宣中強調民進黨市議員的「推薦」，或是在宿舍區掛上民進黨的黨旗。這些工會參與者在當時都認為民進黨代表一種不同於國民黨的工會路線，勞方聯線的規章裡甚至曾有一條「鼓勵會員加入民進黨」的規定。在他們看來，爭奪工會的主導權一如廠外的政黨競爭，國民黨是享有各種優勢的在位者，民進黨則是新浮現的挑戰者；因此在角逐工會職位的選舉上，也試圖模仿廠外民意代表選舉的手段操作。

新興的自主工會運動開始在廠場層級的工會站穩腳步，同時也積極透過選舉的方式，試圖拓展政治上的影響力。一九八六年十二月，當時擔任全國總工會理事長的陳錫淇，意外地在立法委員連任選舉中落敗。陳錫淇出身糖廠的煮糖工，是從基層幹起的本省籍勞工；他曾擔任糖聯會理事長，代表糖廠全體勞工，也曾在一九八〇和一九八三年接連兩次當選立法委員，擁有豐富的參選經驗。純正的勞工背景，以及積極參與勞基法的制訂，被視為陳錫淇最有利的政治資產，沒想到卻在一場看似十拿九穩的選舉中，被一位名不見經傳的民進黨籍候選人擠出當選名單。顯而易見的是，陳錫淇並非因為表現不佳而落選，是台灣勞工階級對於國民黨的普遍背離，終結了他的國會從政生涯。[13]

一九八六年的選舉，自主工會運動來不及登場；三年後，他們積極布局，試圖用選票挑戰國民黨。民進黨提名了石油工會秘書長蘇芳章參選工人團體的立法委員；一九八七年從民進黨分裂出來的工黨則提名了石油工會理事長康義益，以及糖廠工會領袖陳進明。選舉結果揭曉，蘇芳章二八、一四七票、康義益一〇、一二〇票、陳進明一一、四四四票，三位自主工會運動提名人選全部落選，落選原因部分是因為反對陣營的分裂與內鬥；事實上，三人票數合計遠超過票數最低的當選者（三五、九五六票），如果參選前能夠有所協調，這些新浮現的工會運動領袖是有機會進入國會。[14]由此看來，異議勞工與反對黨的政治聯盟已然成形。事後看來，這樣的發展勢不可免，因為異議勞工與反對黨對抗的是同一個對手；也因此，國營事業的勞工運動其實清楚反映出自主工會運動的政治路徑。李允卿認為，與南韓相較，台灣的勞工運動抗爭性較薄弱，也缺乏勇武的英雄氣概，原因正在於異議勞工與反對黨之間這種制度性的連繫。[15]台灣和韓國幾乎是在同一時間開啟了民主化的轉型，但是南韓一直等到二〇〇〇年民主勞動黨成立，異議勞工才有進入國會殿堂的機會；相對於此，台灣的自主工會運動者很早就與發展中的民進黨搭上線，早在八〇年代，就讓剛成立不久的民進黨接連在一九八六和一九八九年兩次立委選舉中，獲得工人團體的席次；九〇年代也有自主工會領袖或是勞工運動幹部獲得民進黨的提名，當選不分區立法委員。

九〇年代中油高雄煉油廠也出現了自主工會持續挑戰黨國體制的抗爭。勞方聯線成員掌握了石油工會第一分會，以此要求國民黨黨工全面撤出公司的行政體系。工會幹部在一九九二年的立委選舉中發現，公司高層為了幫國民黨籍候選人輔選，假借自強活動的名義贈送禮品，勞工們拍照存證，與民進黨民代聯手召開記者會，向社會大眾控訴國民黨黨國不分的賄選行為；[16]此外，他們也揭露了煉油廠並沒有將總公司提撥的勞工教育費用交給工會，而是直接挪用至黨部。中油高雄煉油廠的國民黨黨部從一九七一年開始納入人事室的編制，對外號稱「員工關係委員會分會」[17]；一九八九年，為了因應廠內與廠外反對勢力的崛起，將名稱改為「員眷服務室」，並且增補人員、擴大編制。[18]由於自主工會勢力的持續抗議，總公司於一九九三年七月決定正式裁撤這個實際上並未真正服務員工與眷屬的單位。[19]在這之後，自主工會運動者將目標轉移到國民黨黨部機關刊物《勵進月刊》。這份刊物名義上由煉油廠勵進社經營，但是實際上運作經費卻全部由公司提供；工會幹部揭露這些黨幹部假藉編刊物之名的種種白肥行徑，例如「十幾個勵進委員去環島旅遊訪問警總、青年日報、（國民黨）文工會等單位，還去國外拉風說什麼以文會友，回來後以相片集冊呈報廠長、社長，報告豐功偉業」。[20] 自主工會還揭發過一椿抄襲的醜聞，某任《勵進月刊》的總編輯曾抄襲一本已出版的小說，在月刊上連載，以賺取稿費；事實上這位「總編輯」經常用不同筆名刊登「自己的」作品，還會一稿多投，將同一篇文章同時刊登在公司、煉油廠、工會、黨部的

九〇年代，勞方聯線成員掌握了石油工會第一分會，要求國民黨黨工全面撤出公司的行政體系。圖為黃清賢帶頭抗議國民黨黨部介入工會運作。（1996年）

表十　台糖廠內防諜員的佈建狀況（1984-1989）

年度	防諜員的數目		情報資料的數目
	一般佈建	重點佈建	
1984	621	193	1,315
1985	529	340	1,172
1986	467	399	1,202
1987	478	392	1,237
1988	n/a	n/a	n/a
1989	496	434	n/a

資料來源：《台灣糖業公司年度人事查核業務檢討會議資料》（1984-1989），台糖公司善化糖廠文物館。

刊物。[21]工會掌握到這些事證，決定發動全廠公投，讓會員決定這份刊物是否應該停辦。毫無意外，投票結果工會獲得壓倒性的勝利，一九九四年九月，發行四十三年的《勵進月刊》停刊。[22]

事實上，自主工會運動的興起也遭遇了國民黨強硬的打壓。幾乎每一位勞方聯線的成員都曾受到情治人員的騷擾與恐嚇，他們的眷屬也都接過廠方打來的「提醒電話」，暗示如果執意參加「反政府」活動就會被解職；有一位工會幹部的妻子為此擔心焦慮到甚至需要去看精神科醫生。台糖的人二檔案資料也顯示，戒嚴令的終止並沒有解除情治監控，反而更強化了對異議勞工的監控。表十即是台糖所佈建的「防諜員」數目與他們收集到的「情報資料」。

根據台糖人二的官方說法，防諜員的遴選是基於「思想純正，富國家民族觀念，品德高尚，操守廉潔，人際關係良好」等原則，其運作方式在於「均衡深入，隱蔽原則，作全面佈置」；講白了，防諜員就是忠黨愛國，而且願意向情治主管打小報告的線民。根據一九八六年資料，台糖的情治人員在每一百位員工中佈建了六點四位防諜員；上表清楚指出，國營事業在解嚴後不但仍舊存在政治監控，而且有變本加厲的趨勢。反對黨與勞工運動的興起導致國營事業高層更加強化其安全控制，最明顯的就是「重點佈建」增加。所謂的「重點佈建」指的是針對「特定對象」的監控，範圍包括「匪嫌、輔考對象、考核分子、專案偵控對象等」；換言之，支持反對黨的異議勞工都會被列入重點觀察名單。

中油的管理階層也試圖消解自主工會運動帶來的衝擊。以往在黨國體制控制下，國營事業工會負責許多福利業務，但隨著基層勞工掌控了工會與福利會，業務經營轉由管理階層主導，工會在自主化之後能掌握的資源比以往更少。[23] 一九八九年，高雄煉油廠設立員工申訴委員會，由廠內職等最高的國民黨黨幹部擔任主委，負責「協調並處理有關申訴事宜，舒解當事人之情緒及抱怨」。[24] 這明顯是國民黨黨部的復辟之舉，試圖在喪失了工會的主導權後，另闢管道，收攬基層人心。

眼見工會已變得不聽使喚，國民黨政府也想到一招釜底抽薪之計。一九九〇年，勞委會提出工會法修正案，將產業工會的「強制入會」改為「自由入會」，[25] 試圖瓦解自主工會運動

表十一　石油工會第一分會會員代表席次分布（1987-2003）

年度（屆期）	全部席次	勞方聯線	團結工聯	國民黨
1987（第五屆）	n/a	18	—	n/a
1991（第六屆）	33	15	—	18
1994（第七屆）	35	28	—	7
1997（第八屆）	35	29	2	4
2000（第九屆）	36	36	0	0
2003（第十屆）	36	20	16	0

資料來源：黃玫娟，《區隔化之內部勞動力市場、社區與工會的自主和轉變：以高雄煉油廠為例》，台中：東海大學社會學研究所碩士論文，1991，pp. 103-104。吳昱賢，《派系／分類與政治運作：以台灣石油工會為個案的研究》，台北：國立台灣大學社會學研究所碩士論文，1997，pp. 60、94、114。以及筆者的田野研究。

說明：本表只呈現了石油工會的會員代表選舉（所謂的「大代表」），而不包括石油工會第一分會的會員代表（所謂的「小代表」）。

所依循的法源基礎。勞委員官員的理由是為了因應「社會多元化」的潮流，然而其政治意圖昭然若揭，工會法中「強制入會」的規定最早可以追溯至一九四三年，也就是中國大陸時期的國民政府，如果取消這項規定，管理階層就能輕鬆「說服」員工退出工會，而工會也無法繼續以「自動扣款」的方式替會員繳納會費。[26] 這一回，台灣自主工會運動者集結，共同對抗退步的修法。一九九二年，國會首度全面改選，民進黨席次大增，由於反對黨勢力興起，國民黨政府最後決定撤回這項備受爭議的修正案。[27]

因此，自主工會勢力為了站穩腳步，必得正面因應來自國民黨黨部、情治人員、管理階層、政府官員的聯手打壓。在高雄煉油廠，勞方聯線就成功克服了這些障礙，奪回工會的主導權。表十一為石油工會第一分會歷年來的會員代表選舉結果。

九〇年代，勞方聯線在選舉上的實力也愈趨強大。一九九七年之前，他們的主要對手是國民黨。每次工會選舉，國民黨推派的候選人都會打出各種不同的旗幟名號，例如「革新陣線」、「團結工會聯盟」、「員工自救會」、「勞工清新聯盟」，但仍無法拉回基層會員的支持。一九九七年之後，勞方聯線變成與分裂出去的派系「團結工聯」對決；國民黨仍會推出人選，但已起不了太大作用，被徹底地邊緣化。第九屆大代表選舉於二〇〇〇年一月舉行，正好是台灣史上第一次政黨輪替的總統大選前兩個月，那次選舉勞方聯線囊括全部席次，獲得了空前的勝利，也讓勞方聯線出身的黃清賢順利連任石油工會理事長，更在二〇〇〇年五月當選了全國產業總工會（全產總）的創會理事長。全產總是全台灣自主工會大集結，目的是挑戰長期由國民黨扶植的全國總工會之壟斷地位。從基層勞工的工會分會，到公司層級的產業工會，最後則是全國性的總工會，勞方聯線的權力一路擴張，也一路與國民黨的黨國體制對抗，其成長過程正好呼應了民進黨邁向執政的道路，同樣是循著「地方包圍中央」的途徑。

關於台灣的勞工運動史，有一種常見的看法是：「民主化帶來勞工運動，但勞工沒有在推動民主化過程中扮演任何角色」。仔細深思，便可發現這是一種略嫌簡化的說法，有待進一步的釐清。台灣勞工運動的興起的確是受惠於威權統治的鬆動，但若斷言勞工只有扮演被動的角色，那麼石油工會的例子就是最好反證。如果沒有基層勞工由下而上持續地抗爭，國營事業內的黨國體制結構未嘗不會延續，頑強地抗拒廠外政治的變遷。福斯（Jonathan Fox）研究拉丁美洲國家邁向民主的艱辛歷程，特別指出，舊政權遺留下的權力關係往往很難在短時間內改變，所以威權統治是有可能殘存於「某些局部性的飛地」（local enclaves）。[28]福斯的研究關注的是拉丁美洲農村侍從主義，同樣的觀察也適用於寄生在台灣國營事業裡的黨國體制。從這個角度，石油工會的抗爭運動為可持續的民主打下了根基。

糖廠與糖聯會的例子則正好相反。一九八九年陳進明立法委員選舉失利，自主工會的勢力就此潰散瓦解，再也沒有試圖振作；也因此，糖廠內的國民黨黨部仍持續維持運作，直到二〇〇〇年政黨輪替。民進黨主政時期，台糖人力大幅精簡，許多勞工被歸類為「待運用人員」，隨時可能遭到資遣，而糖聯會直到此時才略微顯現出活力。儘管如此，在首度政黨輪替後，糖聯會理事長的產生仍如同戒嚴時期，由公司「欽定」的人選出任。就某個意義而言，糖廠勞工直到現在都沒有掌控自己工會的權力。

自主工會運動的成功之道

石油工會的勞方聯線採取了一條高度政治化的工會運動途徑，但他們的權力最終還是來自基層會員的支持。要取得這種關鍵性資源，自主工會幹部必須提供、或爭取某些過去國民黨威權時期忽略的公共財，讓會員享受到實際的好處。

國民黨威權統治時期，台灣人民有太多的不滿與怨懟，無處發洩，「上街頭抗議」成了解嚴後的時代精神。自主工會勢力取得了石油工會的主導權後，工會幹部就立即提案，要求以激烈手段爭取改善待遇。一九八八年七月十五日，石油工會發起大規模的示威遊行，這是國營事業員工解嚴後的首場抗議活動，有超過兩千名中油員工參加，台鐵與台電勞工也參加聲援；可想而知，民進黨籍民意代表絕對不會在這種場合缺席，令人意外的是連國民黨籍的政治人物與工會領導者也都到場致意，[29]這顯示了國營事業勞工的不滿已經是一種相當普遍的現象。七一五遊行之前，五二〇農民遊行震驚全國，不但造成警民衝突，最終甚至以暴力收場，國民黨保守派人士正好利用這個機會公然鼓吹恢復戒嚴；政府官員與中油高層也曾試圖說服工會幹部取消這次的抗議活動，讓石油工會幹部遭受極大的壓力。因此，七一五遊行和平且順利落幕，工會提出十大訴求，講出基層會員長期以來的心聲，的確是自主工會一次重大的勝利。

工會自主化之前，工會幹部想替會員爭取權益，頂多只能以瑣碎協商的方式，但這不僅缺乏原則，更重要的是往往忽略了基層會員的利益，從這個角度，七一五遊行可說是自主工會運動頗具代表性的一役。七一五遊行的重要性不只在於工會幹部敢帶領會員走上街頭，更在於石油工會提出了基層工員真正關切的訴求，例如「公平合理調整薪資結構，提高基層待遇」、「取消考績甲等人數二分之一限制」、「儘速制訂輪班福利法」、「廢除分類評價雙軌制，要求人事管理制度一元化」等。[30]自主工會以一視同仁的態度，處理會員權益的問題，基層會員的需求受到重視，工會不只關照少數特定群體的利益，而是盡力爭取可以一體適用的待遇改善。此外，工會一旦由勞工掌控，也變得更為民主化。康義益本就是中油工員出身，深知勞工權益長期被國民黨控制的工會漠視的狀況。康義益早在一九八四年就升到工員工作階梯的最頂級，取得了評價職位的第十四等，但是仍感到入不敷出，於是在業餘時間從事代書工作，賺取外快。[31]康義益完全可以理解基層勞工對於經濟安定的渴望，所以在勞方聯線的帶領下，石油工會也試圖提升基層會員的地位與待遇。

糖廠內的異議勞工雖然沒有取得工會主導權，但隨著其他國營事業勞工的積極抗爭，他們也開始要求糖聯會領導者必須回應基層勞工的要求。一九八八年七月，糖聯會的勞工沒有上街抗議，他們在會議桌上與台糖協商。與石油工會的訴求類似，他們也針對內部勞動市場所引發的不滿，提出關於人事制度、年度考績、升遷限制等種種改善勞工權益的要求。[32]

最終而言，自主工會運動能獲得普遍支持的原因在於，他們積極抗爭的策略能替勞工帶來實際的好處，而不像過去由國民黨所主導的工會，只會讓會員的期望膨脹，卻沒有任何實質的收益。在充滿歷史意義的七一五遊行之後，石油工會在一年內陸續替勞工爭取到以下的權益：

（一）年度考績甲等的人數限制從百分之五十放寬至百分之七十五。

（二）輪班人員可獲得額外津貼，大夜班夜點費是兩百二十元，小夜班則是一百一十元。

（三）評價職位十三、十四等的名額限制從百分之五放寬至百分之二十。

據估計，調整後中油基層勞工每月可增加五千至一萬元不等的收入。[33]根據高雄煉油廠的資料，一九八二到一九八八年間，每年平均的薪資成長是百分之十三點四，自主工會興起後，一九八九到一九九二年間的成長就達到百分之十九點五。[34]糖廠的自主工會勢力較弱，能為會員爭取到的權益也就跟著縮水，以一九八九年為例，台糖大夜班夜點費是一百二十元，小夜班是七十元，[35]幾乎是中油待遇的對折。

自主工會運動優先爭取基層會員權益的行為，實際上已經碰觸台灣國營事業勞工一項關鍵議題。勞工的怨懟與不滿並非來自階級之間的剝削，而是階級之內的差異，而這導致了一小群特權分子與廣大基層勞工之間無法跨越的鴻溝。根據一項中油一九九一年的調查報告，在整個工廠內，煉油操作人員對於福利制度的滿意度是全公司最低的，其他員工的滿意度由高至低依次為主管人員、研究人員、業務人員。[36]第三章提到職位分類的改造導致國營事業內部形成職位的政治，所以取消職員與工員雙軌的人事制度，一直是自主工會運動者致力想要達成的目標。七一五遊行就曾提出人事制度一元化的訴求，九〇年代，石油工會持續積極地向經濟部施壓，希望能達成這個要求。

罷工是勞工爭取權益最直接的手段，解嚴雖然取消了罷工的禁令，但法定的罷工程序門檻依舊很高，需要工會召開會員大會，過半數會員同意才能進行。因此，自主工會運動利用各種手法，在避免違法的前提下達到實質罷工的效果。一九九五年六月，石油工會第一分會動員一千兩百位高雄煉油廠輪班人員，集體報考公務人員普通考試，報名費則由工會統一支付；[37]一九九九年一月，工會特別選在元旦假期發起「一〇一不加班運動」，以集體請假的方式，達到實質的停工。不過後來由於官方強力介入，爭議案交付強制仲裁，這項原本有可能是史上規模最大的罷工行動最後沒有上演。[38]這兩件罷工的案例其實都是源於特定議題（事業部的成立、加班費計算），但卻獲得基層輪班工員的積極參與，或多或少反映了他們對職工雙軌制度的不滿。也因此，雖然自主工會最後並沒有改變這項飽受爭議的人事制度，但依舊得到了基層勞工的信賴。

除了實質的好處，自主工會運動興起也提升了工員的地位。勞方聯線在掌控石油工會第一分會之後，首先做的就是撤換工會的會務人員。過往會務人員通常是由公司內部的職員調任，如今一位煉油廠基層的工員也可以處理會刊編輯、與公司協商等工作，即便他沒有大專的文憑。在此之前，常有勞工抱怨由職員主導的工會有偏袒職員之嫌，認為他們不積極處理工員的訴求；勞方聯線取得主導權後試圖更公平地為會員們提供服務，一位負責處理爭議事件的會務人員就認為，「要掌握會員的心」，就是要提供完善的服務。[39]

自主工會運動自初即採取由下而上的策略，格外重視工員的權益，儘管如此，一旦成為工會的領導者，仍需要處理非工員的申訴案件。因此，自主工會運動逐漸由只關注工員的利益，轉變為對全體會員一視同仁的態度，最明顯的例子是一樁一九九四年發生於煉油廠的插曲。當時有八位工程師因為涉及採購弊案，遭到判刑，原本他們以為自己賣力效勞的公司會擔保他們的清白，沒想到正是廠內的政風人員（即是一九九二年之前的人二）提供不實資料，誣陷他們入罪。他們認為被公司出賣了，走投無路之下，想找工會幫忙討回自己的公道。

其中一位工程師提到，自己是「技術出身，講難聽一點就是技術官僚，我有興趣的是在我的技術方面，抱著一堆資料，我就是專注在這一方面，並不會對社運感到興趣」。在這次事件之前，他其實「對於工會也不怎麼認同」，這種厭惡工會的心態其實普遍存在於職員的圈子，「白領的人就是很聽上面的話，包括我在內。在沒有判刑前我也是聽上面的話，所有的不合理，他們一句話也不敢講，照單往下壓」。另一位涉案的工程師則是有顯赫的背景，父親是國民黨產業黨部的主管，姊夫則是曾經擔任過廠長一職。這些舊體制的受益者開始轉而投靠自主工會，一方面反映既有的特權開始瓦解；另一方面也顯示工會勢力已經逐漸成為一股能夠與傳統威權抗衡的力量。一開始，有些工會幹部認為不要介入職員的問題，「反正他們會找公司幫忙解決，不需要工會出面」，不過後來主張應積極介入、一視同仁處理會員權益的幹部占了上風，工會於是舉辦了一場聲援大會，擔保這些涉案職員們人格的清白。一九九五年，這一群受害的工程師加入「當時幾乎沒有職員參加」的勞方聯線，也選上了會員代表；他們後來積極參加石油工會第一分會的運作，工會也聘用被解雇的工程師擔任會務人員，協助他們渡過難關。有了工會的支持，這些涉案者才能打一場曠日費時的官司，最後終於獲得無罪的判決。

除了職員與工員的界線，自主工會運動的成長終究還是要處理麻煩的族群議題。二〇〇三年，石油工會第一分會有五、四二三位會員，其中外省籍占百分之十一點四；[40]自主工會如果忽略這批少數族群，有可能激發頑強的抵抗。前一章提到，楊青矗在一九七六年競選工會會員代表時，曾找了幾位敢言敢批評的外省籍同事一起參與，只不過那場跨族群的參選活動最後被國民黨黨部壓制了。二十年後，隨著選舉競爭的日益激烈，台灣的族群關係呈現更為政治化的發展。[41]勞方聯線在草創時期的成員幾乎都是本省人，他們都是民進黨的死忠支持者，也都帶有族群民族主義的色彩；康義益就描述自己之所以決定參與工會，是因為出國時發現台灣人被外國海關人員以沒有尊嚴的方式對待。[42]創刊於一九九二年的石油工會第一分會會刊，曾在第三期刊登過一篇批判公司弊端的台語文章，引發正反兩面的迴響；持正面態度者覺得用台語文批判更能切中他們的心聲，持反面態度者則認為會刊不應使用台語文。第四期的編輯之聲對此事做了檢討，認為殖民體制長久以來的迫害，使本來應該是母語的台語被認為沒水準，並造成本土文化的流失。[43]此後，該會刊不定期會有「台語情詩」、「台語之美」、「台灣俗諺」或「台灣俗語」等名稱的專欄，明顯是提倡台灣人民族主義的嘗試。

不過，自主工會只要能積極為所有會員爭取權益，依然可以克服族群的界線。勞方聯線在二〇〇二年時的會長就是一位外省籍的工員，觀察他日常與會員們互動，其實與其他本省籍工會幹部並無不同。其次，省籍的確會導致政黨認同的差異，但這卻不一定會破壞廠場現場的團結，以及勞工們對工會的向心力。二〇〇〇年初，總統大選的激烈選情讓政治成為煉油廠勞工間的熱門話題。可以想像，本省籍勞工傾向支持陳水扁，而外省籍的則是比較支持宋楚瑜。在煉油廠的田野研究中，筆者曾觀察過一件頗有意義的小插曲。「興票案」事件宋楚瑜曾以「長輩說」解釋非法資金的來源，結果導致聲望受挫，一位本省籍的煉油廠勞工，同時也是民進黨死忠支持者，就常在工作現場開「長輩說」的玩笑。他故意稱一位外表比較成熟穩重的同事為「長輩」，經常問他「你為何這麼有錢」、「為什麼要拿錢給宋楚瑜」。不過他很快地發現「長輩」的玩笑並不是所有人都可以接受，他的胡鬧使得另一位支持宋楚瑜、被稱為「大哥」的外省籍同事很不高興。後來，只有大哥不在場時，這位本省籍勞工才敢開長輩與宋楚瑜的玩笑；等到大哥回來，聊天的話題就轉向國大代表的延任案，或是某項不受歡迎的公司新政策這類，所有人都可以接受的政治議題。那位「大哥」當然心知肚明，其實他曾私下透露，每次工會選舉，他還是會把票投給勞方聯線推舉的候選人，儘管他們都是挺民進黨的；因為他認為，要有強大的工會才能真正照顧到會員的權益。

自主工會運動起於本省籍工員的不滿，後來卻演變成更具普遍性、基礎更廣的勞工運動，企圖保護每一位會員的權益。早期，反國民黨意識是驅動工會運動參與者的心理動機，但之後能站穩腳步，則是因為會員們跨越了職位與族群的差異，展現出維持工會團結的共識。儘管後來族群關係被政治化，甚至政黨化，領導者只要能利用工會既有的制度性基礎，建構出廠場層次的團結，就能超越本省籍與外省籍勞工的分歧。

更重要的是，自主工會運動的成功顯示，「經濟抵抗」與「政治抵抗」的劃分並不是必然的；工會運動者並沒有因為反國民黨的目標，而輕忽基層會員對於物質條件改善的渴望。事實上，正由於自主工會重視基層會員的權益，才能避免瑣碎的協商所帶來的分化陷阱。自主工會運動將經濟性訴求與工會層次的團結視為一體，超越「獲取性政治」（politics of getting），而進展為「轉化性政治」（politics of becoming）。簡而言之，在九〇年代中期、工會運動高峰階段，石油工會第一分會已經非常接近勞工階級運動最理想化的目標——共同的會員身分克服了族群與職位的分歧，打造出勞工們共同的團結。

社會運動型工會的輪廓

如前所述，社會運動型工會是特指積極進取、勇於抗爭的工會路線，不只維護會員權利，而是試圖挑戰整個階級社會。在開發中國家，社會運動型工會經常與民主運動結盟，並且發展出紮實的社區基礎；[44]在已開發國家則通常指的是「組織模型」（organizing model），也就是積極招募沒有加入工會的勞工，而與傳統提供既有會員服務的「服務模型」（service model）對立。[45]社會運動型工會最核心的概念就是以一種更廣泛的視野看待勞工，他們不只是工會會員，也是社區居民、階級成員，更是國家的公民；也因此，工會將自身視為追求進步改革的社會運動之一部分。事實上，台灣自主工會的發展也曾展現過類似的特徵，石油工會第一分會正是其中典型的例子。

除了廠場層次的抗爭，石油工會第一分會早期其實也曾參與過不少民進黨主導的政治抗議；例如一九九二年國會全面改選之前，民進黨為了促使國民黨加快民主化，經常發動群眾抗議，黃清賢和他煉油廠的同事就參加過不少。八〇年代末到九〇年代初，社會運動紛紛興起，有時與民進黨的政治抗議同時開展，在這樣的脈絡下，勞方聯線的成員自然也參加了不少反核、農民抗議等活動。其中一場與石油工會第一分會特別相關，就是台灣環境運動史上重要的里程碑，後勁反五輕運動（一九八七～一九九〇年）。[46]

後勁部落位於中油高雄煉油廠北邊，自從日治時期在此建立石化專區，當地居民就承受各種空氣、水與噪音汙染之苦。戒嚴令解除後兩週，後勁居民發起抗爭，反對中油擴建；這次行動後來演變為長達三年的煉油廠「西門圍堵」。在這場居民與煉油廠的環境爭議中，勞方聯線成員扮演了相當重要的角色。一般認為，勞工也和資本家一樣是生產者，享有共同的經濟利益，工會必然處於環保對立面。然而，當時勞方聯線卻不是選擇這個立場。黃清賢公開表示，

後勁反五輕運動是台灣環境運動史上重要的里程碑，當時石油工會勞方聯線同情當地居民的抗爭行動。圖為劉永鈴、楊朝明爬上高雄煉油廠燃燒塔之抗議行動。（1990年）

環境運動會改善煉油廠操作人員的職業衛生與安全，最終仍有利於勞工；再者，煉油廠宿舍區也是汙染的受害者，重視環境問題也是為了改善員工與眷屬的生活品質。

儘管沒有實際參與，但勞方聯線同情抗爭的態度引發管理階層反彈，點名黃清賢是「煉油廠的叛徒」。一九九〇年三月，兩位抗議者偷溜進煉油廠，登上了燃燒塔，並將自己銬在燃燒塔頂端。廠外居民如何能夠完成這種高難度且具危險性的抗議手法？當時就有傳言指出，這是工會幹部暗中協助。因此，自主工會運動如何因應環境運動所帶來的挑戰？他們並不只從煉油廠受雇勞工的狹義立場思考，而是擴大角色的認知，勞工不只是生產者，也是社區居民；目前工作者的利益，也不必然等同勞工們長期的利益。

勞方聯線也在台灣的勞工運動扮演了重要角色。長期以來，石油工會第一分會與「台灣勞工陣線」（簡稱「勞陣」，原為台灣勞工法律支援會，一九九二年改名）有相當密切的合作。勞陣是由知識分子與前學運分子組成的社會運動團體，主要幹部具有法律與政策的專業知識，因此勞陣與第一分會之間是一種互利性質的合作，勞陣提供專業知識，第一分會則提供財務資助與人力。黃清賢在一九九三到一九九五年擔任勞陣主席，每逢工會選舉，勞陣成員都會協助製作文宣；第一分會也會動員會員，參與勞陣與其他工運團體發起的五一遊行。一九九二到二〇〇〇年（一九九三年例外），第一分會每年都大規模動員會員參加五一遊行，而且每每成為最受矚目的隊伍，因為他們不但人數眾多，而且展現整齊劃一的紀律。

一九九三年，全面改選後的立法院開啟了勞工運動的政治場域，勞工團體透過與反對黨立委的結盟，在九〇年代打了幾場關鍵性的戰役，包括全民健保費的勞資分擔比例（一九九四年）、勞基法擴大適用於服務業（一九九六年）、縮短工時（二〇〇〇年）、以及持續了數年的反民營化；在這些案件中，第一分會的幹部都沒有缺席。二〇〇〇年，新上任的民進黨政府承認全產總為合法的全國性工會組織，這對勞工運動產生了極為重要的影響。勞委會與其附屬的各類委員會都是採合議制，全產總的合法化也就意味著自主工會幹部能夠「依法」參與全國層級的決策過程，是以黃清賢擔任全產總首屆理事長期間（二〇〇〇～二〇〇三年），石油工會在台灣勞工運動中的影響力可說達到巔峰。

第一分會積極發起反威權的抗爭，也參與了勞工與其他社會運動，確實實踐了社會運動型工會的概念。台灣一直到很晚近才引進「社會運動型工會」概念，工會界也鮮少使用這個唸起來不太順口的詞彙，但其實早在一九九四年勞陣就提出類似的理念，所謂「工運社會化」正是強調工會應扮演格局更大的角色；這個理念強調勞工不僅只有工作中的身分，同時也扮演了男人／女人、原住民／漢人、地區住民等多重角色，從而與性別、族群、環保等運動發生關聯。因此，「工運不只是經濟鬥爭」，工會應更加關心其他社會改革議題，勞工的訴求才有可能受到其他群體的支持。[47] 一位石油工會幹部強調，相較一般勞工，國營事業勞工的工作的確比較安穩有保障，但這不必然導致保守的心態；相對地，這反而可以成為推動台灣勞工運動的重要資產，他呼籲工會幹部應有「命運共同體」的觀念，將「底層的勞動者」視為自己的兄弟，也是「我們必須拉攏、結合對象。在『兄弟有難、拔刀相助』的原則下，我們需要相當程度去介入、解決他們的困難；例如在民營企業員工受困難（如關廠、非法資遣）時，予以聲援及協助，建立彼此良好的關係與溝通管道，並在適當的時機請他們聲援我們，這才是建構社會面力量的方法」。[48] 另一位石油工會幹部也不認為國營事業勞工是自私自利的「貴族勞工」，他強調「公營事業工會不斷提出各項訴求，除了提升自身的勞動條件以外，無非是想讓民營企業勞工跟進，以拉近貧富差距。因此，公營事業工會的存在，對台灣勞工確實有其重要的意義」。[49]

九〇年代中期，社會運動型工會正處巔峰，自主工會幹部提出如此宏偉大器的願景，清楚定義了工會之於社會運動的使命。這即是從本土脈絡所浮現的「社會運動型工會」之理念，儘管當時國際學界的討論才正萌芽，也仍未引進到台灣。然而，並非所有國營事業勞工都能爭取到工會的主導權，甚至到了後來，民營化威脅也將促使國營事業勞工普遍走向防衛性的運動路線。

工會運動成敗的生態學解釋

持續抗爭的石油工會與積弱不振的糖聯會正好處於光譜的兩個端點，大部分國營事業工會在一九八七年之後的發展基本上介於兩者之間：中華電信、中鋼、台電的自主工會勢力強大，比較接近石油工會的類型；郵務工會則與糖聯會十分類似，異議勞工從來無法取得工會的主導權。不論是煉油廠或是糖廠，在國民黨威權統治下，勞工們的不滿十分類似，一九八七年後政治上的鬆綁也在兩個國營事業內引發了策略極為相近的自主工會運動，同樣具有反抗國民黨的心態，同樣選擇與反對黨結盟。但為何兩個背景極為相近的勞工抗爭，結果卻大相逕庭？康義益與蘇芳章在一九八九年的選舉雖然以失敗告終，但石油工會仍舊堅持抗爭性格，一直延續到二〇〇〇年的政黨輪替；相較於此，糖廠的自主工會在經歷陳進明的敗選之後一蹶不振，從此蕭條沉寂。事實上，石油工會在解嚴初期發起的七一五遊行，打破了國營事業員工內心的禁忌，也因此被稱為「台灣工運的火車頭」；順著這個比喻，糖廠工會就是「火車尾」，被動地被外在局勢演變，一路拖行。

大部分糖廠勞工都清楚知道自己的工會向來積弱不振。常見的解釋是糖廠分布於中南部鄉下，員工多是農家子弟，政治態度比較保守，遇到委屈寧願自己吃虧，也不會據理力爭。然而，這種鄉村保守主義的說法，無法解釋為何糖廠的自主工會勢力是來自陳進明所在的蒜頭糖廠，那可是位於偏遠的嘉義海線地區；況且，台糖與中油在台北的總公司向來是親國民黨派的大本營，也與政治態度保守的說法有所矛盾。

社會運動的研究者很早就指出，抗議行為是透過既有的人際關係推動；[50]有社會聯繫的基礎，異議分子的訊息較易被特定的聽眾採納，「搭便車」、占別人便宜的行為在整合良好的群體內也較不易發生。蒂利特別指出，組織力量就等於「範疇」（category）乘上「網絡」（network）[51]。套用到國營事業勞工的例子，他們有類似的不滿（範疇），這仍不足以產生抗爭的行動，重點在於他們是否具有強而有力的人際關係（網絡）能夠發動集體行動。

趙鼎新曾以生態學觀點，解釋促成群眾參與運動的社會關係是如何附著在不同性質的空間，以及空間造成的群聚效應。[52]從這個觀點，中油與台糖的員工在地理位置、工作場所，以及居住形態等空間的分布的確呈現截然不同的狀況；煉油廠勞工呈現高度的集中，發動抗爭行動得克服的門檻也較糖廠勞工低。

自主工會運動的主幹、石油工會第一分會的成員為大高雄地區三間主要工廠中的中油員工，八〇年代末期的會員人數大約是七千人，後期人數減少，不過仍有將近五千人，大致占石油工會會員人數的三分之一左右。第二分會的規模與第一分會差不多，但動員力卻遠遠不及，原因即在於第二分會會員是分散於全國的加油站勞工，平時彼此根本沒有機會聚集在一起。第一分會會員都在都會地區，空間上的親近性促使他們在自主工會運動中扮演了重要的角色。

糖聯會是由不同的糖廠與附屬單位的產業工會組成的聯合性組織，創立之初有三十個會員工會，六〇年代之後糖業長期萎縮，最後只剩下十二個工會，而且這些工會的規模不大，會員人數都低於一千人。台灣甘蔗產地主要集中於西南部平原，日本人設置新式糖廠主要的選址考量就是甘蔗的生產，每座糖廠都需要一定範圍的蔗田，如此才能維持其原料的供應；加上台糖在北部與東部也都設有事業單位，造成糖廠在空間上的分散與孤立，提高了勞工跨廠動員的成本。

砂糖與石油的煉製設備都具有連續生產的特性，鍋爐及其他裝置不可能每天開關，因此需要勞工輪班操作；儘管如此，工作時間的集中度仍有明顯差異。糖廠的設備實際上只有在冬天與春天，也就是甘蔗採收的季節才會運作，糖廠勞工也只有在這個時候才需要密集輪班，其他沒有採收的時間就只有白天班，負責設備的維修，許多人甚至會被分派到廠外工作。即使是在台灣砂糖輸出的黃金時期，台糖勞工也有很大比例的時間是從事糖廠設備操作以外的工作，例如小火車的駕駛、農場監督或是甘蔗耕作的推廣。根據台糖一九五六年的人事資料，在四大業務（工務、農務、鐵道、管理）分類中，「工務」是人數最多的部門，但也只占了百分之二十八點三。[53]之後由於糖業的沒落，台糖積極推動多角化經營，將員工安排到零售、觀光、加油站等新闢的事業部門，更強化了勞工離散化的狀況。近年來，隨著糖廠一一關閉，糖廠操作人員更成為糖聯會會員中極少數。在二〇〇八年，台糖員工只剩下四、二七五人，也只有四間糖廠（虎尾、南靖、善化、小港）仍在維持生產運作。與糖業相比，煉油廠的運轉時間更穩定，石油與石化原料生產也一直是中油的核心事業。二〇〇三年，石油工會第一分會的會員中仍有百分之四十四點八是屬於輪班操作人員。[54]工作場所及時間的集中促成了同質性勞工之間緊密的聯繫，也使得集體行動變得更加容易。

不同生產型態，勞工之間的凝聚力也會有極大的差異，生產線上的勞工就是被極度孤立與個體化的例子；相對於此，連續生產過程中的輪班工人很少單獨工作，在高溫、高壓與具有毒性的作業環境之中，團隊協作是維持運作順利的關鍵。以石油勞工而言，這個團體協作的組織稱為「班」；長期以來，他們不只共享輪班的節奏，同班勞工也會一起煮飯用餐，輪流休息，班除了是石油勞工工作的單位，也成為具有凝聚力的道德社群。一項美國煉油廠勞工的研究也指出，這種「製程勞工」（process workers）享有高度的工作自主，在值班時間發展出豐富的社交文化。[55]在高雄煉油廠，身為職員的工程師每隔幾年就會調到不同工廠，但是作為工員的輪班勞工卻可能十幾年都待在同一個單位；就曾有煉油廠勞工提到，就算是親兄弟也不可能像這樣每天都見面、朝夕相處。因此，當第一分會發起動員令，要求會員參與某場抗議行動，整班勞工往往就會一同搭遊覽車北上；如果有員工覺得自己不想在工會事務上「浪費時間」，很容易會引發同班兄弟的道德非難。

最後，勞工的居住形態也會影響到動員難易。糖廠與煉油廠都是殖民地工業化發展下的產物，一開始規畫者採取了相同的設計原則，也就是將生產與生活空間整合在一起；然而，兩者日後的發展卻大不相同。糖廠大都位於鄉間，員工若想在宿舍區外購置房產，經濟上仍負擔得起，因此長期下來，員工紛紛搬離宿舍。另一方面，台糖管理階層也疏於維修日治時期遺留下的建築，許多員工宿舍殘破不堪，根本無法居住。相較之下，市區購屋成本較高，因此高雄煉油廠的員工從一開始就傾向住在公司宿舍。中油管理階層也不想花錢維修房舍，但隨著自主工運興起，公司願意讓員工自費修繕或是改建分配到的宿舍。如此一來，煉油廠宿舍區逐漸形成興盛的社區。[56]

其中，第一分會會員動員更為容易，高雄煉油廠的異議勞工也打從一開始就策略性地使用這項有利的資源。他們大都是操作現場的輪班勞工，同班情誼使他們成為彼此最堅定的支持者；工廠裡聚集了不同的生產單位，單位之間的溝通不會太困難，宿舍區則讓勞工們的家人也能相互熟識，建立了緊密的人際網絡。勞工在下班之後仍能利用鄰里關係保持聯繫，這是國民黨情治人員較不容易監控的區域，也構成了麥亞當（Doug McAdam）所謂的「自有資源」（indigenous resource）；[57]七〇年代的楊青矗與八〇年代的勞方聯線在競選工會會員代表時，一開始都是在宿舍區拜票，也顯示了居住親近性的動員效用。

另一方面，不利的生態學條件則會限制自主工會運動者的發展，曾連續兩屆擔任蒜頭糖廠產業工會常務理事的陳進明就是一個明顯的例子；他能在一間糖廠建立紮實的支持基礎，但要拓展到其他生產單位，就變得困難重重。陳進明曾提到，「向朋友借了十五萬元，計畫在全國二十七廠地毯式的拜訪各個台糖工會領袖」，[58]這種辛苦是石油工會幹部無法想像的。為了克服空間分散與規模較小的劣勢，陳進明組織了一個建教生聯誼會，聚集從台糖設立的南光中學畢業的校友，試圖從校友網絡推動各糖廠的串連。

從事後來看，運用校友關係其實是第二順位的選擇，因為煉油廠也有同校的建教生，但是由於享有生態學的優勢，所以一開始的動員並沒有利用這樣的校友關係。再者，運用建教生關係的策略還是有其限制。大林糖廠和蒜頭糖廠同樣都位於嘉義縣，也是距離最近的糖廠，但即使在這裡，陳進明都只能招募到少數的支持者。因此，陳進明無法拉到足夠的選票，當不上糖聯會的幹部，最後只能利用體制外的「台糖員工聯誼會」推動糖廠勞工抗爭。陳進明的工運生涯非常短暫，他在一九八九年落選後離開了台糖，可是就連蒜頭糖廠的同事也不知道他的去向，因為他們鮮少有下班之後的往來。[59]

曇花一現的民營企業工會運動

不同於民營企業勞工，台灣的國營事業工會運動帶有濃厚的政治性格。要如何掌握台灣公私部門勞工抗爭的不同軌跡？在李靜君關於當代中國勞工的研究是值得參考的。李靜君認為當代中國的勞工抗爭有兩種不同的路線：位於中國東北的「老舊工業區」（rust belt）是國營企業重鎮，被下崗的勞工生計面臨危機，擔心自己的飯碗不保，往往採取激烈的抗爭手段；廣東則是「新興工業區」（sun belt），民營企業居多，勞工的抗爭多訴諸法律，反對歧視與剝削。李靜君認為，勞動管制、勞工能運用的手段，以及勞動力再生產方式之差異，都造就了兩種不同形態的勞工抗爭。[60]李靜君的分析方式其實非常符合歷史制度論的觀點，也就是說，不同的制度規則會形塑出相異的勞工抗爭輪廓與樣貌。

台灣的勞工運動也可以劃分為國營事業與民營企業的兩條支流。從既有文獻可以發現，早期民營企業的勞工抗爭有以下幾個現象：[61]

（一）民營企業內部幾乎沒有國民黨的黨部或情治單位，如此較有利於勞工的起初動員，也使他們更容易採取武勇好戰的抗爭形態。八〇年代末期以降的罷工風潮，包括一九八八年二月桃園客運罷工、一九八九年五月遠東化纖罷工、八月苗栗客運罷工、一九九二年六月基隆客運罷工等，就是由民營企業勞工發起的。當國營事業勞工還在擔心廠內情治人員監控，試圖擺脫國民黨黨部的控制，民營企業工會早已開始進行跨廠的串連。一九八八年五月，全台灣自主工會集結成立了「全國自主勞工聯盟」（簡稱「自主工聯」），其中主力就是來自民營企業工會。自主工聯從一開始就聲勢浩大，不到一年時間，就有二十幾個工會加入，[62]當時號稱「地下總工會」，甚至還加入「世界勞工聯盟」（World Confederation of Labour），獲得國際資金援助。同年，全台的公車司機組織了「全省民營客運產業工會聯合會」，並發起聯合請願活動。

（二）雖然沒有國民黨的監控，但民營企業工會在台灣勞工運動初興之際，數量其實並不多，且只限於少數大型企業；而這些工會也通常受資方控制，很難為會員爭取什麼福利。民營企業員工通常得先組織工會，才能發起抗爭，問題是民營企業工會不太容易持續運作，因為一旦雇主開除了帶頭的幹部，工會就很難維持抗爭的姿態，也無法產生後續的動員。舉例而言，曾茂興在一九八八年二月成功帶領桃園客運司機罷工五天，最後公司承諾改善司機待遇，但到年底曾茂興就丟了飯碗，桃客工會也就不復以往的活躍。位於新竹縣新埔鎮的遠化工會曾一度是台灣自主工會運動的重鎮，但一九八九年的罷工失敗，羅美文等幹部遭到開除，之後工會就再也沒有出現積極的抗爭活動。民營企業工會運動猛然興起，也迅速消失；他們所組成的自主工聯也是如此，一九九四年第二任會長上任，但此時這個「地下總工會」已經只剩個招牌，並沒有全職的會務人員。

（三）與國營事業相比，民營企業裡的族群分歧較不明顯。大型的廠場會採用內部勞動市場的人事管理制度，然而其運作則比較接近「功績主義」的原則。因此，民營企業的勞工運動鮮少是由族群與職位歧視驅動；他們抗爭的理由通常是年終獎金、薪資、工時等議題，或是工會幹部被任意調職與解雇。簡而言之，民營企業勞工沒有族群、黨派與職位政治導致的分裂，他們的勞工運動主要是以經濟議題為導向，反觀國營事業勞工，則帶有濃厚的政治意味。

八〇年代末期，自發性的罷工與抗爭風潮席捲了大型民營企業（例如大同、遠東、台塑）與運輸業，勞工的訴求主要是待遇改善與組織自主工會。不過有不少工會領導者在抗爭後遭到解雇，工會成員因而受到巨大的打擊，抗爭活動也因此轉趨消極。郝柏村擔任行政院長期間（一九九〇～一九九三年），國民黨政府強力整肅所謂「社會運動流氓」，新生的自主工會受到嚴重打擊，據估計，一九八九到一九九三年間有超過兩百位工會幹部遭到開除，二十幾位運動者被起訴[63]，其中絕大多數的受害者都是出身於民營企業。

二〇〇〇年，全產總終於獲得政府正式承認，但此時民營企業工會運動已是強弩之末，自發性的罷工越來越少，存活下來的工會也選擇以小心而謹慎的態度與雇主互動。自主工會運動核心的製造業勞工失去抗爭的動能，服務業與高科技產業的工會動員困難，再加上勞力密集產業的關廠風潮，種種都使得民營企業工會呈現衰退之勢。相對於此，國營事業的工會運動一開始十分艱困，但是一旦勞工運動者掌控了工會，工作上的保障反而能支撐勞工持續抗爭。因此，台灣勞工運動領導權在九〇年代後期落入國營事業勞工的手裡，在社會運動型工會衰退之前，這批國營事業勞工促成若干進步性的法律修改，為整體勞工階級爭取權益。

激進的民營企業失業勞工抗爭

九〇年代之後興起一波失業勞工的抗爭行動，主角是關廠風潮的受害者，工廠老闆考量成本，將生產線遷移到工資更低的中國與東南亞，但卻沒有付給勞工法律規定的資遣費與退休金。這些受害者通常是資深的低技術勞工，集中於勞力密集產業（例如紡織業與電子業），重點是這些工廠原本都沒有工會，勞工們是突然發現自己的工廠停工，老闆也捲款逃跑，才開始組織自救會，為自己討回公道。失業勞工的抗爭往往具有高度的干擾性，激烈的手段的確迫使政府官員不得不出面解決，但卻無法進一步擴展勞工運動的範圍；因為只要獲得某種程度的補償，抗爭就會結束，自救會也宣告解散。九〇年代初期陸續爆發關廠抗爭的事件，新光紡織士林廠（一九八八年）、安強、十全美鞋業（一九八九年）、棉益紡織（一九九〇年）、嘉隆成衣（一九九二年）、台陽文山煤礦（一九九二年）、勤翔紡織（一九九三年）、

九〇年代，不少工廠老闆基於成本考量，將生產線遷移到中國與東南亞，無預警關廠，卻沒有付給勞工法律規定的資遣費與退休金，興起一波關廠勞工的抗爭行動。

東洋針織（一九九六年）、福昌紡織（一九九六年）等，都是著名案例。其中，位於桃園市八德區的聯福製衣是一個特別值得關注的個案。這家老字號的工廠在極盛時期曾有三千多名員工，但隨著台灣工資提高，老闆開始將生產線移轉至泰國與南非。一九九六年八月，工廠大門貼出「暫時關廠」的公告，勞工直到這時才發現自己失業了，有些人甚至只剩幾個月就可以領退休金。聯福製衣積欠員工的工資，連同資遣費，總共有一億八千多萬，由於工廠土地尚未移轉，三百多位勞工便組成自救會，以「埋鍋造飯」的方式輪班據守工廠，防止老闆脫產。

除了聯福製衣，當時尚有不少失業勞工面臨了相同的處境，他們組成「全國關廠工人連線」（簡稱「全關連」），聯合抗爭；老闆避不出面，他們就一步步升高抗爭態勢，迫使政府官員介入。全關連多次向桃園縣政府、立法院、監察院陳情；也曾夜宿勞委會，向總統車隊攔路喊冤。一九九六年十二月，聯福勞工在中壢擋火車，中斷了縱貫線的鐵路交通；一九九七年二月，他們發起「失業勞工、環保義工、高速公路撿垃圾」行動，揚言要將高速公路「淨空」，不過由於警方強力介入，最後只短暫地阻擋了楊梅交流道的匝道交通。失業勞工的抗爭通常都十分激烈，除了上述的擋火車、霸占高速公路，一九九八年七月，耀元電子自救會也曾發動「攔考生行動」，故意在考試當天於台北市忠孝西路製造交通阻塞。面對一波波失業勞工討債行動，勞委會在一九九七年決定動用就業安定基金，以「關廠失業勞工輔導就業貸款」的名義，提供最高一百萬的無息貸款；換言之，就是先用政府的經費，解決失業勞工的燃眉之急，最後包括聯福與耀元在內，共有一、一〇五名勞工獲得貸款，總額高達四億多元。失業勞工對於這筆錢的態度不一，有些人在度過危機之後，乖乖地還錢；也有些人認為這是官員承諾的「代位求償」，也就是政府先幫欠債的老闆償債，所以政府是要向老闆追討，勞工沒有必要還錢。這種認知上差異可能造成的問題在二〇一二年爆發，勞委會發函給尚未還錢的勞工，要求連本帶利繳納當初的「就業貸款」，又引發了新一波的抗爭行動。

二〇一三年二月，全關連在台北車站發動臥軌擋火車行動，時間彷彿回到一九九六年，失業勞工再次癱瘓了縱貫線的交通；緊接著，全關連陸續發動勞委會前絕食抗議、包圍國民黨全代會丟鞋抗議。從後續發展看來，民主化帶來的司法獨立，顯然也為第二波失業勞工抗爭帶來更有利的政治環境。九〇年代的失業勞工孤軍苦戰，幾乎得不到外界的支援；二〇一二年開始的第二波失業勞工抗爭，再加上華隆罷工、前國道收費員抗爭，不但成功引起社會關注，更獲得人權團體、義務律師與學生的聲援。二〇一四年三月，太陽花運動爆發前夕，台北高等法院認定一九九七年的那一筆「就業貸款」屬於公法契約而非民法契約，追訴期只有五年，因此裁定失業勞工勝訴，無需償還；政府只得撤銷對於勞工的提告。二〇一五年三月，台北地檢署認定，台北車站的臥軌抗爭不構成犯罪，因此不予起訴。相較於十七年前桃園中壢擋火車事件，當年帶頭的曾茂興因公共危險罪遭判刑十個月（後來被總統陳水扁特赦，只服刑兩個月），台灣社會對激進抗爭的寬容度與弱勢勞工的同情顯然提高了不少。

如前所述，民營企業工會運動呈現暴起暴落的狀態，但關廠失業勞工或許是個例外；這些勞工大部分來自民營部門，工作一樣沒有保障，而他們的抗爭卻極為持久，也較有韌性。二〇一四年底，由於第二波失業勞工抗爭，立法院也開始修法，考慮將積欠工資的認定範圍擴大，並且將其請求權提列為銀行並列第一順位。這樣的發展顯示，失業勞工的激烈抗爭固然會在短期內引發社會爭議，但是長期而言卻有助於提升整體的勞動權益，問題在於工會組織無法因此擴張，大部分失業勞工不會再回到職場，也不太可能促成新的工會成立。這種型態的勞工運動在民主化的台灣究竟彰顯了何種意義，後續章節將有進一步探討。

＊＊＊

一九八七年的解嚴點燃了勞工運動的火種，讓長期以來將「耐操好用」、「安份認命」的勞動力視為理所當然的政府官員與資本家，一時間驚慌失措。然而，誠如前幾章所指出，這種觀點過度低估了解嚴前勞工的不滿與抵抗。在戰後工業起飛的年代，勞工們曾以行禮如儀、拉關係、兼差打工、瑣碎協商等策略，因應他們面對的各種壓迫；只不過，這些抵抗行為通常隱而不彰，也無法確認成效。不過事實上，台灣勞工的確早就清楚意識到自己所處的不利情境，並且採取了相應的抵抗策略。因此，解嚴對勞工的改變，並非官員所謂的「勞工意識抬頭」，而是讓勞工們的抵抗開始變成一種公開的行為，無論是組織工會、爭奪工會主導權，或是採取罷工。此外，以往勞工的抵抗多半無關乎他們階級身分，而將重點放在他們在族群政治、內部勞動市場上的位置；解嚴後的抗爭以工會為基礎，目的是爭取工會會員的共同權益，透過彼此串連、修法與立法的行動，搭建起以階級利益為核心的社會運動。

如同其他經歷過民主轉型的國家，台灣也曾浮現一股社會運動型工會的風潮。終於爭取到自主權的工會挑戰黨國體制的控制，與政治反對運動結盟，也廣泛地參與了其他社會運動的議題。然而，這股風潮並沒有持續太久。在民營企業，自主工會的勢力遭到打壓，九〇年代初期就喪失了動員能力，持續走上街頭抗爭的反而是關廠失業勞工，但他們原本就沒有工會，自救會也只是為了討償的目的。國營事業的自主工會在二〇〇〇年後也開始出現變化，退化成比較保守的「經濟型工會」（economic unionism）。換言之，國營事業勞工只是幫台灣的社會運動型工會多延續了十年，不過也是由於他們的參與，帶動一些進步的勞動法律修正，讓所有勞工階級獲益。

一般普遍存在的偏見認為，國營事業勞工的工作穩定有保障，他們搞工會運動比較不會被打壓；事實上，這種說法並非全然為真。首先，八〇年代末期的開除工會幹部風潮雖主要針對民營企業的自主工會勢力，但有些國營事業的幹部也因此丟了飯碗；其次，國營事業的異議勞工必須面臨情治單位與國民黨黨部的監控，這樣的壓力是民營企業工會幹部無法想像的；最後，國營事業工會運動之所以較有韌性，一部分原因在於工會原本就是黨國體制的外圍組織，勞工奪權成功，也一併承襲了組織資源，因此較能長期維持自主運作。這個觀察的確符合歷史制度論的假設，也就是既有的規則會形塑出不同的勞工抗爭路線。

除了國營／民營的差異，歷史制度論也能解釋，為何社會運動型工會風潮在國營事業內部亦有不同反應。石油工會成為「工運火車頭」，糖廠勞工卻積弱不振，抗爭行動也只有曇花一現。從地理位置、工作場所、居住形態的分布，煉油廠勞工獲得了集中性的優勢，使得動員成本大幅降低。也就是說，國營事業勞工的不滿有其相似性，但既有制度的差異，仍或多或少影響了抗爭參與的意願。

第六章　勞工運動的轉型：經濟型工會

社會運動的發展有其週期，密集動員的情況通常不會持續太久；抗議的高潮結束後，緊接著就會出現一段平靜無波的時期。[1]此外，正如一般人會在私人關懷與公共參與之間出現週期性的移轉，[2]工會也有可能改變其注意力，在長期投身與廣大勞工相關的公共議題之後，轉而關心較小範圍會員權益的維護。

在關於美國工會的研究中，研究者提出許多因素，例如工會的科層化、冷戰的反共局勢、法律制度的收編等，促使三〇年代激進工會運動消失，同時導致最後只得對戰後資本主義，照單全收。[3]台灣在一九八七年之後的勞工運動，包括國營事業的自主工會運動，也同樣有一段由盛轉衰的發展史；其中，石油工會是一個非常具代表性的個案，見證了社會運動型工會是如何隨著台灣民主轉型的落幕，逐漸走向沒落。民營化是其中一個相當重要的因素，民營化帶來的威脅感，讓勞工擔心自己的飯碗不保，進而瓦解了基層勞工的抗爭行動。因此，即使原本黨國體制的控制已不復存在，還是產生了一種更內向、更狹義的工會態度，甚至蔚為主流。

基層工會組織衰退

二〇〇四年，陳水扁總統再度擊敗國民黨，連任成功，但其時台灣的勞工運動已經明顯喪失了動能。解嚴帶來的自主工會的風潮在一九九〇年達到了頂點，當時有一、三五四間產業工會，[4]總計有六九九、三七二位會員。在此之後，自主工會運動就呈現了長期而緩慢的衰退。九〇年末期，工運人士曾在全台各地發動串連，企圖籌組縣市層級的產業總工會。當時，他們一一登門拜訪各地勞工局登記有案的產業工會，也因此發現由於工廠停工、生產線外移，許多產業工會早已名存實亡。二〇一二年，登記有案的產業工會只剩八九二間，會員人數也已經降至五三四、四一九人。[5]

對勞工們而言，民主轉型開啟的政治機會其實相當短暫，很快就被一股更強大的經濟體制重構所抵消。在九〇年代，許多製造業廠商將生產基地轉移至東南亞與中國，台灣經歷了一場後工業化的轉型陣痛，經濟體制的重構也快速抵消了政治機會為勞工運動創造出的動能。一方面，製造業從業人員減少，消解了既有的工會基礎；另一方面，要讓占就業人數越來越多的服務業籌組工會，並不容易。此外，新興的電子高科技產業要組織工會也很困難，雇主會利用股票、選擇權等制度設計，讓員工對工作採取更個人主義的態度；也就是自求多福，而不是互助團結。[6]

九〇年代末以降，許多電子產業工廠，例如耀元電子、擎揚科技、群祥電子、浩程電子、中華映管、鋰新科技、實穩公司、佳鼎科技等，因為關廠歇業而引發失業勞工的抗爭。然而，如同上一章指出的，追討積欠工資與資遣費的自救會，並不能擴展勞工運動的組織基礎。儘管這些勞工還是會採取激進的抗爭策略，但只要「討債」成功，自救會達成階段性任務就宣告解散。一直到二〇〇五年，第一家電子業產業工會（南亞電路）才正式立案成立；二〇一一年，成功籌組第一個跨廠場的電子電機資訊產業工會。但即使是官方認可的正式組織，工會仍無法進行勞資協商，也無法申請勞動檢查。到二〇一三年，電子電機資訊產業工會還是只有一百一十位會員，這讓工會組織者相當感慨，「心情好的時候一起來遊行，就從這個角度來說，我們又很像慈濟，大家做點功德為了台灣勞工好」。[7] 工運人士企圖將工會擴展到傳統重工業與運輸業之外，但顯然非常吃力，直到現在，「科學園區零工會」依舊是個難以打破的神話。

台灣服務業組織工會的比例向來偏低，目前只有基層會員人數超過五萬名的「全國金融業工會聯合總會」（簡稱「全金聯」）是個特殊例外；但從這個特例卻也可以看出服務業員工組織工會的困難。一九八八年起，各地銀行員陸續發起籌組工會的行動，不過由於各分行人數很難達到三十人的門檻，所以一開始多半採取縣市「職業工會」的形態，後來才突破限制，組織以公司為單位的「產業工會」；一九九三年，這些職業工會與產業工會合組成「銀行員工會全國聯合會」（簡稱「全聯會」，二〇一一年改名為「全金聯」）。全聯會從九〇年代中期開始積極爭取將服務業納入勞基法，一九九六年終於得到官方同意；[8]儘管如此，政府仍不承認全聯會是合法的全國性工會，一直等到二〇〇一年，政黨輪替後，才終於獲得正式的立案。二〇〇四年之後，民進黨政府推動二次金改，加速了金融業的自由化，也出現一波銀行整併風潮，許多銀行、證券與保險公司紛紛成立金融控股公司；全聯會在這個過程中為了替因整併而被資遣的銀行員爭取權益，開始將組織範圍擴大至銀行以外的金融業勞工。台灣的金融業工會為何能夠逆勢成長？關鍵就在於，在政府開放民營銀行成立之前，大部分的銀行都是國營事業。這些國營銀行後來雖然被民營化或整併，不再具有國營事業身分，但卻保留了國營事業時期的工會組織，並且繼續擴大其組織範圍；換言之，如果沒有國營事業時期的動員基礎，要組織這一群白領服務業勞工也並非易事。

總工會運動的困境

全產總在二〇〇〇年的合法化象徵了台灣勞工運動的重大勝利，源自於體制外的自主工會運動者終於在體制內取得一席之地，也讓人期待全產總所掌握的政治實力，可以帶來新一波勞工抗爭的力量。在此之前，曾有自主工會領導者指出，過去台灣勞工運動最大的問題就是缺乏強大的組織基礎，後果就是個別勞工的政治參與無法累積，勞工的訴求也無法成為主流意見。

一旦全產總獲得合法地位，勞工運動的組織基礎有機會大幅提升，不只吸引既有的產業工會加入，也可以協助產業工會的籌組，如此一來，全產總儼然成為台灣所有勞工的政治代表；如果再進一步加上勞工教育與意識提升，台灣勞工有機會形成一個強大的階級。[9]從事後看來，全產總並沒有完成如此遠大的使命，幾次內鬥與出走，使得全產總無法在政治上代表廣大的勞工階級，甚至不一定能獲得既有基層產業工會的認同。

首先，全產總獲得了「官方認證」之後，連帶也取得了出席一系列勞委會附屬委員會的權利，這意味自主工會運動終於突破了體制外抗議者的角色，開始能夠參與體制內的勞工政策決議。勞委會原本的組織設計即是納入了勞、資、政、學等各界代表，全產總的加入其實是取代，或分享了以往由國民黨扶持的「全國總工會」（簡稱「全總」）之壟斷性權利，也就是打破一直以來的「國家統合主義」（state corporatism）框架，將基層勞工的心聲帶進最高層級的勞工行政機構。除了勞委會，全產總的幹部還參與勞工退休基金、基本工資審議、勞資爭議轉介審查，以及就業安定基金等業務。

其次，在二〇〇〇年政黨輪替之前，重大的經濟政策通常是在產、官、學三方參與的全國性會議決定；傳統上，勞工團體是缺席的。民進黨政府上台後試圖擴大參與範圍，這讓全產總獲得參加全國性經濟政策會議的機會；其中兩場尤其重要，分別是二〇〇一年的「經濟發展諮詢會議」（簡稱「經發會」）與二〇〇六年的「經濟永續發展會議」（簡稱「經續會」）。這兩次會議全產總的代表從事前籌備會議就開始參與，他們在議場上與主張解除各種勞動管制的資本家針鋒相對，在場外則動員工會會員抗議表態。在二〇〇一年的經發會，全產總的代表最後以同意女性夜間工作、彈性工時、外勞薪資計算三項議題的讓步，換取包括大量解雇保護、職業災害保護等幾項勞工要求的立法；[10]二〇〇六年的經續會則是採取守勢，全產總成功地阻擋了資方提出鬆綁外勞限制、稅賦優惠、派遣勞工立法等要求。[11]

全產總的確提高了自主工會運動的政治能見度，但也在一開始就暴露出組織上的弱點，全產總的內部紛爭最後甚至導致其政治影響力的衰退。二〇〇三年的理事長選舉就曾出現親民進黨與反民進黨兩派的競爭，最後由前者以三票之差勝出，但卻遭落敗者指控選舉過程有民進黨政府的介入。此外，全產總的財務向來不太健全，常發生的狀況就是會員遲繳會費，導致會務人員薪水遲發，第一屆理事長任內（二〇〇〇〜二〇〇三年）就有將近一半的收入是來自政府的補助款。全產總在成立之初曾宣示將大力推動產業工會的籌組，幾年下來，全產總基層會員人數不但沒有增加，反而因為各種派系內鬥、領導者之間的恩怨，而有逐漸減少之勢。二〇〇五年與二〇〇七年，分別出現過兩波會員集體退會事件，使組織原本就不穩的全產總更形脆弱[12]；更嚴重的是，集體退會風潮也傷害了全產總宣稱自己是一九八七年以後台灣勞工運動香火承繼者的形象。此外，近年來積極活躍，曾主導二〇一三年關廠勞工在台北車站擋火車行動、二〇一六年的華航罷工等的桃園市產業總工會，成立於二〇〇五年，算是最晚近成立的地方產總。然而，打從其成立以來，桃產總一直沒有加入全產總，其草根街頭的抗爭路線，也與日益建制化的全產總呈現明顯對比。

二〇〇八年第二次政黨輪替之後，全產總的政治影響力明顯減弱。重新取得執政的國民黨傾向支持全總，而不是自主工會運動出身的全產總，勞委會各級委員會的委員也不再任命全產總的代表。勞委會從二〇〇〇年開始固定邀請全產總理事長擔任大委員，但是這項慣例在二〇〇八年之後被打破了；民進黨時期所建立的勞資政三方參與全國性經濟決策會議的慣例，也沒有在政黨輪替後延續下來。二〇一二年舉行的產業發展會議重新回復以往產、官、學的架構，包括全產總在內，沒有一個勞方團體獲得邀請。筆者在二〇一三年底曾詢問一位參與了十年的會務人員，「全產總是否自我定位為『工運團體』？」所獲得的答覆是，「我們已經很久沒討論過這個問題了」。

從事後來看，全產總除了缺乏健全的組織，也沒有與反對黨之間建立制度性的聯繫；因此，儘管外界常認為全產總是親民進黨的，彷彿就是全總與國民黨關係的翻版，但是事實上，即使在民進黨執政時期，全產總幹部也時常抱怨無法獲得政府官員的重視。誠如第五章所描述的，台灣的勞工運動是反國民黨的，但並不必然是親民進黨的，早在八〇年代末期，就曾出現其他的反對黨試圖爭取勞工階級的政治支持。在社會運動型工會中，總工會運動通常與政治反對運動密切相關，就這一點而言，台灣的發展與巴西、南韓、南非的情況明顯不同。

在巴西，反抗軍事獨裁的總工會（Central Única dos Trabalhadores）創建了勞工黨（Partido dos Trabalhardores），二〇〇三年當選總統的魯拉（Luiz Inácio Lula da Silva），一開始就是以鋼鐵工會的領導人投身政治。[13]南韓的反對運動向來與勞工運動保持距離，因此，成立於一九九五年的韓國民主勞總，在二〇〇〇年直接參與了民主勞動黨的創建。[14]在南非，總工會（Congress of South African Trade Unions）從一開始就是反對黨在南非國民議會（South African National Congress）的產業黨部。[15]台灣的情況既不同於巴西、南韓，反對黨是由工會創立，也不像南非，是由反對黨扶植工會；無論是在執政前後，全產總都與民進黨保持一定程度的距離。

勞動法律的改革：收穫與限制

儘管台灣的總工會運動與反對黨的關係較為疏遠，然而民主化與政黨輪替仍帶來了部分勞動法律的改革，讓整體勞工階級獲益。一九九二年國會全面改選，突破勞工運動的法律空間，立法院正式成為勞資雙方階級鬥爭的場域。不過，這個時期勞工運動的力量僅能阻止倒退性的修法企圖，無法進一步爭取新的權利；九〇年代中期的兩段插曲正好透露出台灣工運的困境。

一九九四年，政府在研擬全民健保制度過程中，計畫一併修改勞工保費的勞資分擔比。在此之前，雇主需要負擔百分之八十的勞保保費，勞方負擔百分之二十，新提案則是改為百分之六十與百分之四十。勞工運動者當然無法接受這種逆向的重分配方案，台灣勞工陣線在當時發動了一場全民怠工的抗議。[16]工人的憤怒迫使國民黨提出新的公式，將資方與勞方的分擔比例由六四改為七三。最後在立法院審議全民健康保險法時，工運團體終於成功說服立法委員，將比例修改為資方七成、勞方兩成、政府一成。

另一段插曲則與勞基法擴大適用相關。勞動基準法於一九八四年公布施行，但其中對於勞動條件的規範只適用於藍領勞工，原本要擴大適用於白領勞工的承諾，在資方反彈下遲遲無法兌現。九〇年代起，銀行員工會帶頭發起要求勞基法擴大適用的運動；一九九六年，政府的承諾再度跳票，勞工抗議導致當時的勞委會主委謝深山去職；[17]同年年底，政府與勞工之間終於達成妥協，資方可以用變形工時彈性計算薪資，勞方則是爭取到將兩百萬白領勞工分批納入勞基法的保障。

不過，二〇〇〇年政黨輪替帶來了全產總的合法化，依然使台灣勞工運動獲得意料之外的政治槓桿，在就業性別平等、保護大量解雇的勞工、建立失業保險，以及職業災害的保護等議題上取得重大的進展。

一　就業的性別平等

台灣追求性別就業平等的歷史相當曲折。一九八九年，婦女團體曾聯合草擬了一項法案，並且獲得跨黨派的立委連署支持，但沒想到當性別平等一旦有可能成為正式的法律，立即引發雇主團體激烈的反應。他們宣稱「過度保障婦女」將會導致投資漸緩，同時將不利於婦女的就業。資本家也開始進行政治遊說，並且獲得了政府官員的同情。一九九五年，國民黨政府決定撤回官方版的修改草案。[18]

九〇年代末期，婦女團體再度發起爭取就業平等的運動；在彭婉如事件的壓力下，國民黨政府也於一九九九年提出新的官方版草案。兩性就業平等法最終於二〇〇二年通過，有了法律的保障，工作場所的性騷擾與性別歧視有「法」可罰，雇主也被要求制訂企業內部規定，以避免這個現象發生。兩性平等法中也同時規範了陪產假、育嬰留職停薪假、家庭照顧假的規則，並要求大型的企業與機構必須提供托兒設備。儘管婦女運動者認為兩性平等法的規定不夠充分，[19]但是通過這項法律仍舊表示十餘年來的努力，終於獲得了初步的成果。

二　保護大量解雇的勞工

九〇年代，大量工廠惡性倒閉引發勞工激烈抗爭，全總產因此開始積極為關廠歇業的勞工爭取應得的權利。二〇〇三年，大量解雇勞工保護法通過，這項法律規定，雇主必須在大量解雇發生前，與員工及工會代表協商；如果公司有積欠員工工資、資遣費，或退休金的情況，公司負責人禁止出國。此外，若失業勞工要對積欠薪資的原雇主提出法律訴訟，政府有義務補助。工運團體原本要求這項法案能對勞工有更實質的保護效果，因此還提出確保積欠工資的優先償還，以及對不負責任的雇主更嚴格的處罰，例如禁止雇用外勞、股票上市等，但是這些訴求最後並沒有獲得民進黨官員的支持。也因此，工運團體認為，如此一來，用來保護被解雇勞工的法律，結果可能反而會成為有助於雇主進行大量解雇的「程序法」。[20]

三　建立失業保險

也是由於關廠勞工的持續抗爭，國民黨政府在一九九九年開始實施勞工保險失業給付；然而，工運團體並不滿意這項暫時性的措施。首先，這項規定只適用於原本就有參加勞保的勞工，同時他們必須在失業後退出勞保，才能享有這項給付；但事實上，有不少的工人在失業後仍選擇維持勞保，原因在於他們想要保留勞保老年給付的資格。[21]二〇〇二年，民進黨政府順應工運團體的要求，正式將失業給付法制化。根據新制訂的就業保險法，符合資格的失業勞工最多可以領六個月、六成薪資的失業給付。

四　職業災害的保護

早在一九九七年就有立法委員提出職業災害勞工保護法草案，但由於缺乏行政部門的積極支持，這項草案一直被擱置在立法院，直到二〇〇一年才正式通過。根據職業災害勞工保護法，即使未納入勞保的勞工也可以獲得保障，同時由於雇主必須負起無過失的責任，職災勞工也比較容易提出賠償的要求。誠如一位工運人士所言，「以現階段台灣工人的力量，能爭取到打破多重限制，已對現行制度進行革命性的突破」。[22]

上述的改革都是在二〇〇〇年前提出，但一直無法成功立法，顯示政黨輪替的確為勞工運動提升了政治上的影響力。儘管如此，要推動更具結構性影響的改革還是困難重重，民進黨政府仍舊不願真正碰觸經濟資源重新分配的問題，最明顯的例子就是二〇〇四年通過的勞工退休金條例（勞退新制）與二〇〇七年通過的國民年金。

其實在二〇〇〇年之前，儘管改革的方向尚未確定，但勞工退休金必須改革，已經成為政府與工運團體間的共識。舊制勞退金的法源依據是勞基法，按照勞基法的規定，企業若沒有按月提撥退休金，每個月可處以六千元至六萬元不等的罰鍰。但實際上主管單位從未認真督導，因此在一九九七年以前，勞工退休準備金的提撥率僅有百分之十四，大部分的私人企業根本無視這項規定的存在；也因此，只有大約百分之十的勞工才能真正享有退休金的保障。同時，也是由於舊制的弊病，許多失業勞工其實根本領不到他們應有的退休金。

民進黨上台後，官員們偏向採用商業性個人帳戶的設計，如此一來就可以減少政府監督工作與財政支出；但工運團體認為，這樣的規畫不僅圖利金融財團，而且規避了政府應負的責任。[23]經過一連串的施壓與交涉，勞工退休金條例終於在二〇〇四年通過，勞退新制正式上路。根據新制，雇主如果不提撥勞退金，會被連續重罰；但新制同時也將提撥比由原本的百分之二到十五，降為百分之六，以減輕資方的負擔。從一般勞工的觀點，新制的好處在於年資可以轉移，不會因為更換公司中斷。然而，勞退新制具有明顯的新自由主義特色，規定個人帳戶制不只強制勞工儲蓄，勞工也被迫必須承擔金融市場的風險。[24]

打破軍公教福利國，建立一套跨職業類別的年金制度，向來是台灣勞工運動的訴求之一。為了達到這個目的，不只要拉近公保與勞保之間的給付落差，還必須建立一套基礎性的國民年金制度。但是二〇〇七年通過的國民年金基本上是一套大幅縮水的版本，僅納入了被公保、勞保等社會保險排除的人口類別（主要是家庭主婦），甚至連領取老農津貼的農民都沒有納入。國民年金成了不折不扣的「窮人互助會」，並未發揮社會重分配的作用。

二〇〇八年第二次政黨輪替，更加保守與親商的國民黨重新取得執政，「勞動三法」也於這個時期完成，包括團體協約法（二〇〇八年）、勞資爭議處理法（二〇〇九年），與工會法修正案（二〇一〇年），這些修法大都是朝向有利於勞工運動的方向，解除了過時的限制，增加更多的勞動保護。資方有責任以誠實信用的原則與勞工協商，否則將會受罰；「不當勞動行為」的規範讓工會幹部獲得更多的保障，同時也讓他們享有法定的「會務假」；教師有籌組工會的權利；跨廠場的工會組織（亦即新制的「產業工會」）也在這次修法後獲得承認。

為何這些關於勞動重要權益的修法是發生於國民黨執政時期？有研究者指出，是政黨競爭促成了進步的勞動法律改革，因為國民黨與民進黨都想爭取勞工的選票。[25]這個說法大致無誤，執政時期的民進黨迅速保守化，部分工運人士所認為「兩黨都一樣」也有相當的事實基礎，不過仍有兩點需要補充。首先，勞動三法的修法爭議有相當長遠的歷史，最早可追溯到八〇年代末期自主工會運動興起，經過二十年發展，官方即便想要緊縮勞動權益，在整個民主化的發展下也不可能走回頭路。勞、資、政三方其實早在二〇〇一年的經發會就已經逐漸形成修法方向的共識，並納入會議結論，二〇〇八年以前之所以沒有通過，最主要的原因是國會杯葛，泛藍掌握的國會不願意讓民進黨政府獨占修法的「功勞」。

其次，即便國民黨政府願意推動有利於勞工的修法，但不表示既有的勞動保護會因此產生作用，最明顯的例子即是國民黨政府如何因應二〇〇八年全球金融海嘯所帶來的資遣風潮，勞委會同意資方大量採用「無薪假」的措施，等於讓資方有藉口規避二〇〇三年建立的大量解雇保護機制。當時由於工廠訂單減少，許多勞工被「暫時」解雇，回家等消息再來上班。這讓勞工們處於一種非常曖昧的困境：他們並非被正式解雇，因此無法享有資遣費與失業保險的保障；但他們也無法去尋找新的工作，因為原有的雇傭關係在名義上依然有效。[26]更讓勞工感到心寒的是，為了因應經濟危機，政府當時採取了所謂的「三挺」政策，即是「政府挺銀行、銀行挺企業，而企業挺勞工」；但實際結果卻是，金融壞帳被壓下來了，負債累累的企業獲得喘息，勞工卻得單獨面對失業與無薪假的命運。

無論如何，勞工運動的興起帶動了勞動法律的改革。近三十年來，一個初步完備的勞動保護架構已然浮現，台灣大部分的勞工都能享有基本工資、工時、退休金、失業救濟等法律保障，這是勞工運動所帶來最大的成果之一；但若想進一步扭轉既有的經濟不平等，勞工運動仍是力不從心。事實上，隨著運動風潮逐漸消退，已有跡象顯示，這些好不容易爭取來的法律保障最後有可能徒具形式，並無法真正保障有需要的勞工。

經濟型工會的轉向

前述的後工業化、製造業出走，以及兩黨意識型態的趨近，都是深刻影響台灣勞工運動的鉅觀因素，也確實造成工會組織衰退、勞工法律改革等勞工運動的政治性變遷，但若要理解社會運動型工會路線在台灣為何逐漸消失，還是得回到廠場層次的觀察。九〇年代之後，民營企業工會的抗爭動能幾乎消失殆盡，只剩下關廠勞工持續進行抗爭活動；因此，享有穩定組織基礎的國營事業工會（或前國營事業工會），儼然成了支撐台灣勞工運動的主力部隊，而其後續轉型則決定了勞工運動接下來的方向。

八〇年代末期，石油工會第一分會中勞方聯線的成員是許多社會政治抗議活動的常客；經過十年，他們的注意力轉而向內，反而較少參與公共議題的抗爭活動。表十二（頁三〇二）整理了歷年來第一分會動員或參與過的抗爭事件。

表十二　石油工會第一分會的抗爭活動（1992-2003）

年度	全部事件	政治	階級	國營事業	公司
1992-1997	16	1	10	3	2
1998-2003	14	1	5	4	4

資料來源：台灣石油工會第一分會，《二十四期彙編成刊》，1994；《四週年彙編成刊》，1996；《六週年彙編成刊》，1998，高雄：台灣石油工會第一分會。除了第一分會的出版品，還有後來出版的工會會刊；表中類別為筆者所分。

說明：（一）「政治」是指涉及全體公民的議題，「階級」則是涉及全體勞工階級，例如勞基法的修正案。「國營事業」則是關於國公營事業員的待遇與福利，例如反民營化。「公司」則是最狹義的，只涉及中油員工的權益。（二）這裡以1997到1998年作為分界，因為黃清賢在1998年3月接任石油工會理事長，因而讓出了第一分會常務理事的職位。

就抗爭頻率而言，第一分會並沒有變得比較溫馴，兩個時期，每年平均的抗爭次數幾乎一樣（二點六七件與二點三三件）；但關注的議題卻出現了明顯的轉移。一九九二年到一九九七年，第一分會比較可能為了涉及全體公民，或是勞工階級的議題走上街頭，在十六件中有十一件。舉例而言，一九九七年白曉燕案引發治安危機，第一分會便參加了該年五月舉行的「總統認錯、撤換內閣」遊行。但在一九九八年之後，第一分會的動員通常是為了國營事業員工或中油員工之利益，在十四件中占了八件。顯而易見的是，自主工會已經放棄了「工運社會化」之野心。

前一章曾提到，對於後勁居民的環境保護訴求，第一分會幹部一開始是採取較為同情並支持的態度。一九九〇年，延宕許久的五輕工程正式開工，政府同時保證會在二〇一五年遷走所有生產設備。但是隨著二十五年承諾大限逼近，煉油廠勞工開始擔心自己的飯碗不保，因此，第一分會積極動員，希望能說服政府官員在煉油廠原址重新投資，以「高雄煉油廠更新計畫」的名義規避一九九〇年所做的遷廠承諾。二〇〇二年，部分是由於工會遊說，中油提出「高科技石化園區」的方案，以取代要遷移的五輕廠，引發後勁居民新一波的抗議。當時筆者正好在第一分會從事田野研究，工會幹部曾希望筆者能幫忙設計問卷，協助處理與後勁民眾的「溝通」。基層勞工擔心自己工作可能不保的焦慮心態，改變了自主工會運動幹部的態度，而開始將公司的營運狀況當成工會優先關切的議題。二〇〇五到二〇〇八年間，中油試圖在林園廠推動三輕更新案。如同後勁的例子，林園居民也飽受石化業汙染所苦，因而與環保團體聯手發動抗爭。[27]在林園的爭議中，第一分會採取支持中油的態度，積極動員會員聲援，無論是當地的說明會，或是台北的環評審查會，工會幹部甚至與林園居民爆發了幾起口角衝突。從同情反汙染運動，到支持石化擴廠的急先鋒，石油工會開始轉向支持環境保護民意的對立面。

根據「工運社會化」的理念，國營事業勞工應該扮演勞工運動火車頭的角色，拉抬整體勞工階級的地位與待遇。因此，國營事業工會不應該只顧及自身的利益，而是要有與民營企業勞工合作，甚至無條件支持的態度。然而，隨著社會運動型工會的沒落，這種宏偉的企圖心消失殆盡。一九九九年底，筆者參與了第一分會工會的選舉活動，曾觀察到這樣的現象：當時鄰近的台塑工會正好在發動抗爭，勞陣成員便建議工會幹部組織石化聯合工會；因為若中油與台塑的工人不先聯合起來，未來油品市場競爭只會導致兩個工會的對抗。但是第一分會幹部顯然沒什麼興趣。等到二〇〇一年台塑油品正式上市，石油工會反而自費在報紙刊登廣告，希望消費者不要「喜新厭舊」，要支持老牌子的中油。[28]換言之，民營企業勞工過去被國營事業工會視為潛在的盟友，現在卻變成站在對立面的競爭者；一旦石油工會採取市場競爭的觀點，將民營企業視為利益衝突的對手，他們的抗爭行動自然也很難獲得台塑工會的聲援。

另一項有明顯改變的則是工會與工運團體的關係。以往，石油工會第一分會與勞陣往來密切，彼此的合作關係展現於以下幾個面向：一，工會會刊，早期的石油工會會刊經常轉載勞陣成員的文章，內容除了有關於福利國家、反民營化、產業民主等理念的引介，也有其他工會的動態、最新的勞動法律修正、外國工運等議題；二，街頭遊行，如前所提，第一分會在九〇年代經常動員會員參與勞陣與其他工運團體發起的五一遊行；三，勞工教育活動，勞陣的成員以往會被邀請到石油工會當講師，有機會向會員傳遞更多樣的勞工運動訊息；四，工會選舉，從一開始與國民黨黨部的競爭，到後來與團結工聯的角力，勞方聯線都需要勞陣的工作人員協助打選戰。因此可以說，石油工會第一分會其實是透過勞陣，間接參與了廣大的台灣勞工運動網絡。

然而，隨著社會運動性格消失，第一分會與勞陣的關係也產生了質變；工會會刊不再轉載勞陣的文章，勞陣成員也不再受邀擔任勞教的講師。二〇〇三年，勞陣最後一次派人南下，協助勞方聯線工會的選戰。同年，還出現另一項頗具象徵意味的轉變，勞陣的募款廣告原本都會固定出現在石油工會會刊，但是這一年開始卻以某個專門經營「勞資中介」基金會的廣告取代。很明顯地，第一分會幹部不再將自已視為台灣勞工運動的一分子。穆迪（Kim Moody）認為，美國「生意型工會」的興起，「消解了異議勞工與政治知識分子的原先關係」；[29]同樣的情況也發生在台灣的國營事業工會。社會運動型工會的企圖心逐漸消磨殆盡，取而代之的是一種可稱之為「經濟型工會」（economic unionism）的路線。

就某種程度而言，所謂的經濟型工會有點類似美國的生意型工會。美國的情況是「採取最狹義方式，來定義工會的社會角色與對會員的服務」，同時「抑制廣泛的會員參與，正當化了寡頭領導」；[30]相較之下，台灣的工會也展現出同樣狹隘化的工會自我認同，但並沒有出現極端科層化的現象。某些研究者認為，工會如果只關注會員權益，放棄了其可能扮演的、更具有公眾利益的角色，是一種利益團體化的病態徵兆，如此最終必然會臣服於政黨與政府。[31]然而，在台灣的脈絡下，並不適用如此具有規範性的評判標準，基於兩個理由，經濟型工會仍可以視為一種勞工的抵抗。首先，儘管只著重會員當下的權益，但整體而言，工會活動仍代表所有基層會員的利益，並挑戰了管理階層的權威；當國營事業勞工遇到民營化威脅，這樣的抗爭顯得格外重要。其次，一個沒有黨國體制干預且運作良好的工會，的確是民主化的成就，也是勞工積極爭取的成果。

首次政黨輪替及其影響

國營事業工會從社會運動型工會轉向經濟型工會的轉變，與台灣的政治轉型息息相關，隨著新浮現的民主開始獲得確立，勞工抗爭的形態也出現了轉化。在首度政黨輪替後，民進黨政府期間（二〇〇〇～二〇〇八年），政策明顯出現保守化的趨向。經歷執政初期的混亂，民進黨承襲了國民黨的「拚經濟」、「經濟優先、社福暫緩」、民營化等路線，讓許多原本支持民進黨的自主工會運動者感到意識型態錯亂；他們發現越來越難以勞工階級的立場，說服工會會員將票投給轉向親商的民進黨。陳水扁曾在二〇〇七年提到「台灣沒有左右路線，只有統獨的問題」；對國營事業基層勞工而言，這種言論透露的意義是：民營化是兩黨的共識，也是不可抗拒的潮流，除非勞工自認是「中國人」或支持統一，不然就將票投給民進黨。

從全聯會十週年的慶祝典禮，就可以觀察出民進黨與自主工會關係的轉變。二〇〇三年九月，全聯會舉行十週年慶祝典禮，陳水扁應邀以貴賓的身分致詞。他在致詞中提到自己與銀行工會幹部在一九八八年就認識了，當時戒嚴令解除才一年多，大部分的銀行仍由政府控制，組織工會是絕對不允許的禁忌；陳水扁則是剛出獄，擔任妻子吳淑珍立法委員的特別助理，同時也為想要組工會的銀行員提供法律建議，因而開啟了之後長期的合作。[32]一九九四年，全聯會成立，但國民黨政府拒絕承認這是合法的工會聯合會組織；工會幹部發動了長達數年的法律抗爭，但一直到政黨輪替之後，陳水扁當上了總統，二〇〇一年全聯會才正式收到由民進黨政府頒發的官方證書。[33]如此看來，全聯會的十週年慶應該是運動戰友們歡喜重逢、共同回味過往努力的場合；但現場卻瀰漫著騷動不安的氣氛，因為銀行員工會幹部試圖利用這個場合，抵抗政府推動的金融整併政策。

民進黨上台後進一步加強金融自由化，解除更多管制，以方便金融機構整併；不少銀行員在整併的過程中被資遣，能夠保住飯碗的員工也被迫接受更嚴苛的勞動條件。針對這種現象，全聯會提出強力的批判，強調毫無保留的金融自由化只會圖利財團，使得一般消費者與員工受害。[34]不過陳水扁反而在致詞中為金融整併政策辯護，他認為恢復金融業的健全是首要目標，儘管員工的權利有可能因此受損。所以他建議管理階層應該多與工會協商，政府也應該提供更多的職業轉介服務。民進黨執政之後的政策立場明顯地向資本家靠攏，這使原本支持他們的勞工盟友感覺遭到背叛。

陳水扁曾在二〇〇〇年總統大選的競選政見中提到「重新檢討」民營化的政策，但是一旦取得執政地位，卻更積極地推動民營化，以中華電信為例，儘管工會強力反彈，但民進黨仍決定採取釋股一途。

針對不斷賠錢的國營事業，政府的處理方式是快刀斬亂麻，即使這樣會犧牲勞工的權益。

根據政府的再生計畫，中船必須資遣三成的員工，留任員工也得減薪三成；[35]同理，台機只有一個部門是賺錢的，政府的處置方式就是賣掉賠錢的部門，資遣該部門的員工。面對台汽客運的狀況，政府想到的處理方式是所有權移轉；也就是說，政府願意協助清償原本的債務，留任的勞工每人則必須提供三十萬元，作為新成立的國光客運公司資本，而這些員工也直接成為新公司的股東。[36]民進黨在二〇〇四年的總統選舉中，特別引用中船再生計畫與台機變賣的例子，將這些國營事業再生後的盈餘，當作選戰的政績宣傳，卻一句未提勞工為此付出的代價。

此外，政黨輪替的結果為自主工會帶來更多參與決策的管道，有些工會領袖甚至被賦予官職，引來工會遭到「收編」的批評，為原本就派系林立的工運界，增添更多內鬥的題材，黃清賢就是其中一個例子。他在擔任石油工會與全產總理事長任內，也同時被任命為總統府國策顧問，黃清賢提到他的兩難：「有人支持我去當國策顧問，因為這可顯示我的溝通管道暢通，可以直接跟上頭對話；反對的人則是說，這反而是一種羈絆，不能真正替勞工爭取應有的權益，國策顧問一上身，就要考量到政府的立場，不能再像往昔般，鎖定目標後，勇往向前」。[37]但無論如何，工會內敵對的派系之後就不斷以此對黃清賢做人身攻擊。鍾孔炤是另一位出身於勞方聯線的工會幹部，原本外界將其視為黃清賢的接班人，但是勞方聯線在二〇〇三年工會選舉的挫敗（見頁二五六表十一），打亂了這項規畫，國民黨出身的工會幹部重新掌握了石油工會的主導權一直到二〇〇九年。鍾孔炤後來在二〇〇五年被指派接任高雄市勞工局長一職，這項任命案也引發工運界內部批評，因為鍾孔炤接任勞工局長當時，也正擔任全產總的理事長。[38]

民營化的威脅

民進黨執政後保守化的走向，讓原本力挺民進黨的自主工會幹部很難向基層會員交待，加速了社會運動型工會的衰退。不過，國營事業勞工對於民營化的擔憂，才是轉向經濟型工會最主要的原因。

把民營化當作解決國營事業效績不振的處方，這個想法源自八〇年代末期，當時的經濟官員開始接受新自由主義的想法，認為政府應該減少干預，儘可能讓自由市場發揮調節的作用；[39]但這也表示他們放棄了以往所抱持的國家主義信念。六〇年代，在「國營事業企業化」的口號下，經濟官員致力推動內部勞動市場改革，但是到了後來，移轉所有權反而成為提升效率唯一的方法。一九九四年，國民黨政府開始推動大規模的民營化，包括中國鋼鐵公司、中華工程公司、中國石油化學公司（簡稱「中石化」），是中油轉投資的子公司）在內，國營事業股票被大量公開釋出，國營事業轉而成為民營公司。不過，一九九四年的這波大量釋股曾導致一樁醜鬧，一位與國民黨往來密切的資本家趁著承銷股票的機會，先是以可疑的操作手法掌控了民營化後的中華工程與中石化；等到財團接手，中石化立即關閉廠房、拆除生產設備、資遣員工，並將原本工廠的土地轉為商業開發。有批評者指出，中石化的例子顯示國民黨政府推動的民營化，其實根本就是「黨營化」。[40]

中石化在一九九四年民營化之前，其工會附屬於石油工會的五個分會，但民營化後，勞工卻被強迫退出這五個分會。從中石化的下場，中油員工目睹了民營化如何殘害勞工的權益。一九九五年，石油工會第一分會發起一項抗爭，反對管理階層發起的事業部改革，這項組織改造計畫會將龐大的中油切割成多個部門，被認為是為了民營化預做準備。第一分會堅決反對這項改造計畫，甚至指控事業部是「失業部」，企圖分化不同部門勞工的團結；他們為此發起連署，在六、九三〇位會員中，獲得百分之六十一點七，也就是四、二七七位勞工的支持，並製作了一份反對改造的宣傳手冊。[41]的確，就短期效應而言，民營化帶來的威脅感產生了激化的作用，促使勞工更願意參與抗爭。一九九八年三月，一位國民黨籍的石油工會理事長遭到罷免，理由正是「反民營化不力」，[42]而空出來的龍頭寶座就由黃清賢接任，顯然黃清賢自主工會運動的正統出身，被視為是反抗民營化有力的保證。

1994年，國民黨政府開始推動國營事業民營化，亦引發國營事業勞工持續且激烈的抗爭。圖為1999年8月28日的石油工會第一分會發起的反民營化遊行。

然而，激烈的抗爭只是一時的效果。一旦時間拉長，民營化成為整個企業內揮之不去的陰影，反而有可能造成階級團結的分化；其實在中石化面臨民營化威脅時，中油的員工似乎就是抱持一種事不關己的態度，「以前只有中（石）化員工及工會在緊張，其他公司的員工及工會，均存著看好戲的心態，反正民營化輪不到他們，於是就輕輕鬆鬆看著中（石）化員工在拚鬥，中（石）化員工走在民營化的路上，確實走得很孤獨，走得很無助，走得很辛苦。即使同屬石油工會的中油員工及工會，都沒有切膚之感，而未予與聲援」。[43]

民進黨執政後全盤接納了新自由主義的意識型態，延續之前國民黨政府的民營化政策。二〇〇二年，民進黨政府甚至宣布，將剩餘的國營事業民營化時程提早，其中也包括了中油。[44]對中油員工而言更雪上加霜的是，隨著六輕投入量產，台塑從二〇〇一年開始進入國內的油品市場，打破以往由國營事業壟斷的情況。石油工會在黃清賢的領導下發起立法行動，以確保中油與台塑之間競爭的公平性；因為黃清賢認為，相對於民營化，油品市場的自由化將會是更嚴重的問題。與台塑相比，中油尚需負擔許多政策性任務，例如維護全台偏遠鄉鎮的加油站、以補貼價格提供漁船用油等等；如果不在制度上有所調整，公平地分擔這些勢必虧損的業務，中油等於被台塑占了便宜。因此，石油工會擬定了一份石油管理法草案，目的即是讓中油與台塑能處於公平競爭的狀態。這份草案最後在二〇〇一年十月通過，但對基層勞工而言，工會居然把大量心力花在因應油品市場自由化，而不是反民營化，引發了普遍的不滿。當時，黃清賢試圖走一條穩健的反對路線，為中油員工找出可能的生路：

工會必須面對一個困難抉擇：由於會員的年齡差異，對於工作權、勞動條件以及年資結構的考量不同，年紀較長的會員，較傾向於保持現狀，希望工會發動抗爭讓民營化時程延後；年紀較輕的會員則比較期待工作權的保障，覺得若外在環境已自由化，而中油不民營化則會限制中油的發展空間，因此不希望中油民營化時程拖延過久，延誤了公司轉型的契機。45

因此，石油工會決定將「反民營化」從「目的」修正為「手段」。以往，反民營化幾乎等同於自主工會運動的神主牌，具有一定程度的神聖性。黃清賢之所以能出任石油工會理事長，也是因為前任「反民營化不利」遭到罷免。因此，這種「修正主義」的路線調整引發了許多批評，甚至有人認為自主工會運動背離了原先的使命。

黃清賢一方面必須面對基層的不滿，第一分會又出現了分裂的危機，幾乎要將整個工會拆散支解。基本上，工會內部出現派系政治，不論在台灣或在國外都屬常態。李普賽等人（Martin Lipset et al.）在研究美國工會的經典作品《工會民主：國際排版工會的內部政治》（*Union Democracy: The Internal Politics of the International Typographical Union.*）中甚至主張，只有透過強而有力的派系競爭，才能確保工會的民主，避免寡頭化的現象產生。然而，九〇年代中期以後出現在石油工會的派系鬥爭，卻是因為民營化威脅而導致的分歧，工會幹部稱之為「勞勞之爭」，其實就是循著不同生產單位產生的分化。

其實早在一九九七年的工會選舉，團結工聯就曾主張第一分會應該從石油工會中獨立出來，以免被未來的民營化「拖下水」，因為中油內的確有一些不太賺錢的單位。二〇〇〇年選舉時，也有人批評勞方聯線上導下的第一分會實則是由某一廠的幹部壟斷，「第一分會的運作，長期以來為林園廠掌握，常務理事三任九年（按：即黃清賢與黃川田），常務監事兩任六年（按：即鍾孔炤），總會理事長兩年（按：即黃清賢），難道高雄廠沒有人才？」。[46]針對這種批評，以黃川田（假名）為首的勞方聯線打出團結牌，強調「失業的滋味不分你我」的口號，反制「地域分化」的說法。[47]勞方聯線的幹部強調，「如果工會還隨著資方起舞，將工會一分為三，勢必讓資方更方便將林園廠、大林廠民營化。不但兩年來的努力泡湯，員工的工作權也岌岌可危」。[48]接下來兩屆選舉的結果的確顯示，大多數會員其實並不認同分化的訴求。

但勞方聯線在二〇〇一年的工會選舉後隨即分裂，原本高喊團結的幹部落選下台，改由另一批勞方聯線的人馬接管第一分會。下台後的黃川田回到所屬單位，成立了「林園廠自主分會促進會」，要求脫離第一分會的管轄。他們一改過去的說法，強調「林園廠在總廠時代資源的分享確實好像細姨囝……『好甲在』曾經三屆的常務理事是林園廠的會員，多多少少會做一些平衡的考慮。反觀目前，第一分會的生態，『靠人多，壓死人』」。[49]民營化的威脅過去被當作三廠必須團結一致的理由，現在卻成了用來解釋分立之必要的證據。「為避免第一分會迫於現實做出同意各事業部依相同比例裁員的決定，故須有一個自主的分會，來保障會員的權益，以避免林園廠的會員再次受到傷害」。[50]分立派得到了管理部門的默許，在林園廠設置一間「工會服務中心」，主要帶頭的幹部也沒有歸建到原屬的操作現場。若需要接待來訪的工運團體，他們可以借用公司的貴賓室，使用公司製作的簡報，甚至可以直接拿公司的紀念品來贈送訪客。

看在其他工廠的工會幹部眼中，以黃川田為首的林園廠分立派不啻是「勾結資方、打壓兄弟」，完全「違背勞方聯線的立場」。儘管如此，新一批接手第一分會的幹部，等於接任以常務理事陳金水為首的派系，情況也相去不遠。二〇〇三年，以大林廠為主的幹部在第一分會會員代表大會推動罷免常務理事；二〇〇四年初，以許俊雄（假名）為首的大林廠幹部與團結工聯合作，擊敗勞方聯線的候選人，拿下第一分會常務理事的領導權。被趕下台的陳金水隸屬高雄廠，他們也如法炮製，要求成立高雄廠工會。高雄廠分立派獲得了當地勞工局官員的背書，甚至一度取得正式的成立證書，但是後來被勞委會撤銷。勞工局甚至向煉油廠施壓，要求廠方提供高雄廠工會辦公室與經費，否則將入廠進行勞動檢查。

這一連串的分立風波，其實非關意識型態或工會路線之爭，很大部分是源於工會領導者間的個人恩怨；當然，激烈的職位競爭也是一股很重要的推力。值得注意的是導致分化效應背後的事業部切割，以及預期民營化而帶來的不同生產單位之角力。

在第一分會的組織範圍內，林園廠屬於輕油裂解廠，高雄廠與大林廠則是煉油廠；其中高雄廠的設備較為老舊，經營的效率也比較不理想。根據二〇〇三年的資料，高雄廠有二、三五五位員工，單位產值為四千萬元，大林廠則有一、二四三位員工，單位產值為九千兩百萬元；[51]除了設備與人力的問題，高雄廠還涉及政府承諾的二〇一五年五輕遷廠。基層會員都心知肚明，如果公司決定要關閉其中一廠，肯定是高雄廠（按：二〇一五年十一月，高雄廠正式停止營運），要是能儘早轉入大林廠，被裁員的機率就比較低。出身高雄、大林兩廠的工會幹部不但沒有試圖彌補這個擴大中的分歧，反而加劇兩廠的對立。二〇〇二年底，第一分會仍在高雄廠出身的陳金水領導之下，當時工會發出一張只針對高雄廠會員的快訊，「鼓勵員工為保障工作權，踴躍參加大林廠人力之徵求」。[52]結果這張快訊引發了大林廠幹部的反彈，他們認為這樣會增加大林廠的「冗員」。二〇〇三年初，陳金水被大林廠與林園廠幹部聯手罷免一案，或多或少就與這個事件有關。這些情況顯示，民營化政策短期內會激發員工的反彈，有利於自主工會動員，一旦民營化的議程被延後拉長，反而會更加突顯不同部門間的利益衝突，加劇自主工會內部的分崩離析。

民營化造成工會內部的分裂，而從許俊雄在石油工會的行事風格，可看出國營事業工會最後為何會走上經濟型工會的路線。許俊雄一九八九年考入中油，當時自主工會運動已經登場。

許俊雄幾乎比黃清賢晚了整整一個世代，但卻有極為相似的工會職涯，一開始先領導第一分會，後來當選石油工會理事長。許俊雄也是本省籍的工員，但由於年資較短，幾乎沒有經歷過早期工廠內的族群歧視與黨國體制的支配。如同其他勞方聯線的幹部，許俊雄一開始也是民進黨支持者，每逢選舉就帶一些兄弟去參加候選人的造勢大會，也曾在競選總部按名冊逐一向工會會員打電話催票。然而，與第一代勞方聯線成員不同，許俊雄對於政黨採取比較務實的態度，他並不是死忠的民進黨支持者，對於工會的立場也是如此。

而他之所以會在工會裡展露頭角，主要是靠著靈活的交際手腕。他在擔任大林廠駐廠會務人員期間，對會員的服務備受稱讚；走在廠區，即使叫不出名字的勞工兄弟也會熱情地與他打招呼。許俊雄曾說過自己經營會務的原則，最重要的就是讓會員覺得「很窩心」。他有一些常用的手法，例如颱風時即便他待在家裡，也會打電話到工會辦公室，請人廣播「俊雄叫大家多注意，有颱風要來了」；如果他要到工廠找某一位值班中的幹部，通常會先問「你們現場有多少位兄弟？」然後就帶著足夠的飲料前往探班，順便慰問基層會員。許俊雄的習慣是隨身帶著一本記事本，隨時記錄會員的各種反應。他強調，幹部不可能滿足會員所有的心聲，但無論再怎麼不合理、甚至是瑣碎的要求（他舉例，像是「會員家裡養的狗被隔壁的狗咬」），一個星期內一定要向會員回報，讓他們知道幹部有在處理這些事情。每次工會選舉，許俊雄最得意的一件事是，只要他當家作主，大林廠就只會有一組人馬登記角逐；他總是有辦法說服其他派係，不要在他的地盤上動主意。許俊雄有次提到，「參與工會親像咧交朋友」。他認為，工會幹部應該用「交朋友心態」，一個一個了解會員的工作跟家庭狀況；幹部就像民意代表，當然要為民喉舌。在面對主管時，工會幹部應有這樣的體認，「工會和事業單位是共生的，有要考量事業單位的立場，才會被主管認同、尊重」。[53]

擅長基層經營的許俊雄看待工會事務是站在大林廠的立場，明白表示體質不良的高雄廠的確已經拖累了大林廠；在他看來，高雄廠根本是在「吃大鍋飯」，「我們人力最精簡，結果這裡拚得要死；我們分到的加班費比較少，我們賺的公司營業額卻最多」。為了保障大林廠勞工的利益，許俊雄有時也會與大林廠管理階層合作，故意封鎖一些消息，避免其他廠工會幹部知情。二〇〇二年，他與大林廠長共同向董事會爭取代煉中國原油的機會，這個案子獲得公司的同意，並且付諸實行。當時的許俊雄就格外小心，擔心這個消息提早曝光會導致其他廠工會幹部「眼紅」，故意放新聞給媒體，反而促使政府下令取消這項大林廠員工的利多。

不過，當上第一分會常務理事後，許俊雄儘量避免任何偏袒某一廠的言行；「公司如果不賺錢，勞工也不會有好待遇」，是他常掛在嘴邊的講法，對他而言，勞資對立是次要的問題。也是因為會員權益，許俊雄帶領工會弟兄積極聲援林園廠的三輕更新計畫，甚至主動去見林園鄉長；基本上他認為只要回饋方案談妥，就可以化解地方阻力。二〇〇八年之前，許俊雄比較偏向民進黨，但是第二次政黨輪替，國民黨重新取得執政，他的政治態度也出現了轉變。二〇一〇年的市長選舉與二〇一二年的總統選舉，許俊雄領導的石油工會都公開表態支持國民黨候選人，因為他認為國民黨比較能夠「拚經濟」，有助於會員工作權的保障。

石油工會繞了很大的一圈，最後在許俊雄的領導下，轉向政治保守主義的立場，彷彿重新回到解嚴前的狀態。資深的勞方聯線幹部對許俊雄的政治選擇深感不滿，他們不能理解的是，自主工會運動以前就是靠著對抗國民黨的層層打壓，才得以起家立業，怎麼後來投靠了政治宿敵？事實上，政黨立場的權變正符合經濟型工會的邏輯，因為對工會而言，政治賭注本來就要押在最有實力的陣營。既然馬英九成功帶領國民黨重返執政，不只是二〇〇八年與二〇一二年的總統選舉取得勝利，國民黨也在國會一直享有過半的席次，識時務的工會自然沒有必要與保守陣營為敵。許俊雄所主導的工會路線，符合美國保守工會領袖龔帕斯（Samuel Gompers）著名的原則：「獎賞你的朋友、懲罰你的敵人」。只是如此一來，石油工會就脫離了勞工運動所追求的進步價值。

＊　＊　＊

黑度研究二十世紀初美國與英國機械工人發起的抗議，指出勞工的激進主義「只能在特定而且是短暫的歷史條件中產生，而且即使是在最有利的局勢下，這些條件也是不容易被維持的」。[54] 回顧台灣國營事業勞工的社會運動型工會，也的確發現這種類型的抗爭只是過渡現象；激烈勞工運動的登場起源於威權統治的危機，但隨著民主體制逐漸鞏固，其運動動能就逐漸褪去消散。

一九八七年戒嚴令的解除推動了一波台灣社會運動型工會的風潮，十年的發展，勞工抗爭構成了新生的公民社會之一環，共同推動台灣社會的民主化。在這段期間，異議勞工掌控了工會的領導權、改善基層工員的待遇與地位、拆解黨國體制的控制、打破國家統合主義的架構，並且將勞工的要求推向國會殿堂。曾經有一段時間，自主工會運動抱持遠大的抱負，勞工階級企圖扮演更廣大的社會角色，未來的台灣社會圖像將是由他們來參與規畫。一九九八年「新社會之夢」大遊行，可說是最能代表那個時期台灣勞工運動的事件。這場遊行約有兩萬名勞工參與，是九〇年代五一遊行規模最大的一場，活動中將籌組全國性工會訴求正式端上台灣勞工運動的議程表，造就了後來的全產總。當時，勞工運動所提出的願景是「改善台灣勞動者的生活，促進工作場所的民主。經濟平等與社會正義的實現。我們要透過工會的壯大與勞工運動的發展，挑戰金權政治，改善台灣社會」。[55]

經過十餘年，從事後看來，台灣的金權政治似乎更形惡化，經濟平等與社會正義的目標仍舊非常遙遠，但是在位的工會領袖卻已經放棄了這樣的「新社會之夢」。曾經代表台灣自主工會運動香火的全產總，在歷經多次的出走與分裂之後，聲勢大不如前。二〇〇八年，全產總曾邀請兩黨總統候選人發表勞工政見，民進黨初選候選人與馬英九都參與了這場活動；到了二〇一二年，儘管全產總積極邀請，但這次兩黨候選人都婉拒了出席。最後，全產總甚至連勞委會大委員會的代表席次都無法保全，官員以勞動部改組成立在即為藉口，停止二〇〇〇年以來的慣例，全產總理事長不再是勞委會大委員會的當然代表。也是在二〇一二年，馬英九連任成功之後，首度由國民黨籍工會幹部入主全產總，終結了以前由非國民黨籍（民進黨、台聯黨）幹部主導的格局。

如此一來，全產總變得更加保守，最明顯的例子就是備受爭議的服貿協定，與二〇一四年春天爆發的太陽花運動。[56]服貿協定涉及六百多萬服務業勞工的生計與經濟安全，但是參與抗爭的卻主要是學生與年輕世代，成立之初宣稱要實踐「經濟平等與社會正義」的全產總，在這一場很可能是台灣最大規模的社會抗爭中，靜悄悄地缺席了。[57]相對於此，擔心自身工作權受到服貿衝擊的社工人員、醫療人員、出版業工

1998年的五一遊行呈現了台灣勞工運動全盛時期的樣態。這場遊行約有兩萬名勞工參與，是規模最大的一場，遊行主題為「新社會之夢」，將籌組全國性工會訴求正式端上台灣勞工運動的議程表，造就了後來的全產總。

作者、廣告業人員等都積極組織，投入這場占領運動。

民進黨在二〇〇〇年取得政權，標誌了台灣新生的民主體制確立，但沒想到卻也導致社會運動型工會的逐漸消亡。石油工會的個案顯示，民營化的威脅帶來了壓制的作用，一旦基層會員擔心有可能工作不保，對抗爭的參與就會限縮到只與自身利益直接相關的議題。經濟型工會拋棄了雄心壯志的轉化性政治，只關注於現狀的維護，也用一種更狹義的方式來定義會員權益，工會成為特定的利益團體。務實主義成為主導會務經營的路線，工會變得越來越不政治化，不沾染政黨色彩，也不再帶有意識型態。諷刺的是，這種改變原本是為了維護會員的權益，結果卻反而加深基層會員之間的不信任。即便在同一家國營企業，勞工的團結感已不復存在，不同生產單位之間的角力日趨惡化，甚至讓工會面臨分裂的危機。奇特的是，經濟型工會所導致的情況與自主工會運動興起前的瑣碎協商，有某種相似性：勞工的訴求不僅毫無原則、格局狹小、與社會脫節，更不幸的是，這些努力到頭來很可能都是徒勞無功的。

結論　激進階級政治的可能性：重新思考制度、團結與抵抗

本書考察台灣國營事業勞工超過半世紀的發展軌跡，台灣的政治經濟體制也在這段時期產生了重大的變革。一九四五年的台灣仍是農業社會，戰爭期間的資源榨取與空襲破壞導致民生凋敝，對於新到來的時代，台灣人普遍感到焦慮不安。國民政府的專斷統治與統制經濟，讓脫離殖民的過程成為痛苦的經驗。一九四七年二二八起義後的大屠殺、一九四九年共產黨在中國內戰中勝利，一直到一九五〇年韓戰爆發，在在確立了外來政權的威權統治。在本書結束觀察之際，台灣已經邁入了後工業社會，第三級產業的就業人口早已超越製造業，勞力密集的出口部門幾乎消失。白色恐怖與黨國體制支配的漫長黑夜成了遙遠的記憶，取而代之的是生猛有力的民主改革，台灣人也見證了三次和平政權輪替，首先是二〇〇〇年的民進黨首度勝選、二〇〇八年國民黨重新取得政權，二〇一六年再度由民進黨執政。民主化也帶來了一股強大的文化與政治本土化的力量。台灣人民不再滿足於以往國民黨「海島中國」的定位，更不能接受共產黨堅稱的「叛亂的一省」，經濟與政治成功轉型之後，台灣人民要求的是國際上的承認。然而，歷史彷彿與台灣人民過不去，中國因素重新登場。台灣人民追求正常國家的訴求遭逢中國

經濟與軍事崛起，二〇一〇年簽訂的ＥＣＦＡ就是最佳代表，海峽兩岸經貿整合持續加溫，未來充滿高度的不確定性。二〇一四年的服貿爭議更引爆了占領立法院的太陽花運動，其後續的政治效應帶來了台灣的第三度政黨輪替。

台灣的國營事業在這段期間也經歷了一段曲折的歷程。一開始，國營事業幾乎涵蓋了所有殖民地時期的工業資產。國有化政策在一夕之間打造出一個龐大的國家控制部門，使得國民黨菁英掌控了經濟的戰略高地，也支撐了外省人的族群特權。但接下來，國營事業的經濟重要性持續降低，五〇年代美援刺激了民營工業的發展，六〇年代的出口轉向也催生了活力旺盛的中小企業；以往秉持強大國家主義信念的經濟官員，開始推動國營事業的企業化管理。然而，到了八〇年代，持續萎靡的績效以及新自由主義的興起，改變了官員的想法，開始接受以民營化作為解決方案，而這條路線也延續到之後的民進黨政府。本書出版之際，台糖與中油仍是完全由政府持有，要將這兩家國營事業民營化有著根本上的困難：中油雖然不再獨占國內的燃油市場，但仍是一個非常好用的政策工具，能夠吸收油價波動帶來的衝擊；台糖仍是台灣最大的地主，如果將其經營權移轉至民間，不啻是一場國有土地大標售。

在結論的開頭提出這樣的歷史回顧，是為了強調階級形構必然受制於一連串偶然的、隨機的，甚至是完全沒有辦法預料的因素之影響。勞工創造了自己的歷史，但是並非在他們所選定的局勢下進行，更常見的情況是，既有的局勢已經框限了他們能夠回應的範圍。日本殖民帝國的崩潰，使這些勞工處於戰後國家管制與族群歧視的環境；為了回應內戰中的軍事挫敗，國民黨在工廠內佈建了黨國體制的控制；在某些歷史時期，勞工甚至採取主動攻勢，抵抗所處的依賴狀況。民營經濟部門的成長讓國營事業勞工能夠兼差打工，賺取額外的收入；或是利用七〇年代較為和緩的政治氣氛，要求工會幹部幫忙爭取各種瑣碎的訴求。乘著九〇年代民主化的浪潮，勞工們持續發起自主工會運動。但這些嘗試之所以成為可能，是因為既有的局勢容許勞工們採取某些抵抗形式。

上面提到的「局勢」構成了歷史制度論研究的焦點。制度是社會規則，同時帶來促成與限制的作用；制度是至關緊要的，因為這些規則常帶來分配性的後果，從而引發鬥爭的辯證過程：在其中，當權者試著牢牢掌握既得的利益，而處於弱勢的一方則努力設法減少自己的損失，如果情況允許，甚至會挑戰既有的規則。本書特別關注某些深遠影響工人團結的制度，包括族群、黨國體制、內部勞動市場、工會。前三種制度以不同方式造成了勞工的分化，而工會則是提供廠場層次的團結基礎，至少在社會運動型工會時期如此。

制度形塑出台灣國營事業勞工不同形態的團結。有些制度或分配性規則造成的結果並非原本的意圖，例如戰後初期的族群支配與六〇年代出現的兼差打工機會；有些制度卻是被詳細規畫，積極推動，例如黨國體制的控制與內部勞動市場的改革。即使是高度威權統治的年代，執政者看似可隨心所欲地改造社會，嘗試推動種種由上而下的新制度，往往也會遭逢先前制度惰性的阻礙，甚至產生無法預料的後果，例如國民黨的列寧主義統治轉型後仍無法超越既有的族群分隔，科學管理的原則也同樣地被族群與黨派的政治顛覆。

制度也不必然遵循設計者的原先的意圖，而會發展出自己的運轉路徑。制度實際運作一段時間之後，可能會發現其與一開始的規畫截然不同，就這點而言，台灣國營事業工會就是一個明顯的例子。國營事業工會原本是國民黨列寧主義的產物，目的是為了充當黨部的外圍組織；後來工會獲得更多自主的空間，成為勞工們瑣碎協商的工具；解嚴後，基層勞工開始積極爭奪工會的主導權，進而持續推動反國民黨的抗爭。

制度之所以產生變遷，原因有內生性的，也有外衍性的。戰後台灣歷史的前半段，國民黨對台灣勞工階級的掌控是全面性的，族群分歧、黨國體制控制、內部勞動市場等接連來的制度，都是由上而下、強行加諸於勞工的控制手段。五〇年代初期，勞工的地下起義試圖挑戰這種外衍性的支配，卻走向失敗的結局；四十多年後，社會運動型工會曾帶來局部性的勝利，至少拆解了黨國體制的控制。相較於此，一般較容易忽略制度變遷的內生性途徑，因為在看似穩定不變的外表下，變革其實已經發生了。常見的情況是，勞工隱而不顯的抵抗方式導致內生性的制度變遷，最後甚至徹底改變了制度規則。黨國體制對政治忠誠貪婪無饜的搾取，導致了勞工們逃避甚而消極冷感的行禮如儀；同樣地，勞工積極利用工會管道申訴個人不滿，也提升了工會幹部相對於黨幹部的地位。

回到本書的分析架構，歷史制度論本質上是探討結構與行動的辯證關係，想用這個觀點理解勞工階級的形構，也就意味著需要理解促成勞工抗爭的局勢，以及勞工們的抗命行動是如何衝擊了既有的條件。表十三統整了本書中的台灣國營事業勞工之歷史考察：

表十三　台灣國營事業勞工的制度、團結與抵抗

時期	主導的制度或制度趨勢	制度形塑的勞工團結形態	勞工的抵抗	制度變遷
一九四五年到五〇年代中期	新殖民主義	族群兩極化	革命起義活動	由於政府的鎮壓，沒有帶來變遷
五〇年代中期到六〇年代初期	黨國體制的動員	黨派堆疊於族群分歧之上	行禮如儀	微弱的內生性變遷：限制了黨國體制的穿透、國營事業的效率低落
六〇年代初期到七〇年代中期	內部勞動市場	職位堆疊於族群與黨派之上	拉關係	微弱的內生性變遷：國營事業的效率低落
七〇年代初期到一九八七年	私部門經濟的成長	個人主義的利益追求	兼差打工	強烈的內生性變遷：減緩勞工對於公司主管的依賴程度

七〇年代初期到一九八七年	弱化的威權統治	部門之間的競爭	瑣碎的協商	強烈的內生性變遷：工會逐漸脫離黨國體制
一九八八年到一九九九年	民主化	立基於工會會員身分的準階級團結	社會運動型工會	強烈的外衍性變遷：工會自主化、勞工運動所推動勞動法律改革
二〇〇〇年到二〇一二年	新自由主義民營化、民進黨執政期的保守化	公司層次或廠場廠次的團結	經濟型工會	微弱的外衍性變遷：民營化延宕、勞動法律改革

勞工階級形構的歷史制度論分析指出，無論是無產化、或是勞工的抵抗都是從既有的制度條件中開展。制度必然會演變，有時是因為內部的動力，有時是因為外來的衝擊，無論如何，很少出現這樣的歷史時刻：所有的既有社會規則都「煙消雲散了」，使得每一位階級成員「不得不用冷靜的眼光來看他們的生活地位，他們的相互關係」。[1]《共產黨宣言》所設想「無產者形構成為階級」的腳本，預設的非階級制度逐漸消散，認為未來就是完全成型的階級社會的情節，從未發生。非階級制度的頑固韌性，不僅持續地分化勞工階級，也帶來了不同形態的抗爭。

制度必然是持續且變動的，而這也意味著，勞工的階級形構永遠是暫時的，而且會經常遭到修改。當工業化帶來了無產化，勞工就浮現成為社會行動者；然而，並他們沒有一個註定會抵達的終點目標（telos）。因此，勞工的階級形構（formation）有時也包括了解組、重組，甚至扭曲（deformation）的過程，因為這永遠是一種不斷發展中的過程。「台灣已經有了階級形構嗎？」或是「勞工是否已經形成一種階級？」一類的提問，都是預設了一種目的論式的觀點，並且預期某種非此即彼的簡化答案。這些的提問錯誤地假設階級形構是朝向單一方向前進，且是不可逆轉的過程。

這樣過於簡化的思考一方面是源於古典馬克思主義，湯普森重新提問勞工階級形構的問題時，卻也沒有再加以修正。湯普森原本打算撰寫一部英國勞工運動全史，結果《英國工人階級的形成》一書超過八百頁，但是卻只處理到一八三〇年代之前的發展。湯普森還沒有來得及寫到一八四〇年代爭取政治權利的「憲章派」（Chartism）運動以及其巨大的歷史頓挫，就投身於反核武的和平運動，再也沒有回到這個主題。十九世紀初期，工業資本主義仍處於萌芽的階段，英國的家庭幫傭遠比工廠勞工更多，湯普森深入描述少數工匠推動的社會運動，目的即是在發掘這段已被遺忘的早期勞工運動史。湯普森的「翻案之作」十分精彩，也開啟了文化主義分析的路徑，但卻留給讀者一個錯誤印象，彷彿英國的勞工階級早在一八三〇年之前就「形成了」，具有強烈階級認同的勞工運動已然登場。但事實上，英國一直要到十九世紀末才出現支撐勞工運動的工會組織，工業資本主義也才真正成為主導社會發展的力量。

階級內的分歧與其理論性的意涵

台灣國營事業勞工的經歷提供了一個可以深入觀察的個案，指出階級之內的（*intra-class*），而不是階級之間的（inter-class）分歧，更有可能引發工廠內的衝突。所有國營事業的受薪勞動者都處於相同的經濟位置，然而，正是由於內部的差異，才點燃了勞工抗爭的行動。古典馬克思主義的腳本曾經預言，階級之間一旦出現了極端的兩極化，就將出現勞工的激進行動，屆時「無產者失去的只是鎖鏈」。[2]五〇年代初期，台灣的地下共產黨運動在浮躁不安的工廠內出現，當時國民黨政府的新殖民支配，導致勞工階級被族群分化，可見階級之內極端的兩極化也會造成強大的驅動力，促成勞工的激進行動。

儘管目標不同，五〇年代列寧主義式的社會改造工程，以及六〇年代內部勞動市場的人事改革，可以說是當權者兩次由上而下的嘗試，試圖超越族群分歧，重新改造國營事業內的社會秩序。不過，兩次嘗試都沒有完成當權者一開始的企圖。黨派並沒有完全取代族群，客觀衡量勞工貢獻的科學管理原則，也沒有讓黨派與族群不再發揮作用。這兩次嘗試只是局部修正了既有的分歧，讓之前的差別變得越來越模糊。國民黨的黨國體制特別照顧忠黨愛國的勞工，這使得一小群本省籍勞工有機會獲得拔擢；同樣地，職位分類也讓好的職位擁有更多福利，某些高階職位的員工甚至可以享受到若干國民黨籍外省人所沒有的特權。

歷史制度論用「堆疊」的概念，來理解這種處於完全複製（reproduction）與完全取代（replacement）之間的中介情境，接連不斷的堆疊使得階級之內的分歧變得模糊，避免了工廠內日益加劇的兩極化衝突。假設五〇年代初期，國民黨沒有積極招募本省籍勞工，國營事業有可能成為激進的族群民族主義之溫床。因此，在短暫的地下起義運動風潮之後，勞工的抵抗變得進退維谷。他們採取行禮如儀的抵抗，以因應黨國體制對於政治忠誠的搾取，運用拉關係的策略來謀取更好的職位。工廠裡階級內的分歧仍是明顯的事實，只不過已經很難畫出一條清楚的界線，區分獲利者與失敗者。

這種階級內的分歧導致工廠內的抗爭，其實具有更廣大的理論性意涵。根據馬克思主義的分析架構，剝削是階級之間的行為，掌握生產工具的所有者占有了直接生產者所創造的剩餘價值。如果將此剝削關係延伸，納入階級之內的不平等，就是違背了馬克思主義原本的前提。新韋伯主義學者經常點出這項理論漏洞，其中，帕金（Frank Parkin）的說法非常具有代表性，他批評馬克思主義文獻過度拘泥於經濟主義的剝削觀點，只狹隘地關注剩餘價值的生產與占有，而往往忽略了，即使屬於同樣的階級位置，仍舊會產生支配關係。[3]更進一步來說，韋伯不同意馬克思主義的預設，他認為生產工具的控制並不是最首要的因素。對他而言，勞工之所以處於異化狀態，並不是源自私有財產，而是由於伴隨現代工業而來的科層支配。[4]

僅管馬克思主義與韋伯主義之間，存在著本質性的差異，但新韋伯主義對於「工業的工作與權威」（work and authority in industry）之關注仍是非常有用的洞見，可用於研究馬克思主義所提出的勞工階級形構的問題。簡單來說，馬克思主義認為經濟剝削會帶來其他的不平等；相對於此，韋伯主義則認為更根本的問題在於無所不在的支配，這才是導致勞工被剝削的癥結。[5]某些馬克思主義的討論即便仍堅持以剝削為分析的核心，但是實際上已經重新定義並且擴大了剝削的內涵。例如美國分析馬克思主義者萊特認為，剝削關係不只發生在雇主與勞工之間，也存在於上級與下級、有專業技能者與無專業技能者之間。[6]換言之，除了古典的財產關係，組織資源與專業技能也會帶來階級分化的效果。萊特的分析是要為馬克思主義解釋「中產階級」的知識謎團，但是實際上也算是呼應、吸納了韋伯主義對於組織支配的重視。如果能更加注意工業組織中階級之內的分歧，以及各種階級之間除了剝削以外的支配，或許就比較容易理解勞工階級如何運用各種各樣的回應方式，來因應他們的從屬狀態。

重新思考勞工抵抗與階級團結

台灣國營事業勞工抗爭劇碼的形式相當廣泛，包括了革命起義、行禮如儀、拉關係、兼差打工、瑣碎的協商、社會運動型工會、經濟型工會。這個發展並非從經濟鬥爭進化成政治鬥爭，也沒有逐漸強化成激進行動之趨勢，明顯不同於古典馬克思主義的預測。事實上，勞工的激烈鬥爭通常是短暫的、間歇性的，在這些充滿戲劇化的插曲之後，往往是更例行性的抵抗。

表十四為一九四五到二〇一二年間，國營事業勞工曾出現過的抵抗型態，從最不具有抗爭性的類型，依序排列：

表十四　勞工抵抗的類型

	防禦性／進取性	隱蔽性／公開性	獲取性／轉化性	競爭性／合作性
（一）行禮如儀	防禦性	隱蔽性	＋／－	＋／－
（二）拉關係	進取性	隱蔽性	獲取性	競爭性
（三）兼差打工	進取性	隱蔽性	獲取性	＋／－
（四）瑣碎的協商	進取性	公開性	獲取性	競爭性
（五）經濟型工會	進取性	公開性	獲取性	＋／－
（六）社會運動型工會	進取性	公開性	轉化性	合作性
（七）革命起義	進取性	公開性	轉化性	合作性

說明：「＋／－」的符號表示不適用或難以判定。

其中，行禮如儀、拉關係、兼差打工三種勞工回應的形式，都是屬於日常抵抗的範疇，因此有必要隱藏，以避免官方的監控。儘管表面上看來順從，但在艱困的年代裡，這些行為是維持勞工自主性與人格尊嚴的必要手段。

史考特主要研究小人物與他們細微的抗爭，但他往往過度高估被壓迫者的精明幹練與內部的內聚力。他認為，日常抵抗應被視為「實際抵抗的前提，而不只是替代物」。[7] 發掘這些被掩飾的與匿名化的反抗行動，注意其所導致的深遠影響，並不意味著我們必須要高估其意義，甚至「英雄化」這些行徑。事實上，拉關係的策略儘管會使得少數長袖善舞、能言善道的勞工獲得實際回報，卻也加深了勞工對主管的依賴，埋下同事紛爭的種子；簡而言之，拉關係的惡性循環反而讓真正的抵抗變得更不可能，因為勞工的團結破碎了。

按照時間順序來看，似乎也沒有出現某種，從古樸的轉化為有組織的、有意識反抗的線性發展。的確，一旦取得民主體制的保障，台灣勞工擁有運作良好的工會與發達的公共領域，不需要將反對態度隱藏在日常抵抗當中。然而實際觀之，勞工們熱情擁抱階級認同，發動以階級為範圍的挑戰的時間卻非常短暫，也很快就被追求非階級利益的行動所取代。

勞工的回應不可避免地受到演變中的制度影響，而這使得他們的內部凝聚力被不斷地分化與零碎化。呼應裴宜理關於上海勞工的研究[8]，本書認為勞工的集體行動並不是以階級團結為前提，往往正是由於內部的階級分化，勞工的抵抗才爆發出來；勞工的抵抗也不必然會強化參與者的一致性，結果有可能是更緊密團結，也有可能是更形疏遠。

勞工如何因應他們在現代工業組織裡的依賴情境？有形形色色的可能性。誠然，許多時候，他們只是毫無質疑地遵行主管的指示；但也有時候，他們有意識地試圖改善自己的不利處境，甚至違背他們被期待扮演的角色。這些日常抵抗形式之所以重要，是因為這些行為能夠消解由上而下的控制，區隔出屬於個人自主性的領域。

行禮如儀、拉關係、兼差打工的日常抵抗的確有必要重視，因為台灣勞工並不是傳說中認份賣命的「台灣牛」，也不是威權統治下無助與無能的受害者。日常抵抗的行為通常發生於私領域，需要相當程度的偽裝技能，才能掩飾其存在。如同史考特強調的，在極端高壓的支配情境中，稍微公開顯示出不順從行為，就有可能帶來致命的後果。[9]在五〇與六〇年代，黨國體制的威權統治就接近這樣的狀態。因此，如果忽略了這些微小的、但卻廣泛存在的行禮如儀、拉關係、兼差打工之行為，就只會看到一幅勞工乖乖認命的消極圖像。這些日常抵抗建立了一道防衛性的保障，防止當權者的踰越侵犯，不只協助勞工渡過高壓統治的年代，更對工業組織留下了不可抹滅的衝擊。台灣國營事業一直為人詬病的缺乏效率，部分也是導源於此，勞工精打細算的結果就是「不做不錯、越做越錯」的工作態度。從歷史制度論的觀點來看，這些隱而不顯的抵抗導致內生性的變遷，導致既有的制度由內而外地被徹底改造。

勞工的抵抗並不必然等同於以階級為範圍的團結。如果階級之內的分化能促成勞工抗爭，那麼勞工階級如何被既有的制度形塑，以及他們之間的社會關係形態，就成為提供勞工抵抗動力的重要關鍵。顧爾德認為文化主義對階級形構理論最主要之缺憾，就在於忽略了集體認同是附著於社會關係之上，而不是憑空存在。[10]制度變遷的重要性正在於此，如果有新的社會關係形態，就有可能帶來新形態的勞工抵抗。

但正如支離破碎的團結能導致勞工的抗爭，抗爭的結果也有可能無意間強化某種離心力的趨勢。布洛威分析壟斷資本主義下的「趕工」，指出「階級鬥爭並不是資本主義的掘墓者，反而是其救星」，因為只要工廠內的對立被疏導成同事之間的競爭，勞工就不會再與管理階層為敵。[11]放到台灣國營事業的例子，勞工運用拉關係、瑣碎的協商、經濟型工會等策略時，也是抱持著某種競爭性的心態，而正是這種以鄰為壑的作法粉碎了勞工階級的團結。

台灣是否有可能出現基礎範圍更廣的勞工抵抗？自主工會運動者在九〇年代採取的社會運動型工會，就代表了一種包容性與進步性的勞工抗爭類型。如同安賽爾（Christopher Ansell）所言，要避免勞工運動出現分裂需要兩種條件，「避免封閉的交錯性網絡」（cross-cutting networks counterbalance against closure）與「統攝性文化意義」（syncretic cultural meanings）。[12]當異議勞工取得了工會的控制權，採用更廣泛的方式來界定會員權益，對不同的族群與職位的勞工一視同仁，就某個意義而言，共同的工會會員身分就成了「交錯性網絡」，能夠支持工會所發動的抗爭。另一方面，九〇年代公民社會興起，充滿各式各樣對抗國民黨的威權統治的抗議活動，自主工會運動的反抗國民黨，就正好發揮了「統攝性文化意義」的作用。從這個角度觀察就能發現，社會運動型工會之消解，以及後續經濟型工會的登場，原因在於勞工喪失了這兩種至關緊要的資源。民營化政策以及其所導致的威脅感，讓工會會員這個共享的身分貶值了，不同工廠的勞工被迫得自尋生路，甚至導致「兄弟相殘」的現象。二〇〇〇年的政黨輪替，加上民進黨的親商轉向，促使自主工會運動者陷入意識型態的混亂，先前反抗國民黨的認同不但顯得過時，而且完全無法繼續運作下去。

重新思考制度的意涵

本書關注的是既有制度所帶來的分化與凝聚，在台灣的脈絡中，族群、黨派、內部勞動市場曾製造出支離破碎的勞工階級；一旦異議勞工乘著民主化浪潮興起，他們所掌握的工會組織也一度打造出跨廠場的階級團結。前面提到，制度能夠形塑出某些行動的類型，因此，要求認真對待這些特定規則的歷史制度論，彷彿即是承認「形勢比人強」，只有在非常例外的情境下，人的行動才有可能「創造歷史」。「路徑依賴」（path dependence）是歷史制度論最重要的概念，但這個說法經常被不當地簡化成「過去影響現在」，而被批評為老生常談。「路徑依賴」的真正意涵在於，制度是具有韌性的，一旦被建立之後，我們大多時間只能沿襲，很難另闢蹊徑，更遑論加以改變。換個角度，若說某項歷史性的決定具有深遠的影響力，其實意謂我們被「剝奪」了其他發展的可能性。

在勞工階級形構的研究中，歷史制度論挑戰了湯普森以降的文化主義取向。因為關鍵並不在勞工本身是否具有能動性，或是文化觀念能否帶來動員的效果；勞工的確有可能提出新的想法，甚至從而發起強而有力的挑戰，不過還是需要具體的制度條件配合。勞工運動並不是在制度「真空」的情境中產生，同理，文化觀念也只有在特定歷史脈絡中才能發揮效用。在台灣的狀況就是，九〇年代「工運社會化」的想法激發一系列社會運動型工會實踐，工會會員開始參與更廣泛的階級運動；但隨著民營化威脅浮現，國營事業工會會員開始擔心自己的飯碗不保，「工運社會化」的口號就再也無法喚起勞工階級的共鳴。

此外，歷史制度論的取向也與另外兩種理論典範相對，分別是「分析馬克思主義」（analytical Marxism）與「世界體系理論」（world system theory）。分析馬克思主義者重視有意圖的行動者，認為所謂的結構只是一種比喻，本身並不具有強制力，但的確限制了若干行動的選項。因此，行動者才是社會變遷的源頭，無論是個體或是集體；變遷的結果應該被視為是諸多行動者共同的選擇，以及其互動之後所產生的意料之外的後果。[13]分析馬克思主義者指出，勞工從來不是「注定」要認同自己的階級身分，並將其與雇主的關係設想為一種階級對立；因此，勞工運動必須預設，勞工是選擇了接納階級認同，而且這項「選擇」是其他行動者動員的結果。普沃斯基特別強調外在組織的動員因素：在歷史上，只有透過勞工運動政黨的組織工作，階級運動才可能出現。沒有階級政黨，就沒有階級。[14]

分析馬克思主義者試圖釐清這個歷史悖論：為何一個在十九世紀宣稱要推翻資本主義的運動，到了二十世紀卻轉向接納資本主義？普沃斯基與斯普拉格（John Sprague）認為解答的關鍵即在於勞工階級政黨的雙重選擇。[15]首先，隨著民主制度帶來政治上的開放，左派政黨面臨了要不要參與選舉的抉擇，一旦採取「通往社會主義的議會路線」，就勢必要收斂激烈的革命辭彙，遵守選舉的遊戲規則。其次，無論十九或二十世紀，純粹的勞工階級選民從來沒有超過百分之五十，這意味左派政黨要取得執政，必得設法先取得其他階級成員的支持，尤其是農民與中產階級。如此一來，社會主義的色彩必得淡化，原本訴求的「勞工」變成了「受雇者」，「生產工具國有化」的主張也被修正為較模糊的「生產社會化」。透過雙重的選擇，左派政黨被徹底地馴化，不再帶領歐洲勞工邁向社會主義。

分析馬克思主義的結論簡明清楚，化繁為簡，的確發揮了「理性選擇理論」（rational-choice theory）最有力的優勢。然而，其理論的限制卻也明顯可見。如果研究目標只限於具有選擇能力的行動者，那就只能侷限於歐洲的個案，因為其他地區並沒有發展出具有影響力的勞工階級政黨能夠持續地參與選舉，並且獲得執政的機會。

與歷史制度論相同，世界體系理論重視的是既有結構，而不是行動者的選擇，只是其探討視角更高，關注的是超過個別國家層級的全球資本主義。世界體系理論者認為，真正形塑當代勞資衝突的力量已非附著在不同社會的在地制度，而是資本的全球移動。西爾弗（Beverly Silver）從世界史的角度審視勞工抗爭空間與時間的擴散；根據她的觀察，資本主義的發展往往是由特定的產業部門推動，而資本與生產技術的外移則帶動了新的抗爭風潮。[16]就以二十世紀初誕生的汽車工業為例，一九三〇年代的美國底特律、一九六〇年的義大利杜林，以及一九八〇年代的南韓蔚山，都曾引發大規模的罷工風潮；抗爭運動帶來勞動條件的改善，也促使資本進一步向外尋找更低廉的勞動力。

世界體系理論提醒我們，不要將視界侷限在國家邊界，而忽略了種種跨國力量對於勞動政治的衝擊，在當今快速全球化的年代，這樣的視野格外有其必要性，而全球資本主義的角度，同樣也可以用來解釋台灣勞工運動的外溢效果。八〇年代末期，勞工抗爭加速了製造業的外移，尤其是低技術的勞力密集產業，台商大量前往中國投資設廠，台灣不再扮演「國際加工基地」的角色。然而，已經成為「世界工廠」的中國，在近幾年也陸續出現了大規模工潮。二〇〇八年後，中國制訂了勞動合同法，保障勞動者若干基本的權利（相當於台灣在一九八四年通過的勞基法），促使勞工抗爭的情況更加明顯，光是廣東省就有多起案例，從二〇一〇年的富士康自殺風潮、二〇一一年的本田罷工、二〇一四年的裕元罷工，[17]都顯示勞資關係走向越來越不穩定的狀態，許多外資企業也因此紛紛南進或西進，開始將廠房遷移到勞動成本更低的東南亞或是中國內陸省分。

然而，世界體系論看到了全球尺度的資本與勞工抗爭的移轉，對於國家層次的制度卻鮮少著墨，因為這套理論基本上認為政治與社會因素是不重要的。這種主張顯然過於武斷，也無法掌握不同地區勞工運動的特定紋理與風格。更重要地，將勞工抗爭視為資本全球移動的後果，並無助於思考階級形構最核心的問題，亦即馬克思所提出的質問：勞工階級如何在特定的資本主義情境下創造歷史。以台灣關廠失業勞工的抗爭風潮為例，這些勞工之所以受害，固然是由於勞工運動提升了國內的勞動成本，驅使資本家將生產線移往海外；然而，正是由於既有的退休金與積欠工資償還等保障勞工的規範不足，老闆能夠輕易地以惡性關廠的方式，規避應有的財務責任，勞工們才被迫走上街頭，追討自己的「棺材本」。如果九〇年代的台灣勞工運動能爭取到看得到、也拿得到的退休金，這些抗爭或許就會減少許多。這顯示資本與生產技術固然是跨國界的因素，但是否會引發勞工抗爭，還是關乎是否有在地制度作為中介。

歷史制度論主張：一，相對於文化主義，特定的文化觀念要附著在具體社會情境，才能動員勞工階級；二，相對於分析馬克思主義，勞工運動的出現並不只是選擇的問題，階級行動者在許多歷史情境中其實並不存在，或是沒有足夠的凝聚力；三，相對於世界體系理論，無論資本主義如何地全球化，制度仍具有高度在地附著性，也持續影響了勞工運動的方向與節奏。

如果說，文化主義者樂觀地看待勞工運動的潛能，分析馬克思主義者與世界體系理論者採取了太過悲觀的評價，那麼歷史制度論則是相信，在特定的歷史情境下，勞工階級是有可能改造社會的；換言之，激進的階級政治仍有其發展的空間。

激進階級政治的可能性

古典馬克思主義的觀點期待，一致的階級團結帶來一致的階級抵抗；相對於此，當代更應注意的是不同形態的團結如何引發相異的抵抗，以及兩者之間的互動關係。一個分裂的勞工階級固然不能如《共產黨宣言》所預言完成「獲得整個世界」的歷史使命，但依舊能夠創造自己的歷史。

本書的觀察停留在台灣國營事業抗爭運動的衰退，但歷史制度論並沒有先入為主地認定，具有激進改造意圖的階級政治不可能成功；如果有些制度零碎化了勞工團結，也應該可以找到另一種能強化勞工共同的階級利益的分配性規則。舉例而言，羅斯坦（Bo Rothstein）認為在「根特制」（Ghent system）下，勞工的福利給付是由工會管理，而不是政府掌控的社會保險，因此有助於維繫工會凝聚力。[18] 這個發現相當具有啟發性，因為工會成為一種強化階級團結的制度，需要對勞工階級成員負責；而基層會員一旦體認到這一點，也會有更強大的歸屬感。換言之，文化主義者的理論其實無法成立，共享的文化、「論述的接合」（discursive articulation），或是「敘事性建構」（narrative construction），並無法憑空促成強而有力的階級認同；階級政治能夠登場，必須將這些觀念性的過程實際附著於社會情境，並且要讓勞工可以在日常生活中具體感受。

＊　＊　＊

最初，馬克思主義提出勞工階級形構的問題，本質上是為了探討勞工階級是否有可能帶來激進的社會轉化，進而朝向人類解放的道路邁進。大部分的研究都將其考察侷限於特定的時期，只關注階級衝突之歷史插曲，而對實際上更漫長的「勞資和諧」時期缺乏探討的興趣。

本書將觀察時間放在整個戰後台灣，發現激進的階級政治只出現在兩個時期，即是五〇年初期的革命起義活動，與九〇年代的社會運動型工會。所以難道我們得要接受這樣的結論：階級政治解放的企圖註定是稍縱即逝的，甚至是徒勞無益的？的確，既有的制度往往是導致分化，而不是凝聚團結的力量，勞工階級偶爾才浮現為一歷史行動者；更多的時間裡，勞工關切的是族群、黨派等其他身分，汲汲營營地追求與這些身分相關的利益，並沒有將階級認同擺在首位。然而，勞工如果能在這些短暫的時期掌握到制度性的支持，通常會帶來巨大的挑戰，而這也是為何資本主義的體制會不斷朝向人性化的方向發展。

一九三六年，法國勞工的大罷工帶來了「特別休假日」（paid vacation），美國三〇年代的產業工會運動也促成了團體協商權的立法，這些都是勞工史上著名的案例。台灣勞工五〇年代初期的地下起義運動被鎮壓了，四十年後的社會運動型工會卻帶來了廣泛的勞動法律改革，讓整個台灣勞工階級受益。目前台灣勞動者所享受到的保障，例如勞基法關於工時、加班費、休假的規定，以及性別平等、失業給付、職災給付、退休金等，雖然仍有許多改進空間，但仍舊是解嚴後勞工運動爭取到的成果，儘管那股勞工動員風潮已不復存在。

激進的階級政治的確短暫而間歇，在台灣與世界各地都是如此。但如果配合了制度性的有利條件，抗爭行動仍有可能帶來持久性的遺產，讓勞工階級享有尊嚴與更人性化的生活。

年表

一九〇〇　十二月　「台灣製糖株式會社」成立，並於高雄設置台灣第一座新式糖廠「橋仔頭製糖所」，自此改變了台灣糖業的生產方式。

一九二一　十月　「台灣文化協會」成立。

一九二四　四月　「二林事件」。隔年六月，二林農民在文協協助下成立「二林蔗農組合」，為台灣第一個農民組合。

一九二七　一月　台灣文化協會分裂成新、舊文協，新文協以發展農民、勞工運動為目標，支持台灣農民組合抗爭。

三月　「台北機械工會」成立，開啟一波台灣工人運動。

一九二八　二月　「台灣工友總聯盟」成立，為日治時期第一個全島性工人運動組織。

四月　「台灣共產黨」於上海法租界成立。

十一月　謝雪紅為整合台共，透過台灣文化協會、台灣農民組合聯絡上歸台的黨員，於台北舉行第一次台共中央會議。

一九三一　六月　日本開始大舉逮捕台灣共產黨黨員，主要幹部陸續被捕，台共被迫停止運作。

一九三七　七月　中日戰爭爆發。

一九四一　「大日本帝國海軍第六燃料廠高雄廠區」設立，即為之後的高雄煉油廠。
一九四四　大日本帝國海軍第六燃料廠第一期工程完工。
一九四五　八月　第二次世界大戰結束。
九月　經濟部下屬之「石油事業接管委員會」派人來台，十月開始正式與日方進行接收作業。
十月　二十五日，政權移交，國民政府接管台灣，台灣省行政長官公署正式開始運作。
十一月　「台灣糖業監理委員會」成立，主任委員為沈鎮南，監理時期到隔年三月底，之後改為「接收委員會」處理接管事宜。
一九四六　六月　台糖與中油成立，隸屬資源委員會；中油接手「石油事業接管委員會」業務，原「日本第六海軍燃料廠」改名為「高雄煉油廠」。
一九四七　二月　二二八事件爆發。
八月　台糖於新營成立「台南縣私立台糖初級中學」，即為之後的台南市私立南光高級中學。
九月　「行政院資源委員會臺灣工礦警察總隊」於南京成立，一九四九年改編為「台灣省保安警察第二總隊」。
一九四八　「中華民國全國總工會」（簡稱「全總」）成立於南京，之後遷移來台，為當時唯一的全國性總工會。
「台灣省總工會」成立。

一九四九　五月　十九日，頒布戒嚴令；二十日，全台開始實施戒嚴。
十一月　《自由中國》創刊。
十二月　國共內戰失利，中央政府正式遷移台北。
中油公司隨政府遷移來台，同時接收日本殖民時期燃料廠、製油所、天然瓦斯研究所等單位設施。

一九五〇　三月　蔣介石復行視事。
六月　台糖總經理沈鎮南被捕，隔年遭到槍決。
韓戰爆發。
七月　中國國民黨通過「中國國民黨改造案」。
中國國民黨提出「現階段勞工運動指導方案」。

一九五一　美援開始。

一九五二　台糖員工勵進會改名為「職工福利委員會」。
國營事業內黨組織改組為「台灣區產業黨部」。

一九五三　「第一期四年經濟建設計畫」開始，到一九五六年為止；「以農業培養工業，以工業發展農業」為前提，推動勞力密集輕工業的發展。
一月　「耕者有其田」開始實施；為補償地主損失，台泥、台紙、農林、工礦從一九五四年開始陸續民營化，為戰後國營事業第一次大規模民營化措施。

一九五五　七月　「台糖公司產業工會聯合會」（簡稱「糖聯會」）成立。

一九五七　「第二期四年經濟建設計畫」開始，到一九六〇年為止；重點為增加農業生產，加速工礦事業發展，擴大出口貿易，以增加國民所得、就業機會及改善對外收支。

一九五九　九月　「台灣省石油工會」成立。

一九六〇　九月　設立《獎勵投資條例》，爭取外資來台投資。

國民黨生產事業黨部開始推廣婦女互助會。

二月　《勞工保險條例》開始施行。

七月　雷震等人籌組「中國民主黨」

九月　《自由中國》停刊，雷震被捕。

一九六四　二月　台糖公司職工福利會與糖聯會合資設立「糖福企業公司」。

一九六五　國營事業全面施行「職位分類」制度。

七月　五日，台糖與台灣省製糖業產業工會聯合會正式簽訂團體協約。

一九六八　《大學雜誌》創刊。

「楠梓加工出口區」設立。

一九六九　十一月　工人出身的康寧祥以高票當選台北市議員；十二月，立法委員選舉，曾任兩屆台北市議員的黃信介當選立委。

一九七一　國民黨黨部納入中油高雄煉油廠人事室編制，對外號稱「員工關係委員會分會」。

十月　聯合國大會提出二七五八號決議，通過「恢復中華人民共和國在聯合國組織中的合法權利」。

一九七二 製造業就業人口首度超過農業。
十二月 第一屆增額立委選舉。
一九七三 第一次石油危機，後續引發已開發國家經濟衰退。開始推動十大建設。
一九七五 八月 《台灣政論》月刊創刊。
一九七七 十一月 中壢事件。
一九七八 十二月 美國宣布將與中國建立外交關係；蔣經國發布緊急命令，中止增額立委及國大代表選舉。
一九七九 十二月 美麗島事件。
一九八〇 十二月 「新竹科學工業園區」設立。
一九八四 五月 「台灣勞工法律支援會」（簡稱「勞支會」）成立，解嚴後改名為「台灣勞工運動支援會」。
八月 《勞動基準法》開始施行。
一九八六 五月 十九日，黨外人士要求解嚴，發起「五一九綠色行動」。
九月 民主進步黨成立。
一九八七 七月 取消戒嚴。
後勁反五輕運動開始。
八月 內政部勞工司改制升格為中央行政層級的勞工部門「行政院勞工委員會」。
十一月 五日，行政院會議通過《人民團體組織法草案》。

一九八八　十二月　工黨成立。半年後分裂，夏潮人士另組勞動黨與勞權會。
　　　　　　　　　石油工會「勞方聯線」成立。
　　　　　　　　　服務業就業人口首度超過製造業。
一九八八　二月　「桃園客運罷工」事件，桃園客運工會在曾茂興的帶領下，罷工五天，後續引發一連串客運罷工潮。
　　　　　三月　石油工會第二分會的康義益當選石油工會理事長，為第一位非國民黨籍的石油工會理事長，也是首度有工員出身的理事長。
　　　　　五月　「全國自主勞工聯盟」（簡稱「自主工聯」）成立，為第一個體制外的總工會組織。
　　　　　六月　中國國務院公布「關於鼓勵臺灣同胞投資的規定」。
　　　　　七月　石油工會發起「七一五」遊行，為國營事業勞工解嚴後的首場抗議活動。
　　　　　十月　新光紡織士林廠關廠抗爭事件。
一九八九　一月　通過《動員戡亂時期人民團體法》。
　　　　　三月　勞動黨成立。
　　　　　五月　遠東化纖罷工事件。
　　　　　七月　行政院設立「公營事業民營化推動專案小組」。
　　　　　八月　苗栗客運罷工事件。
　　　　　　　　中油高廠「員工關係委員會分會」改名為「員眷服務室」。

十月　安強、十全美鞋業關廠抗爭事件。

十一月　勞支會、勞權會等聯合舉辦反勞動惡法大遊行，為國營事業工會首次為反民營化遊行。

一九九〇　二月　行政院通過《工會法修改草案》。勞支會、勞權會、自主工聯合組「修改勞動三法」工作小組，研擬勞工版勞動三法。

三月　野百合學運，提出訴求為：解散國民大會、廢除臨時條款、召開國是會議、政經改革時間表。

桃園棉益紡織勞工為追討積欠加班費，遭資方解雇，抗爭達半年。

五月　時任行政院長郝柏村明確主張「嚴辦環保工運農運三類社運流氓」，自主工會運動遭受到嚴重打擊。

九月　石油工會勞方連線抗議資方勾結情治單位迫害工會幹部。

一九九一　五月　廢除《動員戡亂時期臨時條款》。

一九九二　五月　勞支會改名為「台灣勞工陣線」（簡稱「勞陣」）。

六月　基隆客運罷工事件。嘉隆成衣關廠事件。

七月　台陽文山煤礦老礦工追討積欠工資及退休金展開長期抗爭。

十一月　「工人立法行動委員會」（簡稱「工委會」）成立，為秋鬥活動的創始及主辦單位。

十二月　萬年國會告終，立法委員全面改選。

一九九三　七月　中油高廠「員眷服務室」決定正式裁撤。
　　　　　九月　「銀行員工會全國聯合會」（簡稱「全聯會」）成立。
　　　　　十月　勤翔紡織惡性關廠事件。
一九九四　二月　勞陣串聯全台國營事業自主工會幹部，推動「反民營化」。
　　　　　六月　中石化民營化，成為威京總部集團子公司。
　　　　　九月　中油《勵進》月刊停刊。
　　　　　十二月　台灣省長、北高市長首次民選。
　　　　　　　　「公營事業工會聯合會」成立。
一九九五　四月　中鋼正式民營化。
　　　　　七月　國公營聯合會發起「七一四反民營化遊行」。
一九九六　二月　東菱電子關廠，員工於十二月成立自救會，持續抗爭至二〇〇五年。
　　　　　五月　李登輝當選中華民國第九任總統，也是臺灣第一位民選總統。
　　　　　八月　聯福製衣關廠事件。
　　　　　九月　李登輝提出「戒急用忍」政策。
　　　　　十一月　東洋針織關廠事件。
　　　　　十二月　關廠失業勞工組成「全國關廠工人連線」（簡稱「全關連」）。
　　　　　　　　曾茂興率聯福製衣工人在桃園臥軌抗爭。
一九九七　二月　聯福製衣、福昌紡織電子、東菱三家公司員工前往楊梅交流道清理垃圾，進行

「年終大掃除」抗爭，造成省道大塞車。

五月　東菱電子自救會在勞委會前展開二十八小時的絕食抗議。

七月　勞委會頒布《關廠歇業失業勞工促進就業貸款實施要點》，並於十二月貸出。

十月　台糖成立營建開發部門，以有效開發其土地；二〇〇四年改組為土地開發中心，二〇〇五年改為土地開發處。

一九九八　五月　全產總籌備會發動五一遊行，主題為「新社會之夢」。

七月　耀元電子自救會在大學聯考當天發動「攔考生」行動。

一九九九　「公營事業工會大聯盟」成立。

一月　石油工會發起「一〇一不加班運動」，以集體請假方式，達到實質的停工。

二〇〇〇　三月　陳水扁當選中華民國第十任總統，第一次政黨輪替。

五月　「全國產業總工會」（簡稱「全產總」）成立，勞方聯線出身的黃清賢任首任理事長。

九月　台塑石油正式上市，於加油站供應汽油及高級柴油。

二〇〇一　十月　《職業災害勞工保護法》通過。

十一月　兩岸經濟政策鬆綁，「戒急用忍」調整為「積極開放，有效管理」。

二〇〇二　一月　《性別工作平等法》通過。

五月　《就業保險法》通過。

二〇〇三　二月　《大量解雇勞工保護法》通過。

「泛紫聯盟」成立，欲推動社會福利相關之社會運動，但於二〇〇六年宣告解散。

二〇〇四 三月 陳水扁當選中華民國第十一任總統。

六月 《勞工退休金條例》（勞退新制）通過。

二〇〇五 「南亞電路板（股）錦興廠產業工會」成立，為第一家電子業產業工會。

二〇〇六 一月 對中經貿政策為「積極管理，有效開放」。

二〇〇七 不滿全產總的工會組織集結、籌組「團結工聯」。

八月 《國民年金法》通過。

二〇〇八 美國次貸金融危機，引發全球金融海嘯。

政府推行「大專畢業生至企業職場實習方案」，但造成業界僅以22K任用員工，嚴重打擊台灣薪資水準。

《團體協約法》修正通過。

三月 馬英九當選中華民國第十二任總統，第二次政黨輪替。

十月 國民年金正式施行。

二〇〇九 三月 《勞資爭議處理法》修正通過。

二〇一〇 《工會法》修正通過。

六月 簽署《海峽兩岸經濟合作架構協議》（ECFA）；三十日，公民團體「兩岸協議監督聯盟」（兩督盟）成立，為最早專門監督兩岸協商的單一議題組織。

二〇一一　十月　全聯會改名為「全國金融業工會聯合總會」（簡稱「全金聯」）。

二〇一二　一月　馬英九當選中華民國第十三任總統。

六月　「關廠歇業失業勞工創業貸款」追訴期將近，因此勞委會發函要求未還款的關廠工人還款，並編列預算打算提起民事訴訟；關廠工人認為與當初勞委會承諾時的代位求償精神不符，引發另一波的抗爭。

二〇一三　二月　全關聯發動「台北車站臥軌事件」，台北車站鐵路交通癱瘓約半小時。

十二月　國道收費員抗爭事件。

二〇一四　二月　勞委會改制升格為「勞動部」。

三月　勞動部宣布不再上訴關廠工人案，全國關廠工人連線抗爭事件劃下句點。十七日，國民黨立委張慶忠強行宣布「服貿協議」通過審查。十八日，「半分忠事件」引發民眾不滿，晚間一群學生與公民團體衝入立法院，占領議場直到四月十日；之後媒體稱為「太陽花學運」。

十一月　九合一大選，執政黨大敗。

二〇一五　十月　三十一日，高雄煉油廠停工。

二〇一六　一月　蔡英文當選中華民國第十四任總統，第三次政黨輪替。民進黨首度立院席次過半。

六月　華航空服員罷工事件。

Debate on Classes, edited by Erik Olin Wright. London: Verso, 1989, pp. 3-43.

7 James C. Scott, *Domination and the Arts of Resistance: Hidden Transcripts*. New Haven, CT: Yale University Press, 1990, p. 191.

8 Elizabeth J. Perry, *Shanghai on Strike: The Politics of Chinese Labor. Stanford*, CA: Stanford University Press, 1993;"Labor Divided: Sources of State Formation in Modern China." In *State Power and Social Forces: Domination and Transformation in the Third World*, edited by Joel S. Migdal, Atul Kohli, and Vivienne Shue. Cambridge: Cambridge University Press, 1994, pp. 143-173.

9 James C. Scott, *Domination and the Arts of Resistance: Hidden Transcripts*. New Haven, CT: Yale University Press, 1990.

10 Roger V. Gould, *Insurgent Identities: Class, Community and Protest in Paris from 1848 to the Commune*. Chicago: Chicago University Press, 1995, pp. 25-29.

11 Michael Burawoy, *Manufacturing Consent: Changes in the Labor Process under Monopoly Capitalism*. Chicago: Chicago University Press, 1979, p. 195.

12 Christopher K. Ansell, *Schism and Solidarity in Social Movements: The Politics of Labor in the French Third Republic*. Cambridge: Cambridge University Press, 2001, p. 36.

13 Erik Olin Wright, "What is Analytical Marxism?" In *Rational Choice Marxism*, edited. by Terrell Carver and Paul Thomas. University Park, PA: Pennsylvania University Press, 1995, pp. 11-30.

14 Adam Przeworski, "Class, Production and Politics: A Reply to Burawoy." In *Rational Choice Marxism*, edited by Terrell Carver and Paul Thomas. University Park, PA: Pennsylvania University Press, 1995, p. 177.

15 Adam Przeworski and John Sprague, *Paper Stones: A History of Electoral Socialism*. Chicago: Chicago University Press, 1986.

16 Beverly J. Silver, *Forces of Labor: Workers' Movement and Globalization Since 1870*. Cambridge: Cambridge University Press, 2003.

17 陳志柔，〈中國威權政體下的集體抗議：台資廠大罷工的案例分析〉，《台灣社會學》三十，二〇一五，頁一～五三。

18 Bo Rothstein, "Labor-market Institutions and Working-class Strength." In *Structuring Politics: Historical Institutionalism in Comparative Analysis*, edited by Sven Steimo, Kathleen Thelen, and Frank Longstreth. Cambridge: Cambridge University Press, 1992, pp. 33-56.

51 監察院，《中國石油股份有限公司經營管理績效檢討之調查報告》，台北：監察院，二〇〇三，頁二三。

52 《石油勞工》三五〇，二〇〇三，頁二七。

53 《勞動者》一五三，二〇〇九，頁四九～五三。

54 Jeffrey Haydu, *Between Craft and Class: Skilled Workers and Factory Politics in Great Britain and the United States, 1890–1922*. Berkeley, CA: University of California Press, 1988, p. 219.

55 資料來源：全產總網站http://www.tctu.org.tw/htm/about_ctu.htm，取用日期：二〇〇六年十月八日。

56 Ming-sho Ho, "Occupy Congress in Taiwan: Political Opportunity, Threat and the Sunflower Movement." *Journal of East Asian Studies* 15(1), 2015, pp. 69-97. Ian Rowen, "Inside Taiwan's Sunflower Movement: Twenty-Four Days in a Student-Occupied Parliament, and the Future of the Region." *Journal of Asian Studies* 74(1), 2015, pp. 5-21.

57 太陽花學運落幕後，全產總原訂在五一勞動節發動遊行，但是後來緊急停，宣稱的理由是「學運反服貿議題持續發酵，會將原本反低薪、禁派遣的議題邊緣化」。換言之，全產總是將太陽花學運當成威脅，而不是將其視為強化勞動保障的機會，資料來源：http://news.ltn.com.tw/news/politics/paper/773084，取用日期：二〇一五年五月四月。

結論　激進階級政治的可能性：重新思考制度、團結與抵抗

1 Karl Marx, *The Revolutions of 1848*, edited by David Fernbach. New York: Random House, 1973, pp. 70-71.

2 同前引，頁九八。

3 Frank Parkin, *Marxism and Class Theory: A Bourgeois Critique*. London: Tavistock, 1979, p. 46.

4 J. Wolfgang Mommsen, "Capitalism and Socialism: Weber's Dialogue with Marx." In *A Weber-Marx Dialogue*, edited by Robert Antonio and Ronald M. Glassman. Lawrence, KS: University Press of Kansas, 1985, p. 242.

5 Reinhard Bendix, *Work and Authority in Industry: Ideologies of Management in the Course of Industrialization*. Berkeley, CA: University of California Press, 1956.

6 Erik Olin Wright, "A General Framework for the Analysis of Class Structure." In *The*

1988, p. 51.

30 Seymour Martin Lipset, *Political Man*. Baltimore, MD: John Hopkins University Press, 1981, p.427.

31 Alain Touraine, "Unionism as a Social Movement." *Unions in Transition: Entering the Second Century*, edited by Seymour Martin Lipset. San Francisco, CA: Institute for Contemporary Studies Press, p. 1986, pp. 170, 173.

32 《銀行員工會聯合會訊》三三，二〇〇三，頁一～二。

33 全國銀行員工會聯合會，《十年耕耘、鮮花綻放》，台北：全國銀行員工工會聯合會，二〇〇三，頁五二～五五。

34 夏傳位，《禿鷹的晚餐：金融併購的社會後果》，台北：全國銀行員工會聯合會，二〇〇五。

35 《勞動者》一二三，二〇〇二，頁四三～四七。

36 《全產總工訊》一，二〇〇一，頁十五。

37 《石油勞工》三四四，二〇〇二，頁十。

38 二〇一六年，鍾孔炤當選民進黨所提名的不分區立法委員。

39 張晉芬，《台灣公營事業民營化：經濟迷思的批判》，台北：中研院社會學研究所，二〇〇二。

40 台灣勞工陣線，《新國有政策：台灣民營化政策總批判》，台北：台灣勞工陣線，一九九八。

41 台灣石油工會第一分會，《批中油組織改進及民營化宣導手冊》，未出版文件，一九九五。

42 《石油勞工》三〇六，一九九八，頁九。

43 《石油勞工》，一九九四，頁二〇。

44 《中國時報》，二〇〇二年八月二十一日，第一頁。

45 台灣石油工會第一分會，《工會的思考與努力的目標》，未出版手冊，二〇〇二，頁二。

46 引自某獨立候選人的文宣，二〇〇〇年一月。

47 引自「勞方聯線戰報四」，二〇〇〇年一月四日。

48 引自「勞方聯線戰報三」，一九九七年一月二十七日。

49 引自林園廠自主分會促進會傳單「不是分立，是觸腳（sic）的延伸」，二〇〇一年。

50 引自林園廠自主分會促進會傳單「為什麼要分立」，二〇〇一年。

2003, p. 184.

14 Yoonkyung Lee, *Militants or Partisans: Labor Unions and Democratic Politics in Korea and Taiwan*. Stanford, CA: Stanford University Press, 2011.

15 Glenn Adler and Eddie Webster, “Challenging Transition Theory: The Labor Movement, Radical Reform, and Transition to Democracy in South Africa.” *Politics and Society* 23(1), 1995, pp. 75-106.

16 《勞動者》七二，一九九四，頁一。

17 《勞動者》八三，一九九六，頁[illegible]。

18 張靜倫，〈台灣的婦運議題與國家的性別政策〉，收錄於蕭新煌、林國明（編），《台灣的社會福利運動》，台北：巨流，二〇〇〇，頁三六七～三八八。

19 伍維婷，〈兩性工作平等法〉，收錄於李茂生（編），《二〇〇二年台灣人權報告》，台北：前衛，二〇〇三，頁四五五～四五八。

20 《全產總工訊》二，二〇〇一，頁八。

21 《勞動者》一一八，二〇〇一，頁四～五。

22 顧玉玲，〈血淚的代價〉，收錄於李茂生（編），《二〇〇二年台灣人權報告》，台北：前衛，二〇〇三，頁四六一。

23 《全產總工訊》三，二〇〇二，頁九。

24 陳政亮，〈社會保險的失敗：從勞基法到勞工退休金條例〉，《台灣社會研究季刊》七九，二〇一〇，頁五～五〇。

25 Chun-Yi Lee, “Learning a Lesson from Taiwan? A Comparison of Changes and Continuity of Labour Policies in Taiwan and China,” In *Journal of Current Chinese Affairs*43(3), 2014, pp. 45–70.

26 新竹勞工訪調工作隊，《九降風下的勞工：無薪休假及自救手冊》，台北：唐山，二〇〇九。

27 Ming-sho Ho, “Co-opting Social Ties: How the Taiwanese Petrochemical Industry Neutralized Environmental Opposition.” *Mobilization: An International Journal* 15(4), 2010, pp. 447-463.

28 Yi-chi Chen and Monina Wong, *New Bondage and Old Resistance: Realities and Challenges of the Labour Movement in Taiwan*. Hong Kong: Hong Kong Christian Industrial Committee, 2002, pp. 77-78.

29 Kim Moody, *An Injury to All: The Decline and American Unionism*. London: Verso,

Mike Davis, *Prisoners of the American Dream: Politics and Economy in the History of the US Working Class*. London: Verso, 1986.

4 在二〇一〇年工會法修正案通過之前，政府只承認兩種類型的工會。同一廠場、有三十名以上的員工，可以組織產業工會；較小規模的廠場、或是無一定雇主之勞工只能組成職業工會。石油工會與糖聯會都是產業工會。大部分的職業工會都是由中小企業老闆經營，會員加入工會的動機也往往只是為了勞健保，職業工會很少發動集體行動，也不能算是台灣勞工運動的一部分。在工會法修正之後，出現兩個新的名稱：「企業工會」類別用來取代以往的產業工會，而「產業工會」一詞則是來指涉同一產業，但是跨企業的勞工組織。新的分類方式是比較正確的，因為以往「產業工會」其實只限於同一家公司，因此應該稱為「企業工會」。本書大部分討論二〇一〇年之前的狀況，因此保留了原先的法律分類方式。

5 見勞委會／勞動部的勞動統計：http://163.29.140.81/html/htm/33010.csv，擷取日期：二〇〇六年十月八日；http://goo.gl/FxVjPi 3，取用日期：二〇一五年三月三十一日。

6 Chien-Ju Lin, "The Reconstructing of Industrial Relations in Taiwan's High Technology Industries." *Journal of Contemporary Asia* 45(2), 2014, pp. 294-310. Fei-ling Wang, "Floaters, Moonlighters, and the Underemployed: A National Labor Market with Chinese Characteristics." *Journal of Contemporary China* 7(19), 1998, pp. 459-475.

7 《全產總工訊》四八，二〇一三，頁六～十五。

8 夏傳位，《銀行員的異想世界：臺北國際商業銀行產業工會的傳奇故事》，台北：台灣勞工陣線，二〇〇三。

9 張緒中，〈勞工如何集結政治力量〉，收錄於全國產業總工會推動籌備委員會（編），《勞工國是會議大會手冊》，高雄：全國產業總工會推動籌備委員會，一九九九，頁七八～八二。

10 《全產總工訊》一，二〇〇一，頁十八。

11 《全產總工訊》二一，二〇〇六，頁三〇。

12 邱毓斌，〈自主工運組織策略的歷史侷限：對工會領導階層的分析〉，收錄於何明修、林秀幸（編），《社會運動的年代》，台北：群學，二〇一一，頁一一五。

13 Robert J. Alexander, *A History of Organized Labor in Brazil*. Westport, CT: Praeger,

案例的分析》，新竹：清華大學社會學研究所碩士論文，一九九八。關於中華電信，可參見鄭力軒，《鈴聲響起：台灣電信市場化的社會學分析》，台中：東海大學社會學研究所碩士論文，一九九八。關於台汽客運，可參見方孝鼎，《工會運動與工廠政權之轉型：台灣汽車客運股份有限公司產業工會之個案研究》，台中：東海大學社會學研究所碩士論文，一九九一。也因此，此處所提到的生態學觀點仍是一個有待驗證的命題。

60 Ching Kwan Lee, *Against the Law: Labor Protests in China's Rustbelt and Sunbelt*. Berkeley, CA: University of California Press, 2007.

61 何明修，《四海仗義：曾茂興的工運傳奇》，台北：台灣勞工陣線，二〇〇八。林宗弘、鄭力軒、徐千惠、廖郁毓、林良榮、廖偉程，《打拚為尊嚴：大同工會奮鬥史》，台北：台灣勞工陣線，二〇〇〇。邱花妹，《「自主」工會運作的性別政治：台南紡織廠工會的個案研究》，新竹：國立清華大學社會人類學研究所碩士論文，一九九六。夏傳位，《銀行員的異想世界：臺北國際商業銀行產業工會的傳奇故事》，台北：台灣勞工陣線，二〇〇三。陳政亮，《父權／兄弟關係：自主工會運作的個案研究》，台中：東海大學社會學研究所碩士論文，一九九六。郭慧英，《台灣自主工會的運作：民營大型企業的個案研究》，台北：國立台灣大學社會學研究所碩士論文，一九九七。趙剛，〈一九八七年的台灣工會、國家與工運：以遠化工會的個案為例〉，收錄於蕭新煌、徐正光（編），《台灣的國家與社會》，台北：三民，一九九六，頁一一五～一五〇。

62 《勞動者》二六，一九八八，頁五。

63 邱毓斌，〈當工運的制度惰性遭遇全球化〉，收錄於吳介民、顧爾德、范雲（編），《秩序繽紛的年代：一九九〇～二〇一〇》，台北：左岸文化，二〇一〇，頁一〇五。

第六章　勞工運動的轉型：轉向經濟型工會

1 Sidney Tarrow, *Democracy and Disorder: Protest and Politics in Italy 1965-75*. Oxford: Clarendon Press, 1988.

2 Albert O. Hirschman, *Shifting Involvements: Private Interest and Public Action*. Oxford: Basil Blackwell, 1982.

3 Stanley Aronowitz, *Working-Class Hero: A New Strategy for Labor*. New York: Adama Books, 1982. Paul Buhle, *Taking Care of Business*. New York: Monthly Review, 1999.

Community Revival: Folk Religion in a Taiwanese Anti-Pollution Movement." *African and Asian Studies* 4(3), 2005, pp. 237-269.

47 《勞動者》七一，一九九四，頁二八～二九。

48 《石油勞工》，一九九六，頁十二～十三。

49 楊正陽，〈請民進黨莫把台灣當捷克〉，《公營事業民營化快訊》八，一九九五，頁十一。

50 Mark Granovetter, "Threshold Models of Collective Behavior." *American Journal of Sociology* 83(6), 1978, p. 1430.

51 Charles Tilly, *From Mobilization to Revolution*. Reading, MA: Addison-Wesley, 1978, p. 63.

52 Dingxin Zhao, *The Power of Tiananmen: State-Society Relations and the 1989 Beijing Student Movement*. Chicago: University of Chicago Press, 2001, pp. 241-243.

53 台糖公司人事處，《台灣糖業公司人事統計資料》，台北：台糖公司，一九五七，頁五。

54 筆者由石油工會第一分會的人事資料計算而得。

55 David Halle, *America's Working Man*. Chicago: Chicago University Press, 1984, pp. 119-125.

56 王御風（編），《油廠記憶：中國石油公司高雄廠宿舍區口述訪談紀錄》，高雄：高雄市城市願景協會，二〇一一。

57 Doug McAdam, *Political Process and the Development of Black Insurgency 1930–1970*. Chicago: Chicago University Press, 1982, pp. 25-31.

58 陳進明，〈台糖牛也會生氣〉，收錄於王義雄（編），《不流血的社會革命》，台北：久博，一九八九，頁一七〇～一七六。

59 關於台灣國營事業勞工運動的研究大多針對單一個案，比較少是關於勞工間社會關係的形態與其動員方式之間關連的研究。少數研究成果如下：關於中油公司，可參見黃玫娟，《區隔化之內部勞動力市場、社區與工會的自主和轉變：以高雄煉油廠為例》，台中：東海大學社會學研究所碩士論文，一九九一；吳昱賢，《派系／分類與政治運作：以台灣石油工會為個案的研究》，台北：國立台灣大學社會學研究所碩士論文，一九九七；Ming-sho Ho, "Democratization and Autonomous Unionism in Taiwan: The Case of Petrochemical Workers." *Issues and Studies* 39(3), 2003, pp. 105-136。關於台電公司，可參見林宗弘，《台灣國營事業勞動過程的歷史變遷：以台電公司為

31 吳昱賢，《派系／分類與政治運作：以台灣石油工會為個案的研究》，台北：國立台灣大學社會學研究所碩士論文，一九九七，頁五〇。
32 《糖業勞工報導》一四一，一九八八，頁四。
33 《石油勞工》，一九九〇，頁四。
34 中油公司，《高雄煉油總廠廠史集第二集》，高雄：中油公司，一九九三，頁二七二。數字為筆者計算。
35 《糖業勞工報導》一四九，一九八九，頁一。
36 中油公司員工服務處，《「敦親服務」員工意見調查結果摘要報告》，未出版文件，一九九一，頁五。
37 《石油勞工》，一九九五，頁六一。
38 《聯合報》，一九九九年十二月三十日，第八頁。
39 訪談記錄，二〇〇二年十月四日。
40 數字為筆者根據工會資料計算。
41 Stéphane Corcuff, "Liminality and Taiwan Tropism in a Post-colonial Context: Schemes and National Identification among Taiwan's 'Mainlanders' on the Eve of Kuomintang's Return to Power." In *Politics of Difference in Taiwan*, edited by Tak-wing Ngo and Hong-zen Wang. London: Routledge, 2011, pp. 34-62. J. Bruce Jacobs, "'Taiwanization' in Taiwan's Politics." In *Cultural, Ethnic, and Political Nationalism in Contemporary Taiwan: Bentuhua*, edited by John Makeham and A-Chin Hsiau. New York: Palgrave Macmillan, 2005, pp. 17-54.
42 吳昱賢，《派系／分類與政治運作：以台灣石油工會為個案的研究》，台北：國立台灣大學社會學研究所碩士論文，一九九七，頁五一。
43 台灣石油工會第一分會，《二十四期彙編成刊》，高雄：台灣石油工會第一分會，一九九四，頁五五。
44 Gay W. Seidman, *Manufacturing Militance: Workers' Movement in Brazil and South Africa, 1970–1985*. Berkeley, CA: University of California Press, 1994, pp. 2-3.
45 Lowell Turner and Richard W. Hurd,"Building Social Movement Unionism: The Transformation of the American Labor Movement." In *Rekindling the Movement: Labor's Quest for Relevance in the 21st Century*, edited by Lowell Turner, Harry C. Katz, and Richard W. Hurd. Ithaca, NY: Cornell University Press, 2001, pp. 9-26.
46 Hsin-yi Lu, "Place and Environmental Movement in Houjin, Kaohsiung." *Journal of Archaeology and Anthropology* 70, 2009, pp. 47-78. Ming-sho Ho, "Protest as

15 Yoonkyung Lee, *Militants or Partisans: Labor Unions and Democratic Politics in Korea and Taiwan*. Stanford, CA: Stanford University Press, 2011, pp. 102-105.

16 《民眾日報》，一九九二年十二月十八日。

17 中油公司，《高雄煉油總廠廠史集》，高雄：中油公司，一九八一，頁四七一。

18 中油公司，《高雄煉油總廠廠史集第二集》，高雄：中油公司，一九九三，頁六六九。

19 台灣石油工會第一分會，《二十四期彙編成刊》，高雄：台灣石油工會第一分會，一九九四，頁二〇二。

20 同前引，頁二三二～二三三。

21 台灣石油工會第一分會，《四週年彙編成刊》，高雄：台灣石油工會第一分會，一九九六，頁三二～三三。

22 同前引，頁四九～五〇。

23 台灣石油工會第一分會，《二十四期彙編成刊》，高雄：台灣石油工會第一分會，一九九四，頁四、五二。

24 中油公司，《高雄煉油總廠廠史集第二集》，高雄：中油公司，一九九三，頁七〇五。

25 謝國雄，《純勞動：臺灣勞動體制諸論》，台北：中研院社會學研究所，一九九七，頁二八一。

26 就法律而言，台灣的強制入會規定近似於美國的「工會廠場」（union shop）（Rick Fantasia and Kim Voss, *Hard Work: Remaking the American Labor Movement*. Berkeley, CA: University of California Press, 2004, pp. 189n31.），也就是在已經組織工會的廠場，新進人員必得要加入工會。然而在現實上，這項規定無法真正落實。一項勞委會在二〇〇五年所做的調查指出，被訪查的工會中，只有百分之五十八點二有維持這樣的原則。（邱毓斌，〈自主工運組織策略的歷史侷限：對工會領導階層的分析〉，收錄於何明修、林秀幸（編），《社會運動的年代》，台北：群學，二〇一一，頁九八。）

27 《經濟日報》，一九九三年五月二十八日，第九頁。

28 Jonathan Fox, “The Difficult Transition from Clientelism to Citizenship: Lessons from Mexico.” *World Politics* 46(2), 1994, p. 182.

29 《聯合報》，一九八八年七月十六日，第三頁。

30 《石油勞工》三〇八，一九九八，頁十。

Revitalization in Japan, Korea and the United States, ed. by Akira Suzuki. Oxford: Peter Lang, 2012, pp. 61- 90。歐洲案例參見：Carola M. Frege and John Kelly (eds.), *Varieties of Unionism: Strategies for Union Revitalization in a Globalizing Economy.* Oxford: Oxford University Press, 2004。

5 Larry Issac and Lars Christiansen, "How the Civil Rights Movement Revitalized Labor Militancy." *American Sociological Review* 67(5), 2002, pp. 722-746. Kim Voss and Rachel Sherman, "Breaking the Iron Law of Oligarchy: Union Revitalization in the American Labor Movement." *American Journal of Sociology* 106, 2000, pp. 303-349.

6 范雲，〈從政治人到階級人：台灣政治轉型過程中工運領導的初探〉，收錄於蕭新煌、林國明（編），《台灣的社會福利運動》，台北：巨流，二〇〇〇，頁一七七～二二一。

7 David D. Yang, "Classing Ethnicity: Class, Ethnicity, and the Mass Politics of Taiwan's Democratic Transition." *World Politics* 59(4), 2007, pp. 503-538.

8 楊青矗，《楊青矗與美麗島事件》，台北：國史館，二〇〇七，頁三五。

9 艾琳達，《激盪！台灣反對運動總批判》，台北：前衛，一九九八，頁一一八。

10 David A. Snow and Robert D. Benford, "Ideology, Frame Resonance and Participant Mobilization." In *From Structure to Action: Comparing Social Movement Research Across Cultures,* edited by Bert Klandermans, Hanspeter Kriesi, and Sidney Tarrow. Greenwich, CT: JAI Press, 1988, pp. 208-209.

11 王甫昌，〈台灣反對運動的共識動員：一九七九至一九八九年兩次挑戰高峰的比較〉，《台灣政治學刊》一，一九九六，頁一二九～二〇九。

12 勞委會的勞動統計，資料來源：http://readopac.ncl.edu.tw/cgi/stat/login。取用日期：二〇〇二年十二月三十一日。

13 陳錫淇在一九八九年的立法委員選舉曾試圖再度出馬競選，但依然落選。三年後，他因為未能爭取到國民黨的提名，因而在政壇沉寂了一陣子。民進黨執政後，陳錫淇成為陳水扁的支持者，曾於二〇〇三到二〇〇六年間擔任總統府國策顧問。關於自己由藍轉綠的政治傾向，陳錫淇沒有著墨太多。然而值得注意的是，民進黨願意與一位前國民黨籍的工會領袖合作，顯示其在取得執政之後，與勞工運動關係的疏離。

14 資料來自中央選舉委員會，《動員戡亂時期自由地區增額立法委員選舉實錄》，台北：中央選舉委員會，一九九〇。

第五章　勞工運動的登場：社會運動型工會

1　王振寰，《資本、勞工、與國家機器：台灣的政治與社會轉型》，台北：唐山，一九九三。張茂桂、朱雲漢、黃德福、許宗力，《民國七十年代台灣地區「自力救濟」事件之研究》，台北：行政院研考會，一九九二。蕭新煌，《社會力：台灣向前看》，台北：自立晚報社，一九八九。Ya-chung Chuang, *Democracy on Trial: Social Movements and Cultural Politics in Postauthoritarian Taiwan*. Hong Kong: Chinese University of Hong Kong Press, 2013. Dafydd Fell, *Government and Politics in Taiwan*. London: Routledge, 2012, pp. 171-179. Hsin-huang Michael Hsiao, "The Rise of Social Movements and Civil Protests." In *Political Change in Taiwan*, edited by Tun-jen Cheng and Stephan Haggard. Boulder, CO: Lynne Riener, 1992, pp. 57-72. Ming-sho Ho, "Co-opting Social Ties: How the Taiwanese Petrochemical Industry Neutralized Environmental Opposition." *Mobilization: An International Journal* 15(4), 2010, pp. 447-463.

2　《勞工行政雜誌》十三，一九八九，頁三。

3　Kim Moody, *Workers in a Lean World: Unions in the International Economy*. London: Verso, 1997, pp. 206-218. Gay W. Seidman, *Manufacturing Militance: Workers' Movement in Brazil and South Africa, 1970–1985*. Berkeley, CA: University of California Press, 1994. Karl von Holdt, "Social Movement Unionism: The Case of South Africa." *Work, Employment and Society* 16(2), 2002, pp. 283-304.穆迪在《精實趨勢下的勞工處境：國際經濟下的工會》（*Workers in a Lean World: Unions in the International Economy*）中提到台灣的個案，與其他國家的社會運動型工會有若干相似的特性，只不過國家統合主義的控制更為強大。

4　美國案例參見：Dan Clawson and Mary Ann Clawson, "What has Happened to the US Labor Movement? Union Decline and Renewal." *Annual Review of Sociology* 25, 1999, pp. 95-119. Rick Fantasia and Kim Voss, *Hard Work: Remaking the American Labor Movement*. Berkeley, CA: University of California Press, 2004, pp. 126-159. Ruth Milkman and Kim Voss (eds.), *Rebuilding Labor: Organizing and Organizers in the Union Movement*. Ithaca, NY: Cornell University Press, 2004。日本案例參見：Akira Suzuki, "The Limits and Possibilities of Social Movement Unionism in Japan in the Context of Industrial Relations Institutions." In *Cross-National Comparisons of Social Movement Unionism: Diversity of Labor Movement*

研究所，二〇一三，頁二四〇。

52 《台糖通訊》三七（二），一九六五，頁四。

53 台糖公司產業工會聯合會，《糖聯二十年》（檔案編號：MD010040），台糖公司善化糖廠文物館，一九七五。

54 舉例而言，石油工會在一九八四年正式通過了一個提案，建議政府將一位退休會員的兒子營運的診所併入勞保體系中。「台灣石油工會第三屆常務理事會第二十次會議（一九八四年五月二十五日）」，《台灣石油工會第三屆常務理事會會議紀錄薄》（一九八二～一九八四），台灣石油工會檔案室。

55 James Mahoney and Kathleen Thelen, "A Theory of Gradual Institutional Change." In *Explaining Institutional Change: Ambiguity, Agency and Power*, edited by James Mahoney and Kathleen Thelen. Cambridge: Cambridge University Press, 2010, pp. 8-14.

56 鄭為元，〈台灣的勞資爭議與勞動基準法立法過程的研究〉，《中國社會學刊》九，一九八五，頁二五～四六。

57 陳立，〈公營事業不該規避勞基法的惡例〉，收錄於張曉春（編），《社會轉型》，高雄：敦理，一九八六，頁二一二。

58 《石油勞工》，一九九〇，頁十六。

59 《石油勞工》，一九八七，頁八。

60 《石油勞工》，一九八六，頁二。

61 楊青矗，《楊青矗與美麗島事件》，台北：國史館，二〇〇七，頁六四～六八；二〇〇九，《美麗島進行曲》（第一冊），台北：敦理，頁一〇七～一三七。

62 楊青矗，〈現今工會組織與功能缺失〉，《美麗島》四，一九七九，頁五六。

63 楊青矗在一九九六年向中油申請回復原職，當時政府已經平反政治犯，但因楊青矗被釋後居住在台北，因此並沒有在高雄煉油廠復職，而是到中油在台北的單位上班。楊青矗翌年自中油退休。

64 《石油勞工》，一九九三，頁十二。

65 張曉春，《勞力勞心集》，台北：時報出版社，一九八七，頁六八～六九。

66 David Parker, "Pelegos No More: Labour Historians Confront the 'New Unionism' in Brazil." *Labour/Le Travail* 33, 1994, p. 265.

469.

38 Kai-ho Mok and Cai He, "Beyond Organized Dependence: A Study of Workers' Actual and Perceived Living Standard in Guan- zhou." *Work, Employment and Society* 13(1), 1999, p. 76.

39 Ching Kwan Lee, "The Labor Politics of Market Socialism: Collective Inaction and Class Experience among State Workers in Guang-zhou." *Modern China* 24(1), 1998, pp. 3-33.

40 Minghua Zhao and Theo Nichols, "Management Control of Labor in State-Owned Enterprises: Cases from the Textile Industry." *The China Journal* 36, 1996, pp. 1-21.

41 Pat Howard, "Rice Bowl and Job Security: The Urban Contract System." *Australian Journal of Chinese Affairs* 25, 1991, p. 93-114. Gordon White, "The Politics of Economic Reform in Chinese Industry: The Introduction of the Labor Contract System." *China Quarterly* 111, 1987, pp. 365-389.

42 Feng Chen, "Subsistence Crises, Managerial Corruption and Labor Protest in China." *The China Journal* 44, 2000, pp. 41-63.

43 Lijia Zhang, *"Socialism is Great!" A Worker's Memoir of the New China.* New York: Anchor Books, 2008, p. 231.

44 Isaac Deutscher, "Russia." In *Comparative Labor Movements,* edited by Walter Galenson. New York: Prentice-Hall, 1952, p. 483.

45 Paul Harper, "The Party and the Unions in Communist China." *China Quarterly* 37, 1969, p. 111.

46 楊青矗，《廠煙下》，高雄：敦理，一九七八，頁八四。

47 Andrew G. Walder, "Participative Management and Worker Control in China." *Sociology of Work and Occupation* 8(2), 1981, p. 231.

48 舉例而言，一九八三年，台糖公司員工關係委員會（即是黨部）有十七位全職職員，但糖聯會卻只有十三位會務人員。數字引自員工關係委員會會議記錄（一九八三年十月一日），台糖公司善化糖廠文物館。

49 范雅鈞（編），《戰後臺灣勞工運動史料彙編：一、勞工政策與法令》，台北：國史館，二〇〇四，頁二五七。

50 中國國民黨台灣區郵電黨部委員會，《六年來郵電黨務紀要》，台北：國民黨，一九六〇，頁三一。

51 謝國雄，《港都百工圖：商品拜物教之實踐與逆轉》，台北：中研院社會學

by Victor Nee and David Stark. Stanford, CA: Stanford University Press, 1989, p. 57. Ákos Róna-Tas, "The Second Economy as a Subversive Force: The Erosion of Party Power in Hungary." In *The Waning of the Communist State: Economic Origins of Political Decline in China and Hungary*, edited by Andrew G. Walder. Berkeley, CA: University of California Press, 1995, p. 70. David Stark, "Bending the Bars of the Iron Cage: Bureaucratization and Informalization in Capitalism and Socialism." *Sociological Forum* 4(4), 1989, pp. 637-664.

30 Ching Kwan Lee, "The Labor Politics of Market Socialism: Collective Inaction and Class Experience among State Workers in Guang- zhou." *Modern China* 24(1), 1998, pp. 11-12; "Pathways of Labor Insurgency." In *Chinese Society: Change, Conflict and Resistance*, edited by Elizabeth J. Perry and Mark Selden. London: Routledge, 2000, p. 46. Fei-ling Wang, "Floaters, Moonlighters, and the Underemployed: A National Labor Market with Chinese Characteristics." *Journal of Contemporary China* 7(19), 1998, pp. 459-475.

31 謝國雄，〈黑手變頭家：台灣製造業中的階級流動〉，《台灣社會研究季刊》二，一九八九，頁十一～五四。

32 David Stark, "Coexisting Organizational Forms in Hungary's Emerging Mixed Economy." *Remaking the Economic Institutions of Socialism: China and Eastern Europe*, edited by David Stark and Victor Nee. Stanford, CA: Stanford University Press, 1989, pp. 158-159.

33 Hill Gates, *China's Motor: A Thousand Years of Petty Capitalism*. Ithaca, NY: Cornell University Press, 1996, pp. 226-227.

34 Ivan Szelenyi, "Social Inequalities in State Socialist Redistributive Economies: Dilemma for Social Policy in Contemporary Socialist Societies of Eastern Europe." *International Journal of Comparative Sociology* 19(1–2), 1978, pp. 63-87.

35 Ivan Szelenyi, *Socialist Entrepreneurs: Embourgeoisement in Rural Hungary*. Madison: University of Wisconsin Press, 1988, p. 8.

36 Ching Kwan Lee, "Pathways of Labor Insurgency." In *Chinese Society: Change, Conflict and Resistance*, edited by Elizabeth J. Perry and Mark Selden. London: Routledge, 2000, p. 46.

37 Fei-ling Wang, "Floaters, Moonlighters, and the Underemployed: A National Labor Market with Chinese Characteristics." *Journal of Contemporary China* 7(19), 1998, p.

14 《台糖通訊》三一（五），一九六二，頁十七。

15 鄧潔華，《石油一生：李達海回憶錄》，台北：天下，一九九五，頁二四四。

16 《台糖通訊》四六（十），一九七〇，頁三一。

17 此次訪談於二〇〇三年二月十日進行。這位勞工和我在約在工廠內，在上班時間聊了半小時，照他的解釋是因為下班後水電生意很忙，沒有時間見我。很顯然，兼差打工者總是有各種辦法可以暫時逃離正職工作現場，處理一些包括「外路仔」在內的私人事務。

18 Donald R. DeGlopper, "Doing Business in Lukang." In *Economic Organization in Chinese Society*, edited by W. E. Willmott. Stanford, CA: Stanford University Press, 1972, p. 323.

19 Arthur L. Stinchcombe, *Economic Sociology*. New York: Academic Press, 1983, p. 112.

20 《民眾日報》，一九八〇年七月十三日，第二版。

21 楊青矗，《楊青矗與美麗島事件》，台北：國史館，二〇〇七，頁十七～十九。

22 Hill Gates, *Chinese Working-Class Lives: Getting by in Taiwan*. Ithaca, NY: Cornell University Press, 1987, p. 77.

23 Gwo-Shyong Shieh, *Boss' Island: The Subcontracting Network and Micro-Entrepreneurship in Taiwan's Development*. New York: Peter Lang, 1992.

24 李悅端、柯志明，〈小型企業的經營與性別分工：以五分埔成衣業社區為案例的分析〉，《台灣社會研究季刊》十七，一九九四，頁四一～八一。

25 柯志明，《台灣都市小型製造業的創業經營與生產組織：以五分埔成衣製造業為案例的分析》，台北：中研院民族學研究所，一九九三。

26 Gwo-Shyong Shieh, *Boss' Island: The Subcontracting Network and Micro-Entrepreneurship in Taiwan's Development*. New York: Peter Lang, 1992, p. 140.

27 Richard W. Stites, "Industrial Work as an Entrepreneurial Strategy." *Modern China* 11(2), 1985, p.243.

28 James C. Scott, *Two Cheers for Anarchism*. Princeton, NJ: Princeton University Press, 2012, pp. 89-91.

29 János Kornai, "The Hungarian Reform Process: Visions, Hopes, and Reality." In *Remaking the Economic Institutions of Socialism: China and Eastern Europe*, edited

72 訪談記錄，二〇〇七年五月四日。

第四章 兼差打工和瑣碎的協商

1 Yongping Wu, *A Political Explanation of Economic Growth: State Survival, Bureaucratic Politics, and Private Enterprises in the Making of Taiwan's Economy, 1950–1985*. Cambridge, MA: Harvard Univer- sity Press, 2005, p. 284.

2 Hongzen Wang, "Ethnicized Social Mobility in Taiwan: Mobility Patterns among Owners of Small- and Medium Scale Business." *Modern China* 27(3), 2001, pp. 328-358. Jane Kaufmann Winn, "Not by Rule of Law: Mediating State-Society Relations in Taiwan through the Underground Economy." In *The Other Taiwan: 1945 to the Present*, edited by Murray A. Rubinstein. New York: M. E. Sharpe, 1994, pp. 183-214.

3 Stephen M. Olsen, "The Inculcation of Economic Values in Taiwan Business Families." In *Economic Organization in Chinese Society*, edited by W. E. Willmott. Stanford, CA: Stanford University Press, 1972, pp. 261-296.

4 若林正丈，《台灣分裂國家與民主化》，洪金珠、許佩賢譯，台北：月旦，一九九四，頁一七九～一八六。

5 Mab Huang, *Intellectual Ferment for Political Reform in Taiwan, 1971–1973*. Ann Arbor, MI: Center for Chinese Studies, University of Michigan Press, 1976.

6 Thomas B. Gold, *State and Society in the Taiwan Miracle*. Armonk, NY: M. E. Sharpe, 1986, pp.111-118.

7 Rita S. Gallin and Bernard Gallin, "Hsin Hsing Village, Taiwan: From Farm to Factory." In *Chinese Landscape: The Village as Place*, edited by Ronald G. Knapp. Honolulu, HI: University of Hawaii Press, 1992, pp. 279-293.

8 Chung-min Chen, *Upper Camp: A Study on a Chinese Mixed-Cropping Village in Taiwan*. Taipei: Institute of Ethnology, Academia Sinica, 1977, p. 84.

9 《勞動者》十三，一九八七，頁六。

10 《勵進》三三〇，一九七三，頁六八。

11 《台糖通訊》二五（八），一九五九，頁九。

12 《糖業黨務》五（八），一九六三，頁十六。

13 台糖公司產業工會聯合會，《糖聯二十年》（檔案編號：MD010040），台糖公司善化糖廠文物館，一九七五。

B. Kipnis, *Producing Guanxi: Sentiment, Self and Subculture in a North China Village*. Durham, NC: Duke University Press, 1997

60 Yeo-chi Ambrose King, "Kuanhsi and Network Building: A Sociological Interpretation." *Daedalus* 120(2), 1991, pp. 63-84. Mayfair Mei-hui Yang, *Gifts, Favors and Banquets: The Art of Social Relationships in China*. Ithaca, NY: Cornell University Press, 1994.

61 Thomas Gold, Doug Guthrie, and David Wank, "An Introduction to the Study of Guanxi." In *Social Connections in China: Institutions, Culture, and the Changing Nature of Guanxi*, edited by Thomas Gold, Doug Guthrie, and David Wank. Cambridge: Cambridge University Press, 2002, pp. 13-17.

62 Andrew G. Walder, *Communist Neo-traditionalism: Work and Authority in Chinese Industry*. Berkeley, CA: University of California Press, 1986, pp. 179-186.

63 Ken Jowitt, *New World Disorder: The Leninist Extinction*. Berkeley, CA: University of California Press, 1992.

64 Brantly Womack, "Transfigured Community: Neo-traditionalism and Work Unit Socialism." *China Quarterly* 126, 1991, p. 322.

65 Victor Nee, "Social Inequality in Reforming State Socialism: Between Redistribution and Markets in China." *American Sociological Review* 56(3), 1991, pp. 267-282. Victor Nee and Rebecca Matthews, "Market Transition and Societal Transformation in Reforming State Socialism." *Annual Review of Sociology* 22, 1996, pp. 401-435.

66 Jean C. Oi, *Rural China Takes Off: Institutional Foundations of Economic Reform*. Berkeley, CA: University of California Press, 1999, p. 192.

67 Andrew G. Walder, "The Quiet Revolution from Within: Economic Reform as a Source of Political Decline." In *The Waning of the Communist State: Economic Origins of Political Decline in China and Hungary*, edited by Andrew G. Walder. Berkeley, CA: University of California Press, 1995, p. 16.

68 Mayfair Mei-hui Yang, "The Gift Economy and State Power in China." *Comparative Studies in Society and History* 31(1), 1989, pp. 25-54.

69 Andrew G. Walder, *Communist Neo-traditionalism: Work and Authority in Chinese Industry*. Berkeley, CA: University of California Press, 1986, p. 249.

70 同前引，頁一九〇～二二一。

71 《台糖通訊》二八（一），一九六一，頁七～十二。

在腳底下。有一次，春明在上課時戲弄一位小女生，讓她受到老師的處分。然而，那位無辜小女孩的父親卻是糖廠內的課長。這位主管到學校興師問罪，春明的父親非常惶恐，為了賠罪，在老師與課長面前痛打了春明一頓。這部電影有個幸福的結局，頑皮的春明知道了父親受到的屈辱，發奮用功，最後成就了一番事業。而這其實也是當時許多台灣國營事業勞工的夢想。

48 除了階級文化的差異，族群差異與歧視也是一個因素。至少在七〇年代之前，外省人菁英普遍鄙視棒球，因為這項運動是源起於日本殖民時期，且本省人相當熱愛。（Andrew Morris, "1970s-1980s 'Chinese' Little League Baseball and Its Discontents." In *Popular Culture in Taiwan: Charismatic Modernity*, edited by Marc L. Moskowitz. London: Routledge, 2011, pp. 25-51.）

49 中油公司，《高雄煉油總廠廠史集》，高雄：中油公司，一九八一，頁一〇一。

50 《廠訊》二五七，一九七三，頁二；二九二，一九七四，頁四；三六一，一九七七，頁三。

51 《勵進》三四七～三四八，一九七五，頁八五～八六。事實上，煉油廠員工對於晉升考試非常熱中，也有工會曾決議，「請公司每年舉辦晉升職員考試，以鼓勵工員工作情緒」。（《廠訊》三四一，一九七六，頁三。）

52 楊青矗，《工廠人》，高雄：文皇，一九七五，頁八七。

53 石油事業退休人員協會，《中油人回憶文集：第三集》，台北：石油事業退休人員協會，二〇一一，頁八八～八九。

54 Stevan Harrell, "Introduction." In *Negotiating Ethnicities in China and Taiwan*, edited by Melissa J. Brown. Berkeley, CA: Institute of East Asian Studies, University of California Press, 1996, p. 3.

55 楊青矗，《工廠人》，高雄：文皇，一九七五，頁八五。

56 Sharon R. Bird, "Welcome to the Men's Club: Homosociality and the Maintenance of Hegemonic Masculinity." *Gender and Society* 10(2), 1996, p. 120.

57 石油工會第一分會，《二十四期彙編成刊》，高雄：台灣石油工會第一分會，一九九四，頁三二〇。

58 楊青矗，《工廠人》，高雄：文皇，一九七五，頁八一。

59 關於台灣的研究則可參見Bruce J. Jacobs, "A Preliminary Model of Particularistic Ties in Chinese Political Alliance: Kan-ch'ing and Kuan-hsi in a Rural Taiwanese Township." *China Quarterly* 78, 1979, pp. 237-273；關於中國的研究參見Andrew

28 「虎尾總廠評價職員額統計表（一九六八年十一月）」，國立雲林科技大學文化資產研究所檔案室。
29 中油公司，《高雄煉油總廠廠史集》，高雄：中油公司，一九八一，頁九九。
30 石油事業退休人員協會，《中油人回憶文集：第三集》，台北：石油事業退休人員協會，二〇一一，頁二四二。
31 石油事業退休人員協會，《中油人回憶文集：第二集》，台北：石油事業退休人員協會，二〇〇六，頁五二七。
32 《廠訊》二一，一九六三，頁一。
33 《台糖通訊》三四（九），一九六四，頁十四。
34 楊青矗，《工廠人》，高雄：文皇，一九七五，頁十五。
35 《台糖通訊》二八（七），一九六一，頁七。
36 《糖業黨務》五三，一九六一，頁十七；六（三），一九六四，頁二〇。
37 《勵進》，一九六一，頁六三。
38 石油事業退休人員協會，《中油人回憶文集：第三集》，台北：石油事業退休人員協會，二〇一一，頁九一。
39 中國國民黨中央委員會第五組，《民運工作之研究發展》，台北：中國國民黨，一九七二，頁七七。
40 《廠訊》十七，一九六三，頁一。
41 龔維荃，〈廿五年工作歷程瑣記〉，《中油人史話》，台北：中油公司，一九七一，頁五一〇。
42 經濟部職位分類推行委員會，《經濟部辦理所屬事業職位分類總報告》，台北：經濟部，一九六五，頁七四～七五、七八～七九、八六～八七。
43 《廠訊》二六九，一九七三，頁二。
44 台灣石油工會第一分會，《二十四期彙編成刊》，高雄：台灣石油工會第一分會，一九九四，頁五四。
45 同前引，頁七六。
46 台灣石油工會第一分會，《六週年彙編成刊》，高雄：台灣石油工會第一分會，一九九八，頁二〇一。
47 一九九一年，台灣有一部電影《最後的小火車》，描述早期糖廠的生活。故事講述一位無法順利升等的工員，常在家裡喝酒、打孩子出氣，他一再告誡他的孩子春明，一定要好好唸書、考上大學才有出息，否則一輩子都被人踩

10 中油公司，《高雄煉油總廠廠史集》，高雄：中油公司，一九八一，頁九八。
11 徐立德，《情義在我心：徐立德八十回顧》，台北：天下，二〇一〇，頁九八。
12 楊青矗，《工廠人的心願》，高雄：敦理，一九七九，頁一一三。
13 David Stark, "Rethinking Internal Labor Markets: New Insights from a Comparative Perspective." *American Sociological Review* 51(4), 1986, p. 492.
14 Chris Tilly and Charles Tilly, *Work under Capitalism*. Boulder, CO: Westview Press, 1998, pp. 174-175.
15 Michael Burawoy, *Manufacturing Consent: Changes in the Labor Process under Monopoly Capitalism*. Chicago: Chicago University Press, 1979, pp. 77-108. Richard Edwards, *Contested Terrain: The Transformation of the Workplace in the Twentieth Century*. New York: Basic Books, 1979, pp. 182-183. Chris Tilly and Charles Tilly, *Work under Capitalism*. Boulder, CO: Westview Press, 1998, p.175.
16 中油公司，《高雄煉油總廠廠史集》，高雄：中油公司，一九八一，頁九九。
17 《糖業黨務》三四，一九六〇，頁一。
18 《糖業黨務》二四，一九六〇，頁三。
19 一九六六年，一位台灣區產業黨部委員指出，「以人事工作的職位分類而言……我覺得黨的幹部同志，對職位分類首先能自我犧牲，蔚為示範，是值得表揚的」。這裡的犧牲說與其他檔案中記載的大有出入。見，《中國國民黨台灣區產業黨部第一支黨部第九次代表大會專輯，一九六六年八月》（檔號編號：MD010199），台糖公司善化糖廠糖業文物館檔案室。
20 《廠訊》三二四，一九七六，頁四。
21 「虎尾總廠評價職員額統計表（一九六七年十一月）」，國立雲林科技大學文化資產研究所檔案室。
22 《台糖通訊》三四（九），一九六四，頁十四。
23 《石油勞工》，一九八九年三月，頁十四。
24 楊青矗，《工廠人》，高雄：文皇，一九七五，頁十九。
25 王拓，《街巷鼓聲》，台北：遠景，一九七七，頁二七。
26 《廠訊》二〇，一九六三，頁二。
27 《廠訊》十七，一九六三，頁二。

第三章　職位的政治：適得其反的內部勞動市場改革

1　《自由中國》四（六），一九五一，頁一九四。

2　《自由中國》十一（六），一九五二，頁一六八。

3　《自由中國》二（九），一九五〇，頁三〇七。

4　《自由中國》十五（八），一九五六，頁六三八。

5　Neil Jacoby, *U.S. Aid to Taiwan: A Study of Foreign Aid, Self-Help and Development*. New York: Praeger, 1966, p. 146. Robert Wade, *Governing the Market: Economic Theory and the Role of Government in East Asian Industrialization*. Princeton, NJ: Princeton University Press, 1990, p. 182.

6　Rita S. Gallin, "Women and the Export Industry in Taiwan: The Muting of Class Consciousness." In *Women Workers and Global Restructuring*, edited by Kathryn Ward. Ithaca, NY: Cornell University Press, 1990, pp. 179-192. Lydia Kung, "Factory Work and Women in Taiwan: Changes in Self-Image and Status." *Signs: Journal of Women in Culture and Society* 2(1), 1976, pp. 35-58; *Factory Women in Taiwan*. New York: Columbia University Press, 1994.

7　李悅端、柯志明，〈小型企業的經營與性別分工：以五分埔成衣業社區為案例的分析〉，《台灣社會研究季刊》十七，一九九四，頁四一～八一。柯志明，《台灣都市小型製造業的創業經營與生產組織：以五分埔成衣製造業為案例的分析》，台北：中研院民族學研究所，一九九三。趙蕙鈴，〈協力生產網絡資源交換結構之特質：經濟資源交換的「社會網絡化」〉，《中國社會學刊》十八，一九九五，頁七五～一一六。Lucie Cheng and Ping-chun Hsiung "Women, Export-Oriented Growth and the State." In *States and Development in the Asian Pacific Rim*, edited by Richard P. Appelbaum and Jeffrey Henderson. London: Sage, 1992, pp. 233-266. Ping-chun Hsiung, *Living Rooms as Factories: Class, Gender and the Satellite Factory in Taiwan*. Philadelphia: Temple University Press, 1996.

8　「職位分類」是這項改革的正式名稱，但很容易會與「分類職位」搞混，後者是指新制度下的「職員」（相對於「評價職位」，亦即是「工員」）。為避免混淆，接下來文中將儘量避免使用「職位分類」一詞。

9　文馨瑩，《經濟奇蹟的背後：臺灣美援經驗的政經分析（一九五一～一九六五）》，台北：自立晚報社，一九九〇，頁二三六。

Haven, CT: Yale University Press, 1990, p. 164.

142 《台糖通訊》二四（二），一九五九，頁二三。

143 Robert K. Merton, *Social Theory and Social Structure*. New York: Free Press, 1957, pp. 184-187.

144 訪談記錄，二〇〇二年十一月八日。

145 《石油勞工》，一九九〇年九～十月，頁一〇～一一。

146 Michel Crozier, *The Bureaucratic Phenomenon*. Chicago: University of Chicago Press, 1964, p. 199.

147 《台糖通訊》二二（五），一九五八，頁八。

148 我所訪談的煉油廠勞工中，有許多人提到，資深領班過去接受的是日本式教育，為人處事公正不阿，對工作要求也很嚴格，不會有徇私偏袒的現象。不幸的是，這些美德在晚一輩的勞工身上消失了。我的受訪者們大都將這種個性上的差異歸因於教育背景，但我認為環境的變化，也就是國民黨列寧主義的影響，才是造成勞工不同個性最主要的原因。也只有在五〇年代，大部分的台灣勞工才有機會面對黨國體制恩威並施的誘惑，並面臨這樣的抉擇：是否要用自己的政治忠誠，換取職涯的利益。

149 Michael Burawoy, *The Colour of Class on the Copper Mines: From African Advancement to Zambianization.* Lusaka: University of Zambia, 1972, p. 116.

150 Elizabeth J. Perry, *Shanghai on Strike: The Politics of Chinese Labor*. Stanford, CA: Stanford University Press, 1993, p. 5.

151 Kathleen Thelen, "How Institutions Evolve: Insights from Comparative Historical Analysis." In *Comparative Historical Analysis in the Social Sciences*, edited by James Mahoney and Dietrich Rueschemeyer. Cambridge: Cambridge University Press, 2003, pp. 225-228.

152 Charles Tilly and Sidney Tarrow, *Contentious Politics*. Boulder, CO: Paradigm Press, 2007, pp. 78-79.

153 Yoonkyung Lee, *Militants or Partisans: Labor Unions and Democratic Politics in Korea and Taiwan.* Stanford, CA: Stanford University Press, 2011.

154 同前引，頁八、六三、八八、一四二。

155 David D. Yang, "Classing Ethnicity: Class, Ethnicity, and the Mass Politics of Taiwan's Democratic Transition." *World Politics* 59(4), 2007, pp. 503-538.

156 同前引，頁五三一～五三二。

金。（中油公司，《高雄煉油總廠廠史集》，高雄：中油公司，一九八一，頁四七六。）國民黨黨員有繳黨費的義務，每個月公司都從薪水中直接扣除。但是黨員還是可以領取一些黨部發放免費的日用品，例如毛巾、牙膏等。

124 《台糖通訊》二四（七），一九五九，頁三。

125 《台糖通訊》二二（一），一九五八，頁三。

126 舉例而言，台灣省石油工會第一支部在一九七二年一月舉行會員代表大會，每位幹部「拿到一個小巧實用的手提箱，一包點心和一份水果」。（《勵進》三二二，一九七二，頁七五。）

127 《勵進》三九八，一九七三，頁八七。

128 《糖業勞工報導》一一五，一九八六，頁二。

129 楊青矗，《工廠人的心願》，高雄：敦理，一九七九，頁一五六。

130 訪談記錄，二〇一〇年八月六日。

131 《石油勞工》，一九九三，頁一一六。

132 鄧潔華，《石油一生：李達海回憶錄》，台北：天下，一九九五，頁八二。

133 「台灣石油工會第四屆理事會第十六次會議（一九八七年六月十日）」，《台灣石油工會理事會會議記錄（一九八六～一九八八）》，台灣石油工會檔案室。

134 「台灣石油工會第五屆理事會第三次會議（一九八八年九月十六日）」，《台灣石油工會第五屆理事會會議記錄（一九八八）》，台灣石油工會檔案室。

135 Andrew G. Walder, *Communist Neo-traditionalism: Work and Authority in Chinese Industry*. Berkeley, CA: University of California Press, 1986, p. 152.

136 Donald F. Roy, "Work Satisfaction and Social Reward in Quota Achievement: An Analysis of Piecework Incentive." *American Sociological Review* 18(5), 1953, p. 513.

137 潘柱材，《潘柱材回憶錄及相片集：自窮鄉僻壤的廣西農村到美國》，自費出版，二〇〇三，頁四七七～四八一。

138 James C. Scott, *Seeing Like a State: How Certain Schemes to Improve the Human Condition Have Failed*. New Haven, CT: Yale University Press, 1998.

139 《台糖業務公報》十二（五九），一九五七，頁三九八。

140 《台糖業務公報》一〇（一〇一），一九五六，頁八九七。

141 James C. Scott, *Domination and the Arts of Resistance: Hidden Transcripts*. New

106 台灣石油工會第一分會，《二十四期彙編成刊》，高雄：台灣石油工會第一分會，一九九四，頁三三。
107 《石油勞工》三一八，一九九九，頁三九～四〇。
108 嚴正，〈石油工會的成長〉，《中油人史話》，台北：中油公司，一九七一，頁五七二～五七三。
109 《勵進》三四一，一九七四，頁九四。
110 「台灣石油工會第五屆理事會第十三次會議（一九九一年一月二十九日）」，《台灣石油工會第五屆理事會會議記錄》，台灣石油工會檔案室。
111 資料來自「台灣石油工會第三屆常務理事會第十五次會議（一九八三年十二月十二日）」，《台灣石油工會第三屆常務理事會會議記錄》，台灣石油工會檔案室；占比為筆者計算。
112 中油公司，《高雄煉油總廠廠史集》，高雄：中油公司，一九八一，頁四八九、四九一；《高雄煉油總廠廠史集第二集》，高雄：中油公司，一九九三，頁七四五。
113 鄧潔華，《石油一生：李達海回憶錄》，台北：天下，一九九五，頁八二。
114 陳曉昌，《台灣糖工福利》，台中：東海大學學位論文，一九六八，頁五〇。
115 周俊霖、許永河，《南瀛糖廠誌》，新營：台南縣政府，二〇一〇，頁七一～七四。
116 中國國民黨中央委員會第五組，《我們的工作》，台北：中國國民黨，一九七六，頁十二～十七。
117 《糖業黨務》八（十五），一九六六，頁二八。
118 《勵進》二六五，一九六八，頁八～一〇。
119 《勵進》三二四，一九七三，頁七四～七五。
120 Andrew G. Walder, *Communist Neo-traditionalism: Work and Authority in Chinese Industry*. Berkeley, CA: University of California Press, 1986, p. 124.
121 何明修，《四海仗義：曾茂興的工運傳奇》，台北：台灣勞工陣線，二〇〇八，頁二一八～二一九。
122 Miklós Haraszti, *A Worker in a Workers' State*, translated by Michael Wright. New York: Universe, 1978, p. 88.
123 舉例而言，在中油高雄煉油廠，退休的員工如果入黨滿二十五年，每年可以領取兩千元的慰問金。黨員的子弟如果就讀大專院校，得申請三千元的獎學

7.4/850），中國國民黨黨史館。

91 《糖業黨務》一九，一九六〇，頁二〇。

92 《糖業黨務》七（一），一九六〇，頁七。

93 中油黨員資料來自「中國國民黨八屆中央委會工作會議第十二次會議記錄」（檔案編號：8.4/357）、「中國國民黨八屆中央委會工作會議第一四七次會議記錄」（檔案編號：8.4/369），中國國民黨黨史館。中油員工的數據則是來自立法院，《中華民國國營事業機關綜合決算審核報告》，一九五八，頁二八一；一九六一，頁三〇九。

94 《勵進》四七，一九五四，頁五～六。

95 《台灣產業黨務》一〇，一九五四，頁十九。

96 「中國國民黨七屆中常會工作會議第二三八次會議記錄」（檔案編號：7.3/264），中國國民黨黨史館。

97 《糖業黨務》二二，一九六〇，頁十六。

98 《糖業黨務》六五，一九六一，頁十七。

99 中國國民黨中央改造委員會幹部訓練委員會，《黨員自清運動要義》，台北：中國國民黨，一九五二，頁十二。

100 中國國民黨中央委員會婦女工作會，《婦女黨員組訓技術》，台北：中國國民黨，一九五四，頁十二。

101 孫漢明，〈我怎樣建立了黨在勞工中的信仰〉，收錄於中國國民黨中央委員會設計考核委員會（編），《黨務工作技術與經驗彙編》，台北：中國國民黨，一九五四，頁一二三～一三三。

102 中油公司，《高雄煉油總廠廠史集》，高雄：中油公司，一九八一，頁五〇二～五〇三。

103 高雄煉油廠職工工福利委員會，《高雄煉油廠員工福利簡介》，高雄：中油公司，一九八九，頁五。

104 Xiaobo Lü and Elizabeth Perry "Introduction: The Changing Chinese Workplace in the Historical and Comparative Perspective." In *Danwei: The Changing Chinese Workplace in Historical and Comparative Perspective*. New York: M. E. Sharpe, 1997, pp. 3-17.

105 中國的工會也有興辦一些福利項目，但是他們參與程度與台灣的情況相去甚遠。接下來會提到，台灣的工會甚至也會經營一些營利事業，後來成為工會幹部貪腐的源頭之一。

73 《台糖通訊》九（十四），一九五一，頁六。

74 Franz Schurmann, *Ideology and Organization in Communist China*. Berkeley, CA: University of California Press, 1966, p. 107.

75 中國國民黨中央委員會秘書處，《中國國民黨中央改造委員會會議決議彙編》，台北：中國國民黨，一九五二，頁三四九。

76 中國國民黨中央委員會黨史委員會，《中國國民黨黨務發展史料：組訓工作》，台北：近代中國出版社，一九九八，頁二一三～二一四。

77 《勵進》四二，一九五三，頁十七。

78 同前引，頁二七五。

79 中國國民黨中央委員會第五組，《自由幸福的中國勞工》，台北：中國國民黨，一九五五，頁五〇。

80 Philip Selznick, *The Organizational Weapon*. New York: Arno, 1979.

81 Steven J. Hood, *The Kuomintang and the Democratization of Taiwan*. Boulder, CO: Westview, 1997, pp. 28-29.

82 中國國民黨中央委員會秘書處，《中國國民黨中央改造委員會會議決議彙編》，台北：中國國民黨，一九五二，頁四五、六九。

83 同前引，頁二三一。

84 中國國民黨中央委員會黨史委員會，《中國國民黨黨務發展史料：組訓工作》，台北：近代中國出版社，一九九八，頁一七一～一七二。

85 某些研究者所犯的錯誤是，他們只看台灣省黨部的黨員統計，而忽略了其他平行的特種黨部（包括本書所關切的國營事業），因此不當地推論「到了一九五二年，超過一半以上的國民黨黨員是本省人」。（Denny Roy, *Taiwan: A Political History*. Ithaca, NY: Cornell University Press, 2003, p. 81.）

86 龔宜君，《外來政權與本土社會：改造後國民黨政權社會基礎的形成（一九五〇～一九六九）》，台北：稻鄉，一九九八，頁六八。

87 Bruce J. Dickson, "The Lessons of Defeat: The Reorganization of the Kuomintang on Taiwan, 1950–1952." *China Quarterly* 133, 1993, p. 81.

88 「中國國民黨中央改革委員會第三七〇次會議記錄」（檔案編號：6.4-2/38.10），中國國民黨黨史館。

89 「中國國民黨七屆中央委會工作會議第六二次會議記錄」（檔案編號：7.4/851），中國國民黨黨史館。

90 「中國國民黨七屆中央委會工作會議第五七次會議記錄」(檔案編號：

48 王作福，〈黨業會結合的具體內容〉，收錄於中國石油公司員工關係委員會（編），《業務管理研究發展論叢》，台北：中油公司，一九六九，頁一三九。

49 Walter Galenson, "The Labor Force, Wages and Living Standards." In *Economic Growth and Structural Change in Taiwan: The Postwar Experience of the Republic of China*, edited by Walter Galenson. Ithaca, NY: Cornell University Press, 1979, p. 432.

50 《台糖業務公報》四（十三），一九五一，頁一四〇。

51 《台糖通訊》二四（三），一九五九，頁四。

52 《台糖通訊》十五（十七），一九五四，頁八。一九五四年發生太平艦事件，一艘主力艦被解放軍擊沉，因此出現民眾捐款的「建艦復仇」運動。

53 《台糖通訊》十六（六），一九五五，頁十一。

54 《台糖通訊》十九（十七），一九五六，頁二五。

55 《台糖通訊》二四（三），一九五九，頁三。

56 《台糖通訊》二四（十二），一九五九，頁二。

57 《台糖通訊》六〇（十六），一九六二，頁四。

58 《台糖通訊》六（一〇），一九五〇，頁五四。

59 《台糖通訊》二六（五），一九六〇，頁七。

60 《台糖通訊》二六（十六），一九六〇，頁五。

61 《台糖通訊》三六（四），一九六五，頁四五。

62 《台糖通訊》九（十二），一九五一，頁二一。

63 《台糖通訊》十二（九），一九五三，頁十八。

64 《台糖通訊》三〇（十三），一九六二，頁五。

65 中國國民黨中央委員會黨史委員會，《中國國民黨黨務發展史料：黨務工作報告》，台北：近代中國出版社，一九九七，頁四〇四。

66 《台糖通訊》二四（十六），一九五九，頁七。

67 《台糖通訊》十六（十五），一九五五，頁二五。

68 《台糖通訊》二〇（九），一九五七，頁二。

69 《台糖通訊》一〇（五），一九五二，頁十五。

70 《台糖通訊》二八（八），一九六一，頁六。

71 《台糖通訊》二二（一〇），一九五八，頁七。

72 《台糖通訊》六（十五），一九五〇，頁五一。

民黨，一九五四，頁十四～十五。

31 《台灣產業黨務》五四，一九五八，頁十五～十七。

32 台糖公司，《台灣三十年發展史》，台北：台糖公司，一九七六，頁七三六。

33 中油公司，《高雄煉油總廠廠史集》，高雄：中油公司，一九八一，頁四八五。

34 徐鼐，「目前存在於產業界之重要問題」，中國國民黨第八屆中常會第三九六次會議之報告，（檔案編號：8.3/513），中國國民黨黨史館。

35 一份一九五三年提送給國民黨中常會的內部報告提到，「大企業單位，自行成立黨務指導委員會，行使組織職權，發生領導紛歧現象」（中國國民黨中央委員會黨史委員會，《中國國民黨黨務發展史料：組訓工作》，台北：近代中國出版社，一九九八，頁一二八）。

36 侯坤宏，《研究二二八》，台北：博揚文化，二〇一一，頁一〇 ～一五九。

37 台灣省文獻委員會，《台灣地區戒嚴時期五〇年代政治案史料彙編》（第一冊），南投：台灣省文獻委員會，一九九八，頁二六、一三九。

38 石油事業退休人員協會，《中油人回憶文集：第三集》，台北：石油事業退休人員協會，二〇一一，頁七四八～七四九。

39 侯坤宏、何思瞇，《姚恒修生生訪談錄》，台北：國史館，一九九三，頁八二。

40 馮宗道，《楓竹山居憶往錄》，自費出版，二〇〇〇，頁二三二。

41 《台糖業務公報》三（八），一九五〇，頁一二一。

42 《台糖業務公報》七（二三），一九五四，頁一八〇。

43 王作福，〈黨業會結合的具體內容〉，收錄於中國石油公司員工關係委員會（編），《業務管理研究發展論叢》，台北：中油公司，一九六九，頁一四六。

44 中國國民黨中央委員會黨史委員會，《中國國民黨黨務發展史料：中央改造委員會資料彙編》（第一冊），台北：近代中國出版社，二〇〇〇，頁三七四。

45 《台灣產業黨務》一，一九五四，頁三二。

46 《台糖通訊》四一（一三），頁十四～十六。

47 石靈，〈以黨治礦〉，《自由中國》十五（十二），一九五六，頁七九一。

Developmental state, 1928–1937." In *Becoming Chinese: Passages to Modernity and Beyond*, edited by Wen-hsin Yeh. Berkeley, CA: University of California Press, 2000, p. 151.

18 陳思宇，《台灣區生產事業管理委員會與經濟發展策略（一九四九～一九五三）》，台北：國立政治大學歷史學系，二〇〇二，頁二三七。

19 「台灣糖業公司等關於職員任免調派事的來往函件（一九四六年五月～一九四九年一月）」，出自海峽兩岸出版交流中心（編），《館藏民國台灣檔案彙編》（第一〇五冊），北京：九州出版社，二〇〇七，頁三九六～三九七。

20 「北港糖廠概況」（一九四六年十二月）」，出自海峽兩岸出版交流中心（編），《館藏民國台灣檔案彙編》（第一五九冊），北京：九州出版社，二〇〇七，頁一四二。

21 薛月順（編），《資源委員會檔案史料彙編》（第三冊），台北：國史館，一九九五，頁一六三～一六四、二五六～二五七。

22 William C. Kirby, "Technocratic Organization and Technological Development in China: The Nationalist Experience and Legacy, 1928-1953." In *Science and Technology in Post-Mao China*, edited by Denis Fred Simon and Merle Goldman. Cambridge, MA: Harvard University Press, 1989, p. 37.

23 孫越崎，〈我與資源委員會（下）〉，《傳記文學》三六（六），一九九三，頁八二～八三。

24 鄧潔華，《石油一生：李達海回憶錄》，台北：天下，一九九五，頁三二～三四。

25 程玉凰（編），《戰後臺灣政治案件：沈鎮南案史料彙編第一卷》，台北：國史館，二〇〇八，頁三一。

26 中國國民黨中央委員會秘書處，《中國國民黨中央改造委員會會議決議彙編》。台北：中國國民黨，一九五二，頁三〇九。

27 同前引，頁四五七。

28 中國國民黨中央改造委員會幹部訓練委員會，《黨員自清運動要義》，台北：中國國民黨，一九五二，頁十四。

29 中國國民黨中央改造委員會幹部訓練委員會，《農工黨務組訓技術》，台北：中國國民黨，一九五一，頁三。

30 中國國民黨中央委員會第一組，《建立基層幹部制度手冊》，台北：中國國

Steven J. Hood, *The Kuomintang and the Democratization of Taiwan*. Boulder, CO: Westview, 1997, pp. 28-29.

2 Tun-jen Cheng, "Democratizing the Quasi-Leninist Regime in Taiwan." *World Politics* 41(4), 1989, pp. 471-499.

3 Alfred G. Meyer, *Leninism*. New York: Praeger, 1963, p. 52.

4 Hsin-huang Michael Hsiao, "The Labor Movement in Taiwan: A Retrospective and Prospective Look." In *Taiwan: Beyond the Economic Miracle*, edited by Dennis Fred Simon and Michael Y. M. Kau. New York: M. E. Sharpe, 1992, pp. 155-156.

5 Frederic C. Deyo, "Labor and Development Policy in East Asia." *Annals of the American Academy of Political and Social Science* 505, 1989, pp. 153-156.

6 Ken Jowitt, *New World Disorder: The Leninist Extinction*. Berkeley, CA: University of California Press, 1992, pp. 1-4.

7 Philip Selznick, *The Organizational Weapon*. New York: Arno, 1979, p. 114.

8 Michael Burawoy and János Lukács, *The Radiant Past: Ideology and Reality in Hungary's Road to Capitalism*. Chicago: University of Chicago Press, 1992, p. 82.

9 Arif Dirlik, "Mass Movements and the Left Kuomintang." *Modern China* 1, 1975, pp. 46-74.

10 龔宜君，《外來政權與本土社會：改造後國民黨政權社會基礎的形成（一九五〇～一九六九）》，台北：稻鄉，一九九八。

11 中國國民黨中央改造委員會，《總裁對於黨改造之訓示》，台北：中國國民黨，一九五〇，頁十五。

12 中國國民黨中央委員會第一組，《從改造到重建：黨的組織概況》，台北：中國國民黨，一九五七。

13 中國國民黨中央委員會第一組，《中國國民黨幹部資料彙編》，台北：中國國民黨，一九五六，頁四～五。

14 胡有為、林章松、劉本炎，〈中國國民黨改造之歷史意義與時代使命：口述歷史座談會紀實〉，《近代中國》四三，一九八四，頁十五。

15 中國國民黨中央委員會第一組，《中國國民黨幹部資料彙編》，台北：中國國民黨，一九五六，頁四。

16 《台灣產業黨務》一，一九五四，頁九～十。

17 孫越崎，〈我與資源委員會（上）〉，《傳記文學》三六（五），一九九三，頁四六。William C. Kirby, "Engineering China: Birth of the

會，二〇〇二，頁一〇四。

164 陳曉昌，《台灣糖工福利》，台中：東海大學學位論文，一九六八，頁十五～十六。

165 周俊霖、許永河，《南瀛糖廠誌》，新營：台南縣政府，二〇一〇，頁六五～六六。

166 陳曉昌，《台灣糖工福利》，台中：東海大學學位論文，一九六八，頁四九。

167 《台糖通訊》三四（三），一九六四，頁一。

168 汪彝定，《走過關鍵年代：汪彝定回憶錄》，台北：商周，一九九二，頁一九二。

169 William C. Kirby, "Technocratic Organization and Technological Development in China: The Nationalist Experience and Legacy, 1928–1953." In *Science and Technology in Post-Mao China*, edited by Denis Fred Simon and Merle Goldman. Cambridge, MA: Harvard University Press, 1989, pp. 23-43; "The Chinese War Economy." In *China's Bitter Victory: The War with Japan*, edited by James C. Hsiung and Steven I. Levine. Armonk, NY: M. E. Sharpe, 1992, pp. 185-212,.

170 Yongping Wu, *A Political Explanation of Economic Growth: State Survival, Bureaucratic Politics, and Private Enterprises in the Making of Taiwan's Economy, 1950–1985*. Cambridge, MA: Harvard University Press, 2005.

171 鄧潔華，《石油一生：李達海回憶錄》。台北：天下，一九九五。

172 汪彝定，《走過關鍵年代：汪彝定回憶錄》，台北：商周，一九九二。

173 J. Megan Greene, *The Origins of the Developmental State in Taiwan: Science Policy and the Quest for Modernization*. Cambridge, MA: Harvard University Press, 2008.

174 Elizabeth J. Perry, *Shanghai on Strike: The Politics of Chinese Labor*. Stanford, CA: Stanford University Press, 1993, p. 251.

175 Michael Hechter, *Internal Colonialism: The Celtic Fringe in British National Development, 1536–1966*. Berkeley, CA: University of California Press, 1975, p.39.

第二章　黨派的政治：黨國體制的動員與行禮如儀

1 若林正丈，《台灣分裂國家與民主化》，洪金珠、許佩賢譯，台北：月旦，一九九四，頁八一～一四六。Bruce J. Dickson, *Democratization in China and Taiwan: The Adaptability of Leninist Parties*. Oxford: Oxford University Press, 1997.

考。一位受訪的煉油廠勞工指出，退伍軍人的晉升考試僅是個形式，因為根本沒有人在捉作弊。

151 楊青矗，《廠煙下》，高雄：敦理，一九七八，頁一六五～一六七。

152 黃玫娟，《區隔化之內部勞動力市場、社區與工會的自主和轉變：以高雄煉油廠為例》，台中：東海大學社會學研究所碩士論文，一九九一，頁七四。

153 資料來源：南方快報政治修理站，http://www.southnews.com.tw/polit/polit_00/polit_08/01059.htm，取用時間：二〇一一年十一月八日。

154 關於歷屆的高雄煉油廠總廠長和中油公司董事長資料，見中油公司，《高雄煉油總廠廠史集第二集》，高雄：中油公司，一九九三，頁八～十七；石油事業退休人員協會，《中油人回憶文集：第二集》，台北：石油事業退休人員協會，二〇〇六，頁三四～四四。

155 Ming-sho Ho, "Protest as Community Revival: Folk Religion in a Taiwanese Anti-Pollution Movement." *African and Asian Studies* 4(3), 2005, pp. 237-269.

156 見《自立早報》，一九九三年六月一日。提出此一控訴的人是蘇芳章，他在台灣石油工會脫離國民黨掌控後，就在自主工會擔任秘書長一職。

157 孔昭奇，〈國營事業高階人士異動內幕：蕭萬長為何「高升」關永實、「降調」葉曼生〉，《財訊》一二五，一九九二，頁一四六～一五〇。

158 Steven J. Hood, *The Kuomintang and the Democratization of Taiwan*. Boulder, CO: Westview, 1997, pp. 64-69.

159 Albert O. Hirschman, *Exit, Voice, and Loyalty: Responses to Decline in Firms, Organizations, and States*. Cambridge, MA: Harvard University Press, 1970.

160 莊富安，〈莊俊銘：勤於研發矢志不懈〉，工商時報，D二版，二〇〇九年十二月十一日。嘉義市政府，《嘉義市誌：人物誌》，嘉義：嘉義市政府，二〇〇四，頁三六三～三六五。

161 不過此處所指的案例僅限糖廠員工的兒子，女兒不在討論之列，因為大部分的國營事業工作機會僅限於男性；此外，父權文化也促使父母習慣將工作交給兒子而非女兒繼承。在筆者的田野研究中，沒有遇到任何一個女性國營事業員工表示，自己可以得到目前的職位是因為家庭背景，反觀男性勞工卻有不少這樣的案例。

162 Andrew G. Walder, "The Remaking of the Chinese Working Class, 1949-1981." *Modern China*10(1), 1984, pp. 3-48.

163 橋仔頭文史協會，《糖金時代：橋仔頭影像記憶》，橋頭：橋仔頭文史協

～三六七）。
136 胡慧玲、林世煜，《白色封印：人權奮鬥證言——白色恐怖》，台北：國家人權紀念館籌備處，二〇〇三，頁一一三。
137 侯坤宏、何思瞇，《姚恒修生生訪談錄》，台北：國史館，一九九三，頁五九。
138 前政治犯陳瑞庚的訪談，時間為二〇〇九年五月三十日、六月十五日及九月七日。感謝林傳凱同意筆者使用此份材料。
139 張大山，《另一個戰場的勝利》，台北：中國新聞，一九五三。
140 林正慧，〈一九五〇年代親共或左翼政治案件〉，收錄於張炎憲、陳美蓉（編），《戒嚴時期白色恐怖與轉型正義論文集》，台北：吳三連台灣史料基金會，二〇〇九，頁一五三。
141 薛月順（編），《資源委員會檔案史料彙編》（第二冊），台北：國史館，一九九五，頁八。
142 中共上海市委會第二工作隊，《台灣糖業概況》，台大圖書館可查閱之未出版文件，一九五〇，頁六八～六九、九三、一一一～一一二、一三四。
143 另一個諷刺的事情是，台糖總經理沈鎮南在一九四七年二二八事件後趕忙設置了工礦警察總隊（之後改制為保二總隊），但三年後卻被保二總隊所逮捕。沈鎮南後來在法庭中翻供，稱他被保二總隊拘留時，被迫寫出一份不實的自白書。（程玉凰（編），《戰後臺灣政治案件：沈鎮南案史料彙編第一卷》，台北：國史館，二〇〇八，頁二。）
144 賀嗣章、張雄潮，《台灣省通誌卷三政事志保安篇》，台北：台灣省文獻委員會，一九七〇，頁七六～七七；比例為筆者計算
145 台糖公司，《二十五年來的台灣糖業》，台北：台糖公司，一九七一，頁四四、四九。
146 數字來自《台糖通訊》十六（一），一九五五，頁十五；比例為筆者計算。
147 台糖公司，《台糖人事統計資料》，台北：台糖公司，一九五七；比例為筆者計算。
148 《糖業黨務》六（十二），一九六四，頁二〇。
149 《台糖通訊》三四（九），一九六四，頁十四。
150 見《廠訊》第三一二期、第四頁中的公告。下面的章節將會指出，在國營事業中，工員晉升職員的考試，是職位政治中相當重要一環。相較於一般工員，退伍軍人報考晉升考試的過程比較簡單，不需要取得主管的同意即可報

126 台灣省文獻委員會，《台灣地區戒嚴時期五〇年代政治案史料彙編》（第三冊），南投：台灣省文獻委員會，一九九八，頁五九。 姜天陸，《南瀛白色恐怖誌》，新營：台南縣政府文化局，二〇〇二，頁七七～八〇。

127 姜天陸，《南瀛白色恐怖誌》，新營：台南縣政府文化局，二〇〇二，頁一五一～一五二。

128 歐素瑛，《戰後臺灣政治案件：李媽兜案史料彙編》，台北：國史館，二〇〇八，頁四二八。

129 南化糖廠參見台灣省文獻委員會，《台灣地區戒嚴時期五〇年代政治案史料彙編》（第三冊），南投：台灣省文獻委員會，一九九八，頁二四〇；北港糖廠同樣可參考該書第三二七頁。埔里糖廠參考林樹枝，《出土政治冤案：第二集》，台北：前衛，一九八九，頁一〇九。

130 歐素瑛，《戰後臺灣政治案件：李媽兜案史料彙編》，台北：國史館，二〇〇八，頁一九[illegible]、二二一。

131 「台灣省保安司令部判決（四一）安潔字第〇七六九號」（一九五二年一月六日）、「總統府簽呈陽隆字第七六三號」（一九五二年四月十六日），國家發展委員會檔案管理局。

132 陳英泰在國營的台灣銀行工作時曾加入祕密組織，後來因此在牢裡待了十二年。他認為，大部分的地下黨運動分子在被釋放後，都不願意承認他們與共產黨的牽連，主要是因為中國的共產革命後來變成一場政治災難，且越來越多台灣人開始擁抱本土認同。（陳英泰，《回憶，見證白色恐怖》（第二冊），台北：唐山，二〇〇五，頁六四二；《再說白色恐怖》，台北：唐山，二〇〇九，頁三四～三五。）前政治犯和他們的家庭必須想法子在汙名化和歧視的環境中存活下來，因此，他們傾向強調自己是國民黨情報機器下無辜的受難者，「常找藉口淡化或否定當時和中共的牽連，而強調國民黨指控屬冤枉」。（陳英泰，《再說白色恐怖》，台北：唐山，二〇〇九，頁三四～三五。）

133 郭乾輝，《台共叛亂史》，台大圖書館可查閱之未出版文件，日期不詳，頁五九～六〇。

134 邱國禎，《近代台灣慘史檔案》，台北：前衛，二〇〇七，頁一六二。

135 長期研究沈鎮南案的歷史學者程玉鳳在《「台糖沈鎮南案」研究》書中指出，這是「一樁情治人員編造羅織的寃案」（頁三六五），沈鎮南是無辜的受害者。然而，中國共產黨後來卻將沈鎮南列入其「革命烈士」（頁 三六六一九九四，頁六四、六九。

110 陳興唐（編），《南京第二歷史檔案館藏二二八事件檔案史料》（第一冊），台北：人間出版社，一九九二，頁二九四。

111 石油事業退休人員協會，《中油人回憶文集：第二集》。台北：石油事業退休人員協會，二〇〇六，頁二六六。

112 Jeff Goodwin, *No Other Way Out: States and Revolutionary Movements, 1945–1991*. Cambridge: Cambridge University Press, 2001, p. 245.

113 台灣省文獻委員會（編），《台灣地區戒嚴時期五〇年代政治案史料彙編》（第二冊），南投：台灣省文獻委員會，一九九八，頁六〇。曾永賢，《從左到右六十年：曾永賢先生訪談錄》，台北：國史館，二〇〇九，頁七〇。

114 藍博洲，《紅色客家人：一九四〇～五〇年代台灣客家人的社會運動》，台北：晨星，二〇〇三，頁二七三～二七四。

115 郭乾輝，《台共叛亂史》，台大圖書館可查閱之未出版文件，日期不詳，頁四八。

116 台灣省文獻委員會（編），《台灣地區戒嚴時期五〇年代政治案史料彙編》（第二冊），南投：台灣省文獻委員會，一九九八，頁九八～九九。

117 同前引，頁一一四。

118 王歡，《烈火的青春：五〇年代白色恐怖證言》，台北：人間出版社，一九九九，頁一四八。

119 台北市文獻委員會（編），《戒嚴時期臺北地區政治案件相關人士口述歷史》（二冊），台北：台北市文獻委員會，一九九九，頁三五六。

120 林樹枝，《出土政治冤案：第二集》，台北：前衛，一九八九，頁五二。

121 以上案例參見台北市文獻委員會（編），《戒嚴時期台北地區政治案件相關人士口述歷史》（二冊），台北：台北市文獻委員會，一九九九。

122 台灣省文獻委員會，《台灣地區戒嚴時期五〇年代政治案史料彙編》（第四冊），南投：台灣省文獻委員會，一九九八，頁一七〇。

123 陳文成博士紀念基金會，《人權之路：台灣民主人權回顧》，台北：玉山社，二〇〇二，頁二〇。

124 許進發（編），《戰後臺灣政治案件：學生工作委員會案史料彙編》，台北：國史館，二〇〇八，頁一二七。

125 許雪姬，《「戒嚴時期政治案件」專題研討會論文暨口述歷史紀錄》，台北：戒嚴時期不當叛亂暨匪諜審判案件補償基金會，二〇〇三，頁三八二。

94 黃耀能，《續修高雄市志卷八社會志：二二八事件篇》，高雄：高雄市文獻委員會，一九九四，頁一九八～二五九。

95 侯坤宏、許進發（編），《二二八事件檔案彙編：國家安全局檔案》，台北：國史館，二〇〇四，頁六六三、六七〇。

96 同前引，頁六七八～六八五。

97 許雪姬、方惠芳（編），《高雄市二二八相關人物訪問紀錄》（第三冊），台北：中研院近代史研究所，一九九四，頁三一三～三一九。

98 同前引，（第二冊），頁四九～五〇。

99 侯坤宏、許進發（編），《二二八事件檔案彙編：國家安全局檔案》，台北：國史館，二〇〇四，頁十七～二一、五九二～五九三、五九七。

100 程玉鳳，〈從台糖檔案看二二八事件中的糖廠(二)〉，《檔案與微縮》八九，二〇〇八，頁二九～三二。

101 台電的例子參見中研院近代史研究所，《口述歷史：二二八事件專號》，台北：中研院近代史研究所，一九九三，頁八五～八六；鐵路局同樣參考該書第五〇頁。松山菸廠參見張炎憲、胡慧玲、黎澄貴，《淡水河流域二二八》，台北：吳三連台灣史料基金會，二〇〇六，頁一三六～一三七。

102 侯坤宏、許進發（編），《二二八事件檔案彙編：國家安全局檔案》，台北：國史館，二〇〇四，頁六六〇。

103 許雪姬、方惠芳（編），《高雄市二二八相關人物訪問紀錄》（第二冊），台北：中研院近代史研究所，一九九四，頁十四、十三、二九。

104 行政院研究二二八事件小組，《二二八事件研究報告》，台北：時報，一九九四，頁一二四。

105 許雪姬、方惠芳（編），《高雄市二二八相關人物訪問紀錄》（第二冊），台北：中研院近代史研究所，一九九四，頁五〇。

106 侯坤宏、許進發（編），《二二八事件檔案彙編：國家安全局檔案》，台北：國史館，二〇〇四，頁六七二。

107 侯坤宏（編），《國史館藏二二八檔案史料》（第一冊），台北：國史館，一九九七，頁一四二、一四五。

108 根據一位在二二八事件後離職的煉油廠員工所言，陳阿軻後來逃到中國。（許雪姬、方惠芳（編），《高雄市二二八相關人物訪問紀錄》（第二冊），台北：中研院近代史研究所，一九九四，頁三四。）

109 行政院研究二二八事件小組，《二二八事件研究報告》，台北：時報，並不少見，也不限於國營工廠。確實，每個人的動機不盡相同，從道德上對暴力行為的反感，到對結果的理性算計都有可能。再者，人民抗爭的活動僅歷時一週，這麼短的時間有可能讓大部分的人選擇採取騎牆觀望的態度。畢竟，台灣人民不可避免地也面臨了集體行動邏輯的情境，只有在明確顯露出有可能勝利的徵兆時，才會有較高意願選擇加入反政權的陣營。因此，工廠自衛隊在此一混亂時期必然是曖昧不明的，不是完全的抵抗，也不是全然的順從。台灣勞工普遍採取這個選項，本身即有多重詮釋的可能，可以被視為反對族群暴力，或者是預期到抗爭後的鎮壓，甚或只是等待與觀望的猶豫。只不過真相很可能已經永遠埋藏在歷史中了。此處感謝吳乃德與筆者的討論。

88 張炎憲、王逸石，《諸羅山城二二八》，台北：吳三連台灣史料基金會，一九九五，頁六二。

89 根據裴宜理在《巡守革命：勞工自衛隊、公民權與現代中國國家》（*Patrolling the Revolution: Worker Militias, Citizenship, and the Modern Chinese State*）的說法，勞工自衛隊象徵著馬克思主義傳統中「革命公民權」（revolutionary citizenship）的概念，最早可以追溯到一八七一年的巴黎公社。一九二六到一九二七年間，上海勞工參與反軍閥的國民革命之武裝鬥爭，以及一九六六到一九七六年間的文化大革命，都是明顯案例。然而，台灣早夭的工廠自衛隊並不屬於這個偉大的革命系譜。台灣勞工開始熟習軍事技能，一開始是日本殖民主義之下戰時的軍事訓練，而在混亂的戰後政權轉移中曾一度復興，用以維持地方治安。再者，台灣勞工在一九四七年的抗爭行動，不過是保衛他們的工廠免於外部暴力的嘗試罷了。在當時瀰漫的革命情勢中，這大概是可說是一種「反革命」的舉措。

90 台灣省文獻委員會，《二二八事件文獻輯錄》（第一冊），台中：台灣省文獻委員會，一九九一，頁一四二～一四三。

91 行政院研究二二八事件小組，《二二八事件研究報告》，台北：時報，一九九四，頁三一三。張炎憲、高淑媛，《嘉義北回二二八》，台北：自立早報社，一九九四，頁一四一～一四三。

92 「臺灣事變中之南靖糖廠」，「台灣糖業有限公司關於二二八事件中各廠情況文件」，檔案編號：228-M-5-2，中研院近代史研究所檔案館。

93 張炎憲、高淑媛，《嘉義北回二二八》，台北：自立早報社，一九九四，頁一六五～一六八。

台北：中研院近代史研究所，一九九四，頁十四。

73 石油事業退休人員協會，《中油人回憶文集：第二集》，台北：石油事業退休人員協會，二〇〇六，頁三四六。

74 施金山文教基金會（編），《溪湖鎮製糖產業》，彰化：彰化縣文化局，二〇〇二，頁三四六～三四七。

75 許雪姬、方惠芳（編），《高雄市二二八相關人物訪問紀錄》（第二冊），台北：中研院近代史研究所，一九九四，頁二七～三二。

76 陳興唐（編），《南京第二歷史檔案館藏二二八事件檔案史料》（第一冊），台北：人間出版社，一九九二，頁一八二～一八四。

77 馮宗道，《楓竹山居憶往錄》，自費出版，二〇〇〇，頁一九二～一九三。

78 侯坤宏、許進發（編），《二二八事件檔案彙編：國家安全局檔案》，台北：國史館，二〇〇四，頁五八五～五九〇。

79 行政院研究二二八事件小組，《二二八事件研究報告》，台北：時報，一九九四，頁一二一、一二三～一二四。

80 石油事業退休人員協會，《中油人回憶文集：第二集》，台北：石油事業退休人員協會，二〇〇六，頁三四七。

81 程玉鳳，〈從台糖檔案看二二八事件中的糖廠(一)〉，《檔案與微縮》八八，二〇〇八，頁十三～三五；〈從台糖檔案看二二八事件中的糖廠（二）〉，《檔案與微縮》八九，二〇〇八，頁二八～三六。

82 「台糖總經理沈鎮南致電資源委員會（一九四七年三月五日）」，「台灣糖業有限公司關於二二八事件中各廠情況文件」，檔案編號：228-B-5-2，中研院近代史研究所檔案館。

83 侯坤宏、許進發（編），《二二八事件檔案彙編：國家安全局檔案》，台北：國史館，二〇〇四，頁六一六～六三〇。

84 「海軍第三基地司令部處理事變經過詳情報告書」，「綏靖執行及處理報告（二）」，檔案編號：228-K-2-2，中研院近代史研究所檔案館。

85 石油事業退休人員協會，《中油人回憶文集：第二集》，台北：石油事業退休人員協會，二〇〇六，頁二六六。

86 Steven E. Philips, *Between Assimilation and Independence: The Taiwanese Encounter Nationalist China, 1945–1950.* Stanford, CA: Stanford University Press, 2003, p. 141.

87 台灣人自發性地防制族群暴力、庇護受威脅外省人的行為，在二二八事件中

57 鍾逸人，《辛酸六十年》（第二冊），台北：前衛，二〇〇九，頁四五五。

58 陳興唐（編），《南京第二歷史檔案館藏二二八事件檔案史料》（第一冊），台北：人間出版社，一九九二，頁一三一。

59 陳紹英，《一名白色恐怖受難者的手記》，台北：玉山社，二〇〇五，頁一六六。

60 《台糖通訊》二（二），一九四八，頁三九。

61 張季熙，《台灣糖業復興史》，台北：台糖，一九五八，頁四二。

62 Michael Hechter, *Internal Colonialism: The Celtic Fringe in British National Development, 1536–1966*. Berkeley, CA: University of California Press, 1975.

63 Hill Gates, "Ethnicity and Social Class." In *The Anthropology of Taiwanese Society*, edited by Hill Gates and Emily Martin Ahern. Stanford, CA: Stanford University Press, 1981, p. 268.

64 陳興唐（編），《南京第二歷史檔案館藏二二八事件檔案史料》（第一冊）。台北：人間出版社，一九九二，頁一一四。

65 行政院研究二二八事件小組，《二二八事件研究報告》，台北：時報，一九九四，頁一一三～一一四。涂順從，《鹽水製糖：岸內糖廠人文生態》，新營：台南縣立文化中心，一九九七，頁七七。

66 徐叔君，《南瀛二二八誌》，新營：台南縣政府文化局，二〇〇一，頁一七四～一七五、二七三～二七五。

67 同前引，頁二七六。

68 張炎憲、王逸石，《諸羅山城二二八》，台北：吳三連台灣史料基金會，一九九五，頁六三～六四。楊彥騏，《山海河話雲林：虎尾的大代誌》，斗六：雲林縣政府文化局，二〇〇三，頁九一～九九。

69 呂興忠（編），《彰化縣二二八事件檔案彙編》，彰化：彰化縣政府文化局，二〇〇四，頁一〇四～一〇五。歐素瑛、李文玉（編），《二二八事件檔案彙編：台中縣政府檔案》，台北：國史館，二〇〇三，頁四六九。

70 在口述歷史文獻中，受訪者使用「自衛隊」、「義勇隊」等詞彙來描述二二八事件當時的勞工武裝組織。有可能是當時局勢混亂而且時間短暫，沒有留下固定而統一的稱呼，也有可能是當事者的記憶模糊。

71 中研院近代史研究所，《口述歷史：二二八事件專號》。台北：中研院近代史研究所，一九九三，頁二二二～二二三。

72 許雪姬、方惠芳（編），《高雄市二二八相關人物訪問紀錄》（第二冊），一九九五，頁二二六。

44 吳若予，《二二八事件與公營事業》，台北：檔案管理局，二〇〇七，頁一二七。陳紹英，《一名白色恐怖受難者的手記》，台北：玉山社，二〇〇五，頁八四。曾慶國，《二二八現場：劫後餘生》，台北：台灣書房，二〇〇七，頁二三五～二三六。

45 「台糖總經理沈鎮南致電資源委員會（一九四七年三月四日）」，「台灣糖業有限公司關於二二八事件中各廠情況文件」，檔案編號：228-B-5-2，中研院近史所檔案館。

46 William C. Kirby, "The Chinese War Economy." In *China's Bitter Victory: The War with Japan*, edited by James C. Hsiung and Steven I. Levine. Armonk, NY: M. E. Sharpe, 1992, pp. 203-204.

47 〈資源委員會經濟研究室編，《台灣工礦事業考察總報告》（一九四六年二月）〉，海峽兩岸出版交流中心（編），《館藏民國台灣檔案彙編》（第七九冊），北京：九州出版社，二〇〇七，頁九一。

48 鄧潔華，《石油一生：李達海回憶錄》，台北：天下，一九九五，頁二八。

49 張季熙，《台灣糖業復興史》，台北：台糖，一九五八，頁五八。

50 〈台灣糖業服份有限公司職員有關捐款文件（一九四六年十二月～一九四八年九月）〉，海峽兩岸出版交流中心（編），《館藏民國台灣檔案彙編》（第一五八冊），北京：九州出版社，二〇〇七，頁三七八～三九九。

51 薛月順（編），《資源委員會檔案史料彙編》（第二冊），台北：國史館，一九九五，頁四七七。

52 台糖公司，《二十五年來的台灣糖業》，台北：台糖公司，一九七一，頁十七。

53 William C. Kirby, "Technocratic Organization and Technological Development in China: The Nationalist Experience and Legacy, 1928–1953." In *Science and Technology in Post-Mao China*, edited by Denis Fred Simon and Merle Goldman. Cambridge, MA: Harvard University Press, 1989, p. 31.

54 馮宗道，《楓竹山居憶往錄》，自費出版，二〇〇〇，頁一〇八～一〇九。

55 洪紹洋，〈戰後初期臺灣造船公司的接收與經營（一九四五～一九五〇）〉，《臺灣史研究》十四（三），二〇〇七，頁一六六。

56 陳儀深，《濁水溪畔二二八：口述歷史訪談錄》，台北：二二八事件紀念基金會，二〇〇九，頁一六七～一六八。

幣」為計算單位。

29 張炎憲、王逸石，《諸羅山城二二八》，台北：吳三連台灣史料基金會，一九九五，頁六二。

30 蕭富隆（編），《走過兩個世代的公務員：續錄》，南投：國史館臺灣文獻館，二〇〇八，頁七一～八六。

31 中油公司高雄煉油廠，《高雄煉油總廠廠史文萃》，高雄：中油公司，一九七九，頁五七〇～五七一。

32 吳若予，《二二八事件與公營事業》，台北：檔案管理局，二〇〇七，頁八五；戴國煇、葉芸芸，《愛憎二二八：神話與史實—揭開歷史之謎》，台北：遠流，一九九二，頁一五四、一六三。

33 姜天陸，《南瀛白色恐怖誌》，新營：台南縣政府文化局，二〇〇二，頁七九。

34 中研院近代史研究所，《口述歷史：二二八事件專號》，台北：中研院近代史研究所，一九九三，頁二三三。

35 陳紹英，《一名白色恐怖受難者的手記》，台北：玉山社，二〇〇五，頁一三八、一四四～一四五、一五六。

36 一九四六年，台幣兌換國幣（在中國大陸流通的貨幣）的官方匯率是一元台幣兌三十元國幣。

37 〈台灣糖業服份有限公司職員有關捐款文件（一九四六年十二月～一九四八年九月）〉，海峽兩岸出版交流中心（編），《館藏民國台灣檔案彙編》（第一五八冊），北京：九州出版社，二〇〇七，頁三七九～三八九。

38 石油事業退休人員協會，《中油人回憶文集：第二集》，台北：石油事業退休人員協會，二〇〇六，頁一五六。

39 鍾逸人，《辛酸六十年》（上冊），台北：前衛，二〇〇九，頁三一四。

40 張炎憲、許明薰、陳鳳華、楊雅惠，《風中的哭泣 ：五〇年代新竹政治案件》（二冊），新竹：新竹市政府，二〇〇二，頁三三五～三三六。

41 許雪姬、方惠芳（編），《高雄市二二八相關人物訪問紀錄》（第二冊），台北：中研院近代史研究所，一九九四，頁十二～十三。

42 陳紹英在二〇〇五年出版的回憶錄中，堅稱自己是清白的，從來沒有加入共產黨。但在二〇一〇年過世之前，又承認了自己曾短暫參與地下黨活動。此一資訊為林傳凱提供，特此致謝。

43 陳翠蓮，《派系鬥爭與權謀政治：二二八悲劇的另一面向》，台北：遠流，冊），台北：人間出版社，一九九二，頁五二。

18 高雄市文獻委員會，《半世紀前的高雄煉油廠與台鋁公司》，高雄：高雄市文獻委員會，一九九五，頁三。

19 薛月順（編），《資源委員會檔案史料彙編》（第一冊），台北：國史館，一九九五，頁三六六；筆者計算

20 石油事業退休人員協會，《中油人回憶文集：第一集》，台北：石油事業退休人員協會，二〇〇四，頁二二七。

21 許雪姬、方惠芳（編），《高雄市二二八相關人物訪問紀錄》（第二冊），台北：中研院近代史研究所，一九九四，頁二九。監督高雄煉油廠接管事宜的金開英，後來晉升為中油總經理。他聲稱特意採用多樣化的人事政策，以避免派別主義。金開英曾說，「中國人愛搞小圈子，例如同鄉、同學之類，這是我最反對的，所以我錄用新人時，主張每一個學校的畢業生都收用一點，避免成群結黨」（馮宗道，《楓竹山居憶往錄》，自費出版，二〇〇〇，頁九八～九九）。但這個宣稱顯然與現實狀況不符。

22 石油事業退休人員協會，《中油人回憶文集：第二集》，台北：石油事業退休人員協會，二〇〇六，頁一三一。

23 馮宗道，《楓竹山居憶往錄》，自費出版，二〇〇〇，頁一七三、一七九。

24 引自資源委員會經濟研究室（編），《台灣工礦事業考察總報告》，一九四六年二月；海峽兩岸出版交流中心（編），《館藏民國台灣檔案彙編》（第七九冊），二〇〇七，頁一〇一，北京：九州出版社。

25 同前引，頁一〇三。

26 舉例而言，一位來自中國大陸的台大教授寫信向資源委員會爭取，後來他的兒子被台糖聘為副技師，見〈台灣糖業公司等關於職員任免調派事的來往函件（一九四六年五月～一九四九年一月）〉，海峽兩岸出版交流中心（編），《館藏民國台灣檔案彙編》（第一〇五冊），北京：九州出版社，二〇〇七，頁三〇五～三一二。

27 〈台灣糖業服份有限公司第一次會議記錄（一九四六年六月）〉，海峽兩岸出版交流中心（編），《館藏民國台灣檔案彙編》（第一一一冊），北京：九州出版社，二〇〇七，頁三二五～三五三。

28 資料來源台糖公司台中糖廠，《台中廠廠務概況》，台中：台糖公司台中糖廠，一九四六，頁四二；平均數為筆者計算。一九四九年，政府發行台幣取代舊時的殖民幣制，台幣持續使用三年方被新台幣取代，故此處使用「台

Putting Class in Its Place: Worker Identities in East Asia, edited by Elizabeth J. Perry. Berkeley, CA: Institute of East Asian Studies, University of California Press, 1996, pp. 225-243.

6 Michael Hechter, *Internal Colonialism: The Celtic Fringe in British National Development, 1536–1966*. Berkeley, CA: University of California Press, 1975, p. 30.

7 陳儀深，〈論臺灣二二八事件的原因〉，收錄於陳永興（編），《二二八事件學術研討會論文集》，台北：自立晚報社，一九九二，頁三五。

8 William C. Kirby, "The Chinese War Economy." In *China's Bitter Victory: The War with Japan*, edited by James C. Hsiung and Steven I. Levine. Armonk, NY: M. E. Sharpe, 1992, p. 198.

9 Suzanne Pepper, *Civil War in China: The Political Struggle 1945-1949*. Berkeley, CA: University of California Press, 1978, pp. 21-41.

10 Alice H. Amsden, "The State and Taiwan's Economic Development." In *Bringing the State Back In*, edited by Peter B. Evans, Dietrich Rueschemeyer, and Theda Skocpo. Cambridge: Cambridge University Press, 1985, p. 92. Stephan Haggard, *Pathways from the Periphery: The Politics of Growth in the Newly Industrializing Countries*. Ithaca, NY: Cornell University Press, 1990, p. 88.

11 台糖公司，《臺灣糖業概況》，台北：台糖公司，一九四六，頁八一～八七。

12 一直到一九六〇年代初期，台灣內部勞動市場改革之前，台灣人所謂的「職員」，相當於日本的「職員」（*shokuin*），指的是上至經理、下至辦公室事務員的白領勞工。這些白領勞工多半受過教育，也多半是因為其教育文憑而獲得聘用。因為日文漢字與中文字形、字義皆同，故在此繼續沿用「職員」來稱呼他們。

13 張季熙，《台灣糖業復興史》，台北：台糖，一九五八，頁二一。

14 薛月順（編），《資源委員會檔案史料彙編》（第一冊），台北：國史館，一九九五，頁四一七。

15 鄭水萍，《台糖紀事：橋頭篇》，高雄：高雄縣立文化中心，一九九六，頁七八。

16 橋仔頭文史協會，《糖金時代：橋仔頭影像記憶》，橋頭：橋仔頭文史協會，二〇〇二，頁二七。

17 陳興唐（編），《南京第二歷史檔案館藏二二八事件檔案史料》（第一知的策略／認同（strategy / identity）比較。（參見Jean L. Cohen, "Strategy or Identity: New Theoretical Paradigm and Contemporary Social Movements," *Social Research* 52(4), 1985, pp. 663-716.）。原因在於，只挑認同的面向作為區別的特徵，就無法注意到所有社會運動，無論舊的或新的，都為了動員其支持者而建構了新的認同。（參見Craig Calhoun, "New Social Movements' of the Early Nineteenth Century." *Social Science History* 17(3), 1993, pp. 385-427.）

134 James C. Scott, *Domination and the Arts of Resistance: Hidden Transcripts*. New Haven, CT: Yale University Press, 1990, p. 130.

135 Elizabeth J. Perry, *Shanghai on Strike: The Politics of Chinese Labor*. Stanford, CA: Stanford University Press, 1993.

136 Jeffrey Haydu, *Between Craft and Class: Skilled Workers and Factory Politics in Great Britain and the United States, 1890-1922*. Berkeley, CA: University of California Press, 1988.

137 Karl Marx, *The Revolutions of 1848*, edited by David Fernbach. New York: Random House, 1973, p. 68.

第一章　族群的政治：新殖民主義與革命起義

1 Suzanne Pepper, "The Kuomintang-CCP Conflict 1945–1949." In *The Cambridge History of China,* vol. 13, edited by John K. Fairbank and Albert Feuerwerker. Cambridge: Cambridge University Press, 1986, p. 738.

2 Marshal Johnson, "Classification, Power and Markets: Waning of the Ethnic Division of Labor." In *Taiwan: Beyond the Economic Miracle*, edited by Dennis Fred Simon and Michael Y. M. Kau. New York: M. E. Sharpe, 1992, pp. 69-97. Hill Gates, "Ethnicity and Social Class." In *The Anthropology of Taiwanese Society*, edited by Hill Gates and Emily Martin Ahern. Stanford, CA: Stanford University Press, 1981, pp.241-281.

3 Hill Gates, *Chinese Working-Class Lives: Getting by in Taiwan*. Ithaca, NY: Cornell University Press, 1987, p. 227.

4 Hongzen Wang, "Ethnicized Social Mobility in Taiwan: Mobility Patterns among Owners of Small- and Medium-Scale Business." *Modern China* 27(3), 2001, pp. 328-358; "Class Structures and Social Mobility in the Initial Post-war Taiwan." *The China Journal* 48, 2002, pp. 55-85.

5 Emily Honig, "Regional Identity, Labor and Ethnicity in Contemporary China." In

119 Pun Ngai, *Made in China: Women Workers in a Global Workplace*. Durham, NC: Duke University Press, 2005, p.73.

120 Aihwa Ong, *Spirits of Resistance and Capitalist Discipline: Factory Women in Malaysia*. Albany, NY: State University of New York Press, 1987, pp. 204-213.

121 Charles Tilly, "Contentious Repertoires in Great Britain, 1758-1834." In *Repertoires and Cycles of Collective Action*, edited by Mark Traugoot. Durham, NC: Duke University Press, 1995, p. 26.

122 Frances Fox Piven and Richard A. Cloward, *Poor People's Movements: Why They Succeed, How They Failed*. New York: Vintage Books, 1978, pp. xiv-xv; 20-21.

123 Elizabeth J. Perry and Li Xun, *Proletarian Power: Shanghai in the Cultural Revolution*. Boulder, CO: Westview, 1997, p. 194.

124 Stephen Ackryod and Paul Thompson, *Organizational Misbehavior*. London: Sage, 1999.

125 Jan Ch. Karlsson, *Organizational Misbehavior in the Workplace: Narratives of Dignity and Resistance*. New York: Palgrave Macmillan, 2012, p. 16.

126 Eugene Genovese, Roll, Jordan, Roll: The World that Slaves Made. New York: Vintage, 1976, p. 598.

127 Eric Hobsbawm, *Uncommon People: Resistance, Rebellion, and Jazz*. New York: Free Press, 1998, p. 157.

128 Andrew G. Walder, "Organized Dependency and Cultures of Authority in Chinese Industry." *Journal of Asian Studies* 43(1), 1983, p. 67.

129 Paul Willis, *Learning to Labor: How Working-Class Kids Get Working-Class Jobs*. New York: Columbia Press, 1977, p. 23.

130 James C. Scott, *Domination and the Arts of Resistance: Hidden Transcripts*. New Haven, CT: Yale University Press, 1990, p. 4.

131 Vladimir Lenin, *The Lenin Anthology*, edited by Robert C. Tucker. New York: Norton, 1975, p. 18.

132 Samuel Bowles and Herbert Gintis, *Democracy and Capitalism: Property, Community and the Contradictions of Modern Social Thought*. New York: Basic Books, 1986, pp. 10-11.

133 鮑爾斯與金蒂斯（1986）使用獲取性／轉化性的區分來強調「新社會運動」（new social movements）的新穎性。就筆者的看法，此概念優於更為人所

Comparisons）一文中主張，「階級形構僅僅發生在階級……同時存在於四種層次的當下」。如果真如此，當四種層次彼此脫節時，會發生什麼事？事實上，這樣情況非常普遍，而在這樣的情況下，階級形構仍在發生，勞工也投入集體行動之中，即使不是以馬克思期待的那種方式。

112 Jack Knight, *Institutions and Social Conflict*. Cambridge: Cambridge University Press, 1992, p. 26.

113 Karl Marx, *Surveys from Exile*, edited by David Fernbach. London: Vintage, 1974, p. 146.

114 James Mahoney, "Path Dependency in Historical Sociology." *Theory and Society* 29(4), 2000, p. 514.

115 Ruth Berins Collier and David Collier, *Shaping the Political Arena: Critical Junctures, the Labor Movement, and Regime Dynamics in Latin America*. Princeton, NJ: Princeton University Press, 1991.

116 James C. Scott, *Seeing Like a State: How Certain Schemes to Improve the Human Condition Have Failed*. New Haven, CT: Yale University Press, 1998, p. 89.

117 James Mahoney and Kathleen Thelen, "A Theory of Gradual Institutional Change." In *Explaining Institutional Change: Ambiguity, Agency and Power*, edited by James Mahoney and Kathleen Thelen. Cambridge: Cambridge University Press, 2010, pp. 1-37.

118 Dan Clawson and Rick Fantasia, "Beyond Burawoy: The Dialectics of Conflict and Consent on the Shop Floor." *Theory and Society* 12(5), 1983, pp. 671-680. Miguel Martinez Lucio and Paul Stewart, "The Paradox of Contemporary Labor Process Theory: The Rediscovery of Labour and the Disappearance of Collectivism." *Capital & Class* 62, 1997, pp. 49-77. Gary R. Peck, "The Labor Process According to Burawoy: Limits of a Nondialectical Approach to Capitalist Workplace Relations." *Sociologist* 11(3), 1982, pp, 81-90. Paul Thompson and Stephen Ackroyd, "All Quiet on the Workplace Front? A Critique of Recent Trends in British Industrial Sociology." *Sociology* 29(4), 1995, pp. 615-633. Steven Peter Vallas, "The Labor Process as a Source of Class Consciousness: A Critical Examination." *Sociological Forum* 2(2), 1987, pp. 237-256; "Workers, Firms, and the Dominant Ideology: Hegemony and Consciousness in the Monopoly Core." *Sociological Quarterly* 32(1), 1991, pp. 61-83.

101 James C. Scott, *Domination and the Arts of Resistance: Hidden Transcripts*. New Haven, CT: Yale University Press, 1990.

102 Frances Fox Piven and Richard A. Cloward, *Poor People's Movements: Why They Succeed, How They Failed*. New York: Vintage Books, 1978, p. 20.

103 Xueguang Zhou, "Unorganized Interests and Collective Action in Communist China." *American Sociological Review* 58(1), 1993, p. 66.

104 Jeffrey Kopstein, "Chipping Away at the State: Workers' Resistance and the Demise of East Germany." *World Politics* 48(3), 1996, pp. 391-423.

105 Kathleen Thelen and Sven Steimo "Historical Institutionalism in Comparative Politics." In *Structuring Politics: Historical Institutionalism in Comparative Analysis*, edited by Sven Steimo, Kathleen Thelen, and Frank Longstreth. Cambridge: Cambridge University Press, 1992, p. 2.

106 Jack Knight, *Institutions and Social Conflict*. Cambridge: Cambridge University Press, 1992, pp. 2-3.

107 Elinor Ostrom, *Governing the Commons: The Evolution of Institutions for Collective Action*. Cambridge: Cambridge University Press, 1990, p. 51.

108 Elizabeth Clemens and James M. Cook, "Politics and Institutionalism: Explaining Durability and Change." *Annual Review of Sociology* 25, 1999, pp. 441-466. Joel S. Migdal, *State in Society: Studying How States and Societies Transform and Constitute One Another*. Cambridge: Cambridge University Press, 2001.

109 Kathleen Thelen, "Historical Institutionalism in Comparative Politics." *Annual Review of Political Science* 2, 1999, pp. 369-404.

110 Jeffrey Haydu, "Workplace Governance, Class Formation and the New Institutionalism." *Mobilization: An International Journal* 3(1), 1998, p. 70.

111 Ira Katznelson, "Working-Class Formation: Constructing Cases and Comparisons." In *Working-Class Formation: Nineteenth-Century Patterns in Western Europe and the United States*, edited by Ira Katznelson and Aristide R. Zolberg. Princeton, NJ: Princeton University Press, 1986, p. 16。卡茨尼爾森意圖修改「自在的階級」與「自為的階級」這個過時的區分，因此闡述了階級的四種層次：經濟結構（economic structure）、生活模式、稟性（disposition）和行動（action）。儘管如此，他並未完全擺脫馬克思主義式的目的論。卡茨尼爾森在〈勞工階級形構：個案建構與比較〉（Working-Class Formation: Constructing Cases and

in East Asia." In *Putting Class in Its Place: Worker Identities in East Asia*, edited by Elizabeth J. Perry. Berkeley, CA: Institute of East Asian Studies, University of California Press, 1996, p. 3.

92 Adam Przeworski, *Capitalism and Social Democracy*. Cambridge: Cambridge University Press, 1985, pp. 94-95; "Class, Production and Politics: A Reply to Burawoy." In *Rational Choice Marxism*, edited by Terrell Carver and Paul Thomas. University Park, PA: Pennsylvania University Press, 1995, p. 177.

93 Elizabeth J. Perry, "Labor Divided: Sources of State Formation in Modern China." In *State Power and Social Forces: Domination and Transformation in the Third World*, edited by Joel S. Migdal, Atul Kohli, and Vivienne Shue. Cambridge: Cambridge University Press, 1994, pp. 143-144.

94 Michael Burawoy, "Painting Socialism: Working-Class Formation in Hungary and Poland." In *Bringing Class Back In: Contemporary and Historical Perspectives*, edited by Scott G. McNall, Rhonda F. Levine, and Rick Fantasia. Boulder: Westview Press, 1991, pp. 311-330.

95 Roger V. Gould, *Insurgent Identities: Class, Community and Protest in Paris from 1848 to the Commune*. Chicago: Chicago University Press, 1995.

96 Mark Traugott, *Armies of the Poor: Determinants of Working-Class Participation in the Parisian Insurrection of June 1848*. Princeton, NJ: Princeton University Press, 1985.

97 Donald F. Roy, "Quota Restriction and Goldbricking in a Machine Shop." *American Journal of Sociology* 57(5), 1952, pp. 427-442.

98 Clark Molstad, "Control Strategies Used by Industrial Brewery Workers: Work Avoidance, Impression Management and Solidarity." *Human Organization* 47(4), 1988, pp. 354-359.

99 Michael Burawoy, *Manufacturing Consent: Changes in the Labor Process under Monopoly Capitalism*. Chicago: Chicago University Press, 1979.

100 在其他研究者或許會用「抵抗」之處，布洛威在*The Politics of Production: Factory Regime under Capitalism and Socialism*.（1985: 76n）特意使用了「適應」（adaptation）這個詞。他的理由在於，大部分勞工無法成功看穿資本主義「萃取與掩飾剩餘價值（securing and obscuring the surplus value）」的祕密。然而，對於處境不利的勞工而言，剩餘價值的榨取只是其痛苦的許多來源之一，因此，我想要使用更廣泛意義下的「抵抗」一詞。

87 Alexander Gerschenkron, *Economic Backwardness in Historical Perspective*. Cambridge, MA: Harvard University Press, 1962.

88 韓國的例子參見Hagen Koo, *Korean Workers: The Culture and Politics of Class Formation*. Ithaca, NY: Cornell University Press, 2001, p.11；日本的例子參見Ronald Dore, *British Factory–Japanese Factory: Origins of National Diversity in Industrial Relations*. Berkeley, CA: University of California Press, 1973, pp. 415-416.

89 由此可知，後進工業化國家中的勞工階級形構，必然與第一波工業化（英國、美國、法國）有所不同，比較經濟史研究者向來忽略這個問題，因為大部分研究者關注的焦點都是工業化的成功與否，而不是勞工的處境。音雅恩在〈葛申克朗的架構政治化：歷史觀點中的技術移轉、晚期發展與國家〉（Politicising the Gerschenkron Schema: Technology Transfer, Late Development and the State in Historical Perspective）指出，葛申克朗只看到後進工業化國家需要國家扮演更重要的角色，以促成先進工業技術的移轉，但卻忽略了更重要的議題：後進國家不只接收了先進工業，也「被迫」吸收了激進的政治意識型態（例如馬克思主義），而這必然使其工業化歷程更為「政治化」。音雅恩特別指出，日本明治時期的工業化是個有趣的特例，因為強大的政治控制阻斷了西方的激進思潮之引入，卻沒有妨礙日本學習最先進的工業技術。在這個意義上，日本的例子也可以適用於殖民地時期的台灣。台灣曾經歷兩波殖民工業化，一九〇〇年代初期的農產品加工，以及一九三〇年代中期以降的重工業化，兩者都是發源於政治高壓時期，因而當時台灣的勞工沒有能夠接觸到境外激進的政治思潮。不幸的是，一九二〇年代源自於殖民地士紳階級的自治運動與其所引發的勞工運動，也被快速鎮壓，而沒有產生後續的作用。關於後進工業化國家的政治化問題，參見Ian Inkster, "Politicising the Gerschenkron Schema: Technology Transfer, Late Development and the State in Historical Perspective." *Journal of European Economic History* 31(1), 2002, pp. 45-87.

90 在此有必要釐清用語，「勞工的抵抗」（workers' resistance）指涉的是工人自覺改變其從屬狀態的行為，可能包含某些基於階級意識而反抗階級壓迫的行為，但不必然如此。這裡盡可能避免使用模稜兩可的用語，如「勞工抵抗」（worker resistance）或「階級抵抗」（class resistance），因為將「勞工」和「階級」作為形容詞使用，會讓我們難以清楚地區分抵抗的行動者和目標。

91 Elizabeth J. Perry, "Introduction: Putting Class in Its Place: Bases of Worker Identity

in France, 1830-1871. Princeton, NJ: Princeton University Press, 1993. Victoria C. Hattam, *Labor Visions and State Power: The Origins of Business Unionism in the United States*. Princeton, NJ: Princeton University Press, 1993. Hagen Koo, *Korean Workers: The Culture and Politics of Class Formation*. Ithaca, NY: Cornell University Press, 2001. Bruce Laurie, *Artisans into Workers: Labor in Nineteenth-Century America*. Urbana, IL: University of Illinois Press, 1997. David Montgomery, *Citizen Workers: The Experience of Workers in the United States with Democracy and Free Market During the Nineteenth Century*. Cambridge: Cambridge University Press, 1993.

79 David Montgomery, *Workers' Control in America*. Cambridge: Cambridge University Press, 1979; *The Fall of the House of Labor*. Cambridge: Cambridge University Press, 1987. Daniel Nelson, *Managers and Workers: Origins of the Twentieth-Century Factory System in the United States, 1880–1920*. Madison, WI: University of Wisconsin Press, 1995. David Noble, *America by Design: Science, Technology, and the Rise of Corporate Capitalism*. Oxford: Oxford University Press, 1977.

80 Marc W. Steinberg, *Fighting Words: Working-Class Formation, Collective Action, and Discourse in Early Nineteenth-Century England*. Ithaca, NY: Cornell University Press, 1999, p. 4.

81 Gareth Stedman Jones, *Languages of Class: Studies in English Working Class History, 1832-1892*. Cambridge: Cambridge University Press, 1983.

82 Margaret R. Somers, "Deconstructing and Reconstructing Class Formation Theory: Narrativity, Relational Analysis, and Social Theory." In *Reworking Class*, edited by John R. Hall. Ithaca, NY: Cornell University Press, 1997, pp. 73-106.

83 Patrick Joyce, *Visions of the People: Industrial England and the Question of Class, 1848-1914*. Cambridge: Cambridge University Press, 1991.

84 Marc W. Steinberg, "Talkin' Class: Discourse, Ideology and Their Roles in Class Conflict." In *Bringing Class Back In: Contemporary and Historical Perspectives*, edited by Scott G. McNall, Rhonda F. Levine, and Rick Fantasia. Boulder, CO: Westview Press, 1991, pp. 261-284.

85 Charles Tilly, *Stories, Identities and Political Change*. New York: Rowman & Littlefield, 2002, pp. 33-34.

86 Dipesh Chakrabarty, *Rethinking Working-Class History, Bengal 1890-1940*. Princeton, NJ: Princeton University Press, 1989.

Radicalism during the Industrial Revolution. Oxford: Basil Blackwell, 1982. Michael P. Hanagan, *The Logic of Solidarity: Artisans and Industrial Workers in Three French Towns, 1871-1914*. Urbana: University of Illinois Press, 1980. Joan Wallach Scott, *The Classworkers of Carmaux: French Craftsmen and Political Action in a Nineteenth-Century City*. Cambridge, MA: Harvard University Press, 1974. Jr. William H. Sewell, *Work and Revolution in France: The Language of Labor from the Old Regime to 1848*. Cambridge: Cambridge University Press, 1994. Cynthia Maria Truant, *The Rites of Labor: Brotherhoods of Compagnonnage in Old and New Regime France*. Ithaca, NY: Cornell University Press, 1994.

77 Ronald Aminzade, "Capitalist Industrialization and Patterns of Industrial Protest: A Comparative Urban Study of Nineteenth- Century France." *American Sociological Review* 49(4), 1984, pp. 437-453. Oliver Carsten, "Brotherhood and Conflict in Meriden and New Britain, Connecticut, 1890-1920." In *Confrontation, Class Consciousness, and the Labor Process: Studies in Proletarian Class Formation*, edited by Michael Hanagan and Charles Stephenson. New York: Greenwood Press, 1986, pp. 19-38. Lizabeth Cohen, *Making a New Deal: Industrial Workers in Chicago, 1919-1939*. Cambridge: Cambridge University Press, 1990. Carol Conell, "The Local Roots of Solidarity: Organization and Action in Late-Nineteenth-Century Massachusetts." *Theory and Society* 17(3), 1988, pp. 365-402. Alan Dawley, *Class and Community: The Industrial Revolution in Lynn*. Cambridge: Cambridge University Press, 1976. Thomas Dublin, *Women at Work: The Transformation of Work and Community in Lowell, Massachusetts, 1826-1860*. New York: Columbia University Press, 1979. Herbert G. Gutman, *Work, Culture and Society in Industrializing America*. New York: Vintage, 1966. Michael P. Hanagan, *Nascent Proletarians: Class Formation in Post-Revolutionary France*. Oxford: Basil Blackwell, 1989. Jon M. Kindsdale, "The 'Poor Man's Club': Social Functions of the Urban Working-Class Salons." *American Quarterly* 25(4), 1973, pp. 472-489. Richard Jones Oestreicher, *Solidarity and Fragmentation: Working People and Class Consciousness in Detroit, 1875-1900*. Urbana, IL: University of Illinois Press, 1986. Kim Voss, "Labor Organization and Class Alliance: Industries, Communities and the Knight of Labor." *Theory and Society* 17(3), 1988, pp. 329-364.

78 Ronald Aminzade, *Ballots and Barricades: Class Formation and Republican Politics*

一九六。

66 施婉慧，《出礦坑老油人的故事》，苗栗：苗栗縣政府國際觀光文化局，二〇〇九，頁八二～八三。

67 王御風（編），《油廠記憶：中國石油公司高雄廠宿舍區口述訪談紀錄》，高雄：高雄市城市願景協會，二〇一一。

68 因參與戰後共產黨運動而坐牢三年的周漢卿，曾在海軍第六燃料廠擔任職員。有一次，所有日本職員都拿到新制服，他是唯一一個沒有拿到的，他因為這種毫不掩飾的族群歧視而感到憤憤不平。（台灣省文獻委員會，《台灣地區戒嚴時期五〇年代政治案史料彙編》（第四冊），南投：台灣省文獻委員會，一九九八，頁五八。）

69 Karl Marx, *The Revolutions of 1848*, edited by David Fernbach. New York: Random House, 1973, pp. 73-80.

70 Charles Tilly, *As Sociology Meets History*. New York: Academic Press, 1981, p. 179.

71 Michael Burawoy, *The Extended Case Method: Four Countries, Four Decade, Four Great Transformations and One Theoretical Tradition*. Berkeley, CA: University of California Press, 2009, p. 13.

72 Erik Olin Wright, "Foundations of a Neo Marxist Class Analysis." In *Approaches to Class Analysis*, edited by Erik Olin Wright. Cambridge: Cambridge University Press, 2005, p. 21.

73 E. P. Thompson, *The Poverty of Theory and Other Essays*. New York: Monthly Review, 1978, p176.

74 Mark I. Lichbach, "Social Theory and Comparative Politics."In *Comparative Politics: Rationality, Culture, and Structure*, edited by Mark Irving Lichbach and Alan S. Zuckerman. Cambridge: Cambridge University Press, 1997, p. 247.

75 Ira Berlin, "Introduction: Herbert G. Gutman and the American Working Class." In *Power and Culture: Essays on the American Working Class*, by Herbert G. Gutman. New York: Pantheon, 1987, pp. 3-63. David Brody, "The Old Labor History and the New: In Search of the American Working Class." In *The Labor History Reader*, edited by Daniel J. Leab. Urbana, IL: University of Illinois Press, 1985, pp. 1-27.

76 Victoria E. Bonnell, *Roots of Rebellion: Workers' Politics and Organization in St. Petersburg and Moscow, 1900-1914*. Berkeley, CA: University of California Press, 1983. Craig Calhoun, *The Question of Class Struggle: Social Foundations of Popular*

Company Towns. London: Verso, 1995.

52 林怡芳，《蒜頭糖廠職住型聚落的生活方式（一九一〇～二〇〇一）》，高雄：高雄師範大學地理學系碩士論文，二〇〇八，頁二六。

53 鍾書豪，《花蓮糖廠：百年來的花蓮糖業發展史》，花蓮：東台灣研究會，二〇〇九，頁八六。

54 周俊霖、許永河，《南瀛糖廠誌》，新營：台南縣政府，二〇一〇，頁一九九～二〇〇。

55 藤山雷太，《萬頃蔗園薰午風》，虎尾：神農廣播雜誌社，二〇〇七，頁一九一。

56 涂順從，《鹽水製糖：岸內糖廠人文生態》，新營：台南縣立文化中心，一九九七，頁六一。

57 鄭毅，〈糖廠浴室說不完故事〉，聯合報，第三九版，一九九九年六月四日。

58 楊威理，《雙鄉記：葉盛吉傳以及台灣知識分子之青春、徬徨、探索、實踐與悲劇》，台北：人間出版社，一九九五，頁十五、十七。

59 一九五三年被處死的共產黨領袖李媽兜是一個拒絕吞下苦楚的鮮明案例。一九二〇年代，李媽兜在台南的糖廠工作，他在最後的自白中是這樣寫的：他不能忍受明顯的族群歧視，因此捲入與日本同僚的鬥毆，而被迫辭職。（歐素瑛，《戰後臺灣政治案件：李媽兜案史料彙編》，台北：國史館，二〇〇八，頁一二二。）

60 楊秀雪，〈高雄煉油廠發展與變遷〉，《高師文獻》二二（二），二〇〇九，頁一一六。

61 《廠訊》二五九，高雄煉油廠，一九七三，頁五。

62 石油事業退休人員協會，《中油人回憶文集：第二集》，台北：石油事業退休人員協會，二〇〇六，頁三四〇～三四一。

63 Hui-yu Caroline T'sai, "Total War, Labor Drafts, and Colonial Administration: Wartime Mobilization in Taiwan, 1936–45." In *Asian Labor in the Wartime Japanese Empire: Unknown Histories*, edited by Paul H. Kratoska. Armonk, NY: M. E. Sharpe, 2005, p. 113.

64 海軍第六燃料廠歷史委員會，《海軍第六燃料廠史》，自費出版，一九八六，頁二六〇～二八一。

65 楊玉璠（編），《油人雲煙》，苗栗：油花編輯委員會，一九九一，頁

38 中油公司，《高雄煉油總廠廠史集》，高雄：中油公司，一九八一，頁viii。

39 台灣區石油化學工業同業工會，《石化年報》，台北：台灣區石油化學工業同業工會，二〇〇二，頁四九。

40 資源委員會，「資源委員會所屬生產事業四十年上半年度業務檢討綜合報告」（檔案編號：00006），國民黨黨史館。

41 資料來源：行政院主計總處，http://www.dgbas.gov.tw/ct.asp?xItem=26269&CtNode=5389&mp=1，取用日期：二〇一六年五月一日。

42 張季熙，《台灣糖業復興史》，台北：台糖，一九五八，頁二一。事實上，一九四六年三月的數字已經反映了戰後的變化，所以其中包括來台灣就職的外省人，然而這仍是最接近殖民時期最後情況的數字。

43 這項估計是基於筆者所能得到的兩項資料。首先是大林糖廠的移交清冊（大日本製糖株式會社大林糖廠監察報告，一九四六），文件裡有一份五百二十八位員工的清單，載明其職位和薪水。第二個資料來源則是新營糖廠。《台灣糖業公司新營糖廠概況》（資源委員會，一九四七）裡有糖廠人事結構的數據，最早可追溯到一九四五年十二月。從這兩份資料可推估糖廠中族群比例，大林和新營糖廠的族群比例非常接近，平均都有將近百分之七十五的勞動力是台灣人。

44 大日本製糖株式會社大林糖廠監察報告，《台灣糖業接管委員會接受清冊》，黃嘉益提供之未出版文件，一九四六；比例為筆者計算。

45 鍾書豪，《花蓮糖廠：百年來的花蓮糖業發展史》，花蓮：東台灣研究會，二〇〇九，頁一〇一。

46 Andrew Gordon, *The Evolution of Labor Relations in Japan*. Cambridge, MA: Harvard University Press, 1985.

47 詹評仁，《台南縣麻豆鎮耆老口述歷史紀錄》，麻豆：麻豆鎮公所，二〇〇二，頁三四〇。

48 資源委員會，《台灣糖業公司新營糖廠概況》，台北：台灣省政府，一九四七，頁五；比例為筆者計算。

49 蕭富隆（編），《走過兩個世代的公務員：續錄》，南投：國史館臺灣文獻館，二〇〇八，頁二三八。

50 台灣總督府，《臺灣社會運動史：勞工運動、右派運動》，台北：稻鄉出版社，一九九二，頁二六～二七；倍數為筆者計算

51 Margaret Crawford, *Building the Workingman's Paradise: The Design of American*

University Press, 2011.

25 就法律規章而言，使用「國公營」這個詞彙來形容台灣國營事業較為恰當，因為「國營」通常只狹隘指涉那些由中央政府經營、管理的企業，然而地方政府，例如省、市，也都有生產設施。當然，最重要的經濟單位仍是由中央政府所經營，例如本書討論的中油和台糖。

26 Council for International Economic Cooperation and Development, *Taiwan Statistical Data Book*. Taipei: Council for International Economic Cooperation and Development, 1973, p. 29; 73.

27 袁穎生，《光復前後的臺灣經濟》，台北：聯經，一九九八，頁一五一。

28 劉進慶，《台灣戰後經濟分析》，台北：人間出版社，一九九二。

29 資源委員會，「統計月報表（一九四九年十二月）」（檔案編號：24-03-034-03），中研院近史所檔案館。

30 林宗弘在其碩士論文《台灣國營事業勞動過程的歷史變遷：以台電公司為案例的分析》（一九九八）中，曾引用一份官方文件，主張台灣的國營事業勞工曾占勞動人口百分之三十六。

31 陳師孟、林忠正、朱敬一、張清溪、施俊吉、劉錦添，《解構黨國資本主義》，台北：自立晚報社，一九九二。

32 George T. Crane, "The Adjustment Capacity of the State in Taiwan: State-Owned Enterprises and the Oil Shock of the 1970s." In *Taiwan: A Newly-Industrialized State*, edited by Hsin-huang Michael Hsiao, Wei-yuan Cheng, and Hou-sheng Chan. Taipei: Department of Sociology, National Taiwan University, 1989, pp. 31-58。張晉芬，《台灣公營事業民營化：經濟迷思的批判》，台北：中研院社會學研究所，二〇〇二。瞿宛文，〈產業政策的示範效果：台灣石化業的產生〉，《台灣社會研究季刊》二七，一九九七，頁九七～一三八。

33 陳明言，《台灣的糖業》，台北：遠足文化，二〇〇七，頁六〇。

34 Chih-ming Ka, *Japanese Colonialism in Taiwan: Land Tenure, Development, and Dependency, 1895–1945*. Boulder, CO: Westview Press, 1995.

35 此數字是經由國際經濟合作發展委員會一九七三年的資料計算所得。

36 引自薛月順（編），《資源委員會檔案史料彙編》（第一冊），台北：國史館，一九九五，頁三六六。

37 資料來源：行政院主計總處，http://www.dgbas.gov.tw/ct.asp?xItem=26269&CtNode=5389&mp=1，取用日期：二〇一六年五月一日。

灣新興社會運動》，台北：巨流，一九八九，頁一〇三～一二六。趙剛，〈一九八七年的台灣工會、國家與工運：以遠化工會的個案為例〉，收錄於蕭新煌、徐正光（編），《臺灣的國家與社會》，台北：三民，一九九六，頁一一五～一五〇；《告別妒恨：民主危機與出路的探索》，台北：台研季刊社，一九九八，頁一～三四。Walden Bello and Stephanie Rosenfeld, *Dragons in Distress: Asia's Miracle in Crisis*. San Francisco: Institute for Food and Development Policy, 1990, pp. 215-230. Yin-wah Chu, "Democracy and Organized Labor in Taiwan: The 1986 Transition." *Asian Survey* 36(5), 1996, pp. 495-510; "Labor and Democracy in South Korea and Taiwan." *Journal of Contemporary Asia* 28(2), 1998, pp. 185-202. Shuet-yin Ho, *Taiwan: After a Long Silence*. Hong Kong: Asia Monitor Research Center, 1990. Ming-sho Ho, "Democratization and Autonomous Unionism in Taiwan: The Case of Petrochemical Workers." *Issues and Studies* 39(3), 2003, pp. 105-136. Chang-ling Huang, "The Politics of Reregulation: Globalization, Democratization, and the Taiwanese Labor Movement." *Developing Economies* 40(3), 2002, pp. 305-326. Yoonkyung Lee, "Varieties of Labor Politics in Northeast Asian Democracies: Political Institutions and Union Activism in Korea and Taiwan." *Asian Survey* 46(5), 2006, pp. 721-740.

23 Jou-juo Chu, "Labor Militancy and Taiwan's Export-led Industrialization." *Journal of Contemporary Asia* 33(1), 2003, pp. 18-36. 蕭新煌，《社會力：台灣向前看》，台北：自立晚報，一九八九，頁一七七。Yw-suen Sen and Hagen Koo "Industrial Transformation and Proletarianization in Taiwan." *Critical Sociology* 19(1), 1992, p. 63.

24 張晉芬，《台灣公營事業民營化：經濟迷思的批判》，台北：中研院社會學研究所，二〇〇二。Yubin Chiu, "Old Constraints and Future Possibilities in the Development of Taiwan's Independent Labor Movement." Capitalism, Nature and Socialism 22(1), 2011, pp. 58-75. Ming-sho Ho, "Challenging State Corporatism: The Politics of Taiwan's Labor Federation Movement." *The China Journal* 56, 2006, pp. 107-127; "Neo-Centrist Labour Policy in Practice: The DPP and Tai- wanese Working Class." In *What Has Changed? Taiwan Before and After the Change in Ruling Party*, edited by Dafydd Fell, Chang Bi-yu, and Henning Klöter. Wiesbaden: Harrassowitz, 2006, pp. 129-146. Yoonkyung Lee, *Militants or Partisans: Labor Unions and Democratic Politics in Korea and Taiwan. Stanford*, CA: Stanford

Multinational Electronics Factories in Taiwan: Martial Law Coercion and World Market Uncertainty." *Contemporary Marxism* 11, 1985, pp. 77-95. Rita S. Gallin, "Women and the Export Industry in Taiwan: The Muting of Class Consciousness." In *Women Workers and Global Restructuring, edited by Kathryn Ward*. Ithaca, NY: Cornell University Press, 1990, pp. 179-192. Lydia Kung, "Factory Work and Women in Taiwan: Changes in Self-Image and Status." *Signs: Journal of Women in Culture and Society* 2(1), 1976, pp. 35-58; *Factory Women in Taiwan*. New York: Columbia University Press, 1995.

15 Donald R. DeGlopper, *Lukang: Commerce and Community in a Chinese City*. Albany, NY: State University of New York Press, 1995, pp. 211-213. Stevan Harrell, *Ploughshare Village: Culture and Context in Taiwan*. Seattle, WA: University of Washington Press, 1982, pp. 131-132.

16 Hill Gates, "Dependency and the Part-Time Proletariat." *Modern China* 5, 1979, pp. 381-408.

17 Richard W. Stites, "Small-Scale Industry in Yigge, Taiwan." *Modern China* 8(2), 1982, pp. 247-279; "Industrial Work as an Entrepreneurial Strategy." *Modern China* 11(2), 1985, pp. 227-246.

18 Robert H. Silin, *Leadership and Values: The Organization of Large- Scale Taiwanese Enterprises*. Cambridge, MA: Harvard University Press, 1976, p. 78.

19 Gwo-Shyong Shieh, *Boss' Island: The Subcontracting Network and Micro-Entrepreneurship in Taiwan's Development*. New York: Peter Lang, 1992.

20 Hill Gates, *China's Motor: A Thousand Years of Petty Capitalism*. Ithaca, NY: Cornell University Press, 1996, pp. 204-242.

21 Nai-teh Wu, "Class Identity without Class Consciousness? Working-Class Orientations in Taiwan." In *Putting Class in Its Place: Worker Identities in East Asia*, edited by Elizabeth J. Perry. Berkeley, CA: Institute of East Asian Studies, University of California Press, 1996, pp. 77-102.

22 王振寰，《資本、勞工、與國家機器：台灣的政治與社會轉型》，台北：唐山，一九九三。范雲，〈從政治人到階級人：台灣政治轉型過程中工運領導的初探〉，收錄於蕭新煌、林國明（編），《台灣的社會福利運動》，台北：巨流，二〇〇〇，頁一七七～二二一。徐正光，〈從異化到自主：台灣勞工運動的基本性質與趨勢〉，收錄於徐正光、宋文里（編），《台化》，台北：巨流，一九八八；Adrian Chan, "Confucianism and Development in East Asia." *Journal of Contemporary Asia* 26(1), 1996, pp. 28-45.

9 高承恕，《頭家娘：台灣中小企業頭家娘的經濟活動與社會意義》，台北：聯經，一九九九；Anru Lee, *In the Name of Harmony and Prosperity: Labor and Gender Politics in Taiwan's Economic Restructuring*. Albany, NY: State University of New York Press, 2004.

10 John Minns and Robert Tierney, "The Labour Movement in Taiwan." *Labour History* 85, 2003, pp. 103-128.

11 Frederic C. Deyo, "State and Labor: Modes of Political Exclusion in East Asian Development." In *The Political Economy of the New Asian Industrialism*, edited by Frederic C. Deyo. Ithaca, NY: Cornell University Press, 1987, pp. 182-202 ; *Beneath the Miracle: Labor Subordination in the New Asian Industrialism*. Berkeley, CA: University of California Press, 1989; "Labor and Development Policy in East Asia." *Annals of the American Academy of Political and Social Science* 505, 1989, pp. 152-161.

12 徐正光，〈從異化到自主：台灣勞工運動的基本性質與趨勢〉，收錄於徐正光、宋文里（編），《台灣新興社會運動》，台北：巨流，一九八九，頁一〇三～一二六。張國興，《台灣戰後勞工問題》，台北：台灣社會研究，一九九一。Hsin-huang Michael Hsiao, "The Labor Movement in Taiwan: A Retrospective and Prospective Look." In *Taiwan: Beyond the Economic Miracle*, edited by Dennis Fred Simon and Michael Y. M. Kau. New York: M. E. Sharpe, 1992, pp. 155-156.

13 Lucie Cheng and Ping-chun Hsiung, "Women, Export-Oriented Growth and the State." In *States and Development in the Asian Pacific Rim*, edited by Richard P. Appelbaum and Jeffrey Henderson. London: Sage, 1992, pp. 233-266. Ping-chun Hsiung, *Living Rooms as Factories: Class, Gender and the Satellite Factory in Taiwan*. Philadelphia: Temple University Press, 1996. Anru Lee, *In the Name of Harmony and Prosperity: Labor and Gender Politics in Taiwan's Economic Restructuring*. Albany, NY: State University of New York Press, 2004. Justin Niehoff, "The Villager as Industrialist: Ideologies of Household Manufacturing in Rural Taiwan." *Modern China* 13(3), 1987, pp. 278-309.

14 Linda Gail Arrigo, "Economic and Political Control of Women Workers in

注釋

導論　尋找台灣勞工的抵抗

1 Samuel P. S. Ho, *Economic Development of Taiwan, 1860–1970*. New Haven, CT: Yale University Press, 1978, p. 79.

2 Eugenia Gage, "Industrial evelopment in Formosa." *Economic Geography* 26, 1950, pp. 214-222.

3 Tun-jen Cheng, "Transforming Taiwan's Economic Structure in the 20th Century." *China Quarterly* 165, 2001, p. 23.

4 Yongping Wu, *A Political Explanation of Economic Growth: State Survival, Bureaucratic Politics, and Private Enterprises in the Making of Taiwan's Economy, 1950–1985*. Cambridge, MA: Harvard University Press, 2005.

5 Thomas B. Gold, *State and Society in the Taiwan Miracle*. Armonk, NY: M. E. Sharpe, 1986.

6 Alice H. Amsden, "Taiwan's Economic History: A Case of Etatisme and a Challenge to Dependency Theory." *Modern China* 5(3), 1979, pp. 341-380; "The State and Taiwan's Economic Development." In *Bringing the State Back In*, edited by Peter B. Evans, Dietrich Rueschemeyer, and Theda Skocpo. Cambridge: Cambridge University Press, 1985, pp. 78-106. Richard E. Barret and Martin King Whyte, "Dependency Theory and Taiwan: Analysis of a Deviant Case." *American Journal of Sociology* 87(5), 1982, pp. 1064-1089. Stephan Haggard, *Pathways from the Periphery: The Politics of Growth in the Newly Industrializing Countries*. Ithaca, NY: Cornell University Press, 1990. Robert Wade, *Governing the Market: Economic Theory and the Role of Government in East Asian Industrialization*. Princeton, NJ: Princeton University Press, 1990.

7 林宗弘，〈台灣的後工業化：階級的轉型與社會不平等，一九九二～二〇〇七〉，《台灣社會學刊》四三，二〇〇九，頁一一三。

8 陳介玄，《協力網絡與生活結構：台灣中小企業的社會經濟分析》，台北：聯經，一九九四，頁二八四～二九八；黃光國，《儒家思想與東亞現代

左岸｜社會議題 239

支離破碎的團結：戰後台灣煉油廠與糖廠的勞工

作　　者　何明修

總 編 輯　黃秀如
責任編輯　孫德齡
編輯協力　陳宗延、黃俊豪
封面設計　蘇品銓
電腦排版　宸遠彩藝

社　　長　郭重興
發行人暨出版總監　曾大福
出　　版　左岸文化
發　　行　遠足文化事業股份有限公司
231新北市新店區民權路108-2號9樓
電話：02-2218-1417
傳眞：02-2218-8057
客服專線：0800-221-029
E-Mail：service@bookrep.com.tw
左岸文化臉書專頁：https://www.facebook.com/RiveGauchePublishingHouse/

法律顧問　華洋法律事務所　蘇文生律師
印　　刷　成陽印刷股份有限公司
初　　版　2016年8月

定　　價　480元
I S B N　978-986-5727-41-3

圖片出處
封面、p.237 CoCo（黃永楠）
p.35、83 黃慧義
p.41《第六海軍燃料廠探索》，高雄：春暉出版社，二〇一三，頁二二。
p.99 國家發展委員會檔案管理局，檔案編號B3750347701/0041/3132218/218
p.132 國立臺灣歷史博物館
p.253、281、310 台灣勞工陣線
p.268 林瑞慶
p.320 全國產業總工會

本書部分歷史照片年代久遠，無法確認出處，若有能確認其版權所有者，請與左岸文化聯繫。

國家圖書館出版品預行編目資料

支離破碎的團結
戰後台灣煉油廠與糖廠的勞工

何明修作.
-- 初版. -- 新北市 : 左岸文化出版 : 遠足文化發行, 2016.08
面 ; 14.8 x 21公分

ISBN 978-986-5727-41-3(平裝)

1. 勞工運動史　2.國營事業　3.臺灣

556.933　105011079